AF343520

DU MÊME AUTEUR

LE DROIT PUR (Flammarion, Paris).

SCÈNES DE LA VIE JURIDIQUE (Bruxelles, Larcier).

Paradoxe sur l'Avocat.
La Forge Roussel.
Mon Oncle le Jurisconsulte.
L'Amiral.
La Veillée de l'Huissier.
Le Juré.
Paysages Juridiques.
Quarante-huit heures de Pistole.
Une Grande Aventure Juridique.
Sermon dans la Salle des Pas-Perdus.

LES PANDECTES BELGES, CORPUS JURIS BELGICI. — Inventaire Général du Droit Belge, au commencement du vingtième siècle, 112 volumes parus (Bruxelles, Larcier).

TRAITÉ DE LA PROFESSION D'AVOCAT EN BELGIQUE, en collaboration avec G. Duchaine.

TRAITÉ DES BREVETS D'INVENTION ET DE LA CONTREFAÇON INDUSTRIELLE, en collaboration avec X. Olin.

TRAITÉ DE L'INDEMNITÉ DUE A L'EXPROPRIÉ POUR UTILITÉ PUBLIQUE.

LES CONSTANTES DU DROIT

INSTITUTES JURIDIQUES MODERNES

AU Dr GUSTAVE LE BON

au Penseur illustre

qui découvrit

la Dématérialisation de la Matière

et l'Universalité de la Radio-activité.

EDMOND PICARD

PROFESSEUR A L'UNIVERSITÉ NOUVELLE DE BRUXELLES

LES CONSTANTES DU DROIT

INSTITUTES JURIDIQUES MODERNES

Encyclopédie philosophique du Droit.

Premiers Principes Juridiques permanents.

Éléments fondamentaux du Droit.

Les Grandes Fresques du Droit.

L'Hominisme juridique.

PARIS

ERNEST FLAMMARION, ÉDITEUR

26, RUE RACINE, 26

1921

PRÉFACE

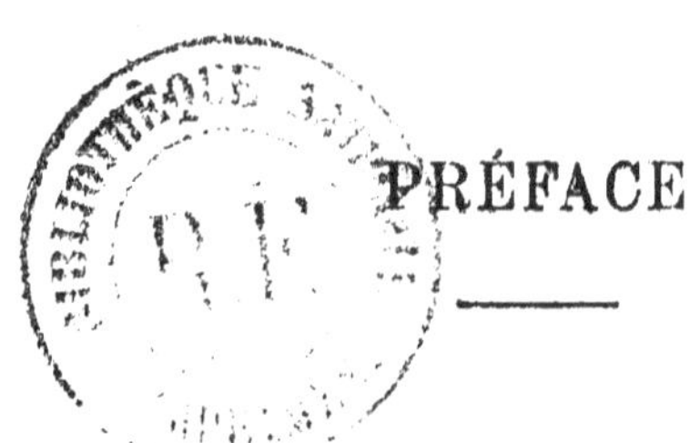

Ce Livre est le dernier remaniement du Programme
développé oralement dans le Cours que j'ai professé
durant vingt-cinq années — 1893-1918 — à l'Université Nouvelle de Bruxelles sous la qualification usitée
mais imprécise : L'ENCYCLOPÉDIE DU DROIT.

Préoccupé, au début de ce professorat, de la
quasi-anarchie qui régnait alors et qui règne encore
sur ce qu'il convient que soit un tel Cours, je me suis
inspiré des paroles suivantes de Victor Cousin, lorsqu'il était Grand-Maître de l'Université de France.
Les voici :

« Quand les jeunes étudiants se présentent dans
« nos écoles, la jurisprudence est pour eux un pays
« nouveau dont ils ignorent complètement et la carte
« et la langue. Ils s'appliquent d'abord au Droit civil
« et au Droit romain, sans bien connaître la place de
« cette partie du Droit dans l'ensemble de la science
« juridique, et il arrive, ou qu'ils se dégoûtent de
« l'aridité de cette étude spéciale, ou qu'ils y con-
« tractent l'habitude des détails et l'antipathie des
« vues générales. Une telle méthode d'enseignement
« est peu favorable à de grandes et profondes études.
« Depuis longtemps, tous les bons esprits réclament
« un cours préliminaire qui aurait pour objet
« d'*orienter* les étudiants dans le labyrinthe de la
« jurisprudence ; qui donnât une vue générale de

« toutes les parties de la science juridique, marquât
« l'objet distinct et spécial de chacune d'elles, et en
« même temps leur dépendance réciproque et le lien
« intime qui les unit ; qui établirait la méthode géné-
« rale à suivre dans l'étude du Droit, avec les modi-
« fications particulières que chaque branche réclame ;
« qui ferait connaître les ouvrages importants qui
« ont marqué les progrès de la science. Un tel cours
« relèverait la science du Droit aux yeux de la jeu-
« nesse par le caractère d'unité qu'il lui imprime-
« rait, et exercerait une heureuse influence sur le
« travail des élèves et sur leur développement intel-
« lectuel et moral... » « Il importe, ajoutait Cousin,
« de présenter l'ensemble de toute la science et d'en
« bien saisir et l'esprit et l'unité. Cette image de la
« grande Encyclopédie juridique, offerte d'abord à de
« jeunes étudiants, leur communiquera, dès l'entrée
« de la carrière, une impulsion généreuse, impri-
« mera dans leur pensée et dans leur âme le senti-
« ment et le respect du Droit, et les intéressera à
« toutes les parties de la science, quelle que soit
« celle qu'ils se proposent de cultiver un jour spé-
« cialement. »

Il est permis de dire qu'en parlant ainsi, Victor
Cousin poursuivait, peut-être inconsciemment, le but
qui fut celui de Gaius au IIe siècle de notre ère, à
Rome, sous Marc-Aurèle, et celui de Tribonien et de
ses collaborateurs, au VIe siècle, à Constantinople,
sous Justinien. Ce sont les *Institutes* qui, en réalité,
me semble-t-il, peuvent être considérées comme les
premiers essais d'Encyclopédie du Droit, destinés à
ceux qui en commençaient l'étude ou la pratique.

Le noble programme de Victor Cousin, quoique
datant de trois quarts de siècle, n'a jamais reçu de
réalisation sérieuse et on n'y peut rattacher aucun
ouvrage vraiment complet et scientifique.

C'est à un pareil travail que je me suis appliqué,

mais combien la force sociale grandiose et incompressible qu'est le Droit, m'a imposé une amplitude résultant du déroulement qu'il a subi, notamment parmi les nations de race européenne, en raison de circonstances tantôt harmonieusement évolutives, tantôt brusquement catastrophiques. Il en résulte que désormais des « Institutes » doivent, par une expansion naturelle, être un édifice qui dépasse et complète considérablement l'œuvre rudimentaire et insuffisante des deux grands Jurisconsultes romains.

*
* *

En 1899, dans mon livre intitulé LE DROIT PUR, paru, comme celui-ci, dans la Bibliothèque de Philosophie Scientifique, désormais célèbre, du Docteur Gustave Le Bon, j'ai, une première fois, développé, mais sous une forme cursive, la plupart des idées que l'on trouvera ci-après.

Mais, comme je le disais plus haut, j'ai pensé qu'en leur donnant, cette fois, non pas la forme littéraire proprement dite, mais la forme didactique, parfois sèche et rugueuse, d'un Programme très concentré, j'augmenterais, sous cet aspect, leur diffusion, d'autant plus que des aperçus nouveaux me sont venus à l'esprit. L'édifice que j'ai élevé et dont je crois pouvoir revendiquer la nouveauté, non seulement dans son ensemble, mais dans quantité de détails, en paraîtra, je l'espère, mieux ordonné, plus solide et en rapport plus exact avec le but auquel il est destiné.

D'ailleurs, la brièveté voulue que j'ai adoptée laisse place aux travaux complémentaires que je souhaite. Il n'y a guère de page où ne se trouve un point de départ à des amplifications ou des vues nouvelles, soit pour le Professeur, soit pour l'écrivain.

*
* *

Ces deux ouvrages, LE DROIT PUR et LES CONSTANTES DU DROIT ou *Institutes du Droit Moderne* ont été parfois comparés par moi à de Grandes Fresques et méritent, je le crois, d'être qualifiés des œuvres de magnanimité juridique, puisque j'eus pour dessein supérieur d'y faire voir le Droit plus haut, plus beau, plus utile, plus Force sociale, plus Force de la Nature.

Ce qui est surtout ignoré dans le monde des Légistes et des Juristes, ce sont les Grandes Généralités permanentes du Droit, les Cimes, c'est-à-dire ce qu'il a de plus ennoblissant.

Ces Premiers Principes sont, pourtant, les colonnes du Temple.

L'Empirisme règne dans le Droit presque sans partage, quoiqu'il ne soit que le billon des trésors qui composent celui-ci. Sans la claire vision de ceux-ci, on n'est pas un Gentilhomme juridique, un « Chevalier-du-Droit », selon une expression heureuse rappelée par Loisel[1]. On n'est pas imprégné de l'AME DU DROIT.

EDMOND PICARD.

Dave-sur-Meuse (Belgique), 15 décembre 1920.

---

1. Mes INSTITUTES JURIDIQUES MODERNES sont, à l'instar des Institutes Justiniennes dans les Pandectes Romaines, un des éléments principaux du grand Ouvrage dont j'ai commencé et dirigé la publication depuis 1879 sous le titre les PANDECTES BELGES (CORPUS JURIS BELGICI), inventaire général du Droit de la Belgique au moment de la Grande Guerre, qui en est à son Tome 113 et dont, vu mon grand âge, je puis craindre ne pas voir la fin quoiqu'elle soit proche. J'ai raconté dans un Ecrit spécial intitulé *Une Grande Aventure Juridique*, la genèse et le déroulement de ce grand travail, hommage de mon cœur patriotique à mon petit Pays natal et symbole historique du Droit actuel chez une Nation qui synthétise, on peut le dire, la situation juridique de notre race Aryenne ou plus exactement, au temps présent, Européo-Américo-Australienne.

PARTIE[1] PRÉLIMINAIRE

NOTION ET UTILITÉ
DES GRANDES GÉNÉRALITÉS DU DROIT,
vulgo : L'ENCYCLOPÉDIE DU DROIT

Précision et Complément des §§ Ier à XI du Droit Pur.

I. — Divers sens du mot « Encyclopédie ».

Vague de la notion « Encyclopédie ». C'est un mot caoutchouc.

Encyclopédie dite *Universelle* : l'ensemble d'une science, dans toutes ses notions abstraites et concrètes. Ex. : le Recueil fameux ordonné par l'empereur Justinien, les *Pandectes*, réalisé par Tribonien et ses collaborateurs, dénommé plus tard *Corpus Juris Romani*, — les Pandectes Belges, décrites *supra*, p. iv de la préface, — le Dalloz français, — le

---

1. Les Institutes de Justinien débutent par un Prœnium (une préface) et sont divisées en quatre Livres. Mon but ayant été de faire du présent ouvrage une œuvre analogue aux Institutes, mais pour le Droit moderne, j'aurais pu, pour mieux marquer ce rapport entre les deux ouvrages, titrer ma préface Prœnium et Livre chacune de ses quatorze Parties devenues nécessaires par l'évolution de la science juridique.

recueil allemand de Franz von Holtzendorff, — et, en général, les Répertoires juridiques [1], — Ou l'ensemble de toutes les sciences d'une époque, comme put se les assimiler, dit-on, Pic de la Mirandole (1463-1494). Comme, au xviii° siècle, celle de Diderot et d'Alembert (17 volumes, terminée en 1765).

Encyclopédie dite *Vulgaire* : notions sommaires sur toutes les parties d'une science ou des sciences ; c'est l'encyclopédie des gens du monde. Ex. appliqué au Droit en Belgique : Mésot [2].

L'Encyclopédie comme science *Préliminaire* (notamment préparer aux études juridiques).

L'Encyclopédie comme science *Complémentaire* (compléter les lacunes des études).

Reste l'Encyclopédie *Philosophique*, au sens (le cinquième) employé dans le présent ouvrage et (du moins en intention) dans les programmes universitaires de certaines Facultés de Droit, notamment en Belgique.

II. — L'Encyclopédie au sens philosophique.

Définition des auteurs, spécialement des Belges : Roussel, Namur, Orban. (Voy. *infra*, p. 10 et s., la Bibliographie.)

Caractère nuageux et empirique, incohérence : plutôt des explications approximatives qu'une définition scientifique, — un amalgame des cinq significations ci-dessus servies par fragments.

Encyclopédie philosophique au sens strict et scien-

1. Comp. le Syllabus du cours *d'Evolution historique du Droit civil français*, par Edmond Picard, 4° édition, 1904, Bruxelles, Larcier, — quatrième Période, p. 83 et s.

2. Mésot (L.), Encyclopédie usuelle du Droit belge, ou explication précise de la législation civile, commerciale, industrielle et administrative. — Brux., Mertens, 1865.

tifique : **Ensemble des généralités abstraites et permanentes d'une science, les** *Normes* ou *Premiers Principes*. *L'Immuable* d'une science, **les Constantes,** les « Universaux », le solide et le durable s'opposant à la Variabilité, — l'Absolu s'opposant au Relatif, — le Général s'opposant à l'Anecdote, — l'Intemporel et l'Identique, — l'Inflexible dans l'éphémère, — les éléments qui, sous la diversité des êtres concrets, se retrouvent les mêmes, car, si différents que soient ceux-ci, les mêmes éléments peuvent y reparaître, soumis aux mêmes lois. — Les similitudes. — Le cercle des réalités et des vérités [1] au delà duquel commence la vie changeante et versatile. — C'est la réduction des divers phénomènes complexes à leurs composantes communes, le *Substratum* [2] ; ce qui est valable, ce qui est le Vrai, pour tous les lieux et tous les temps, *le Cosmopolite, le Perpétuel* ; ce qui demeure s'opposant à ce qui passe, faisant voir le présent passager sous l'aspect du durable ; ce qui, même ancien, est encore moderne. — Les types fixes et les relations typiques. — Le Noumène, l'Idée (telle que la concevait Platon) s'élevant au-dessus du Phénomène. — Les puissants Lieux communs qui sont au fond de tout, si difficiles à découvrir, si simples et si clairs quand ils sont découverts [3]. — Images analo-

1. *Réalités, Vérités* : les deux mots sont actuellement employés l'un pour l'autre, ou chacun pour exprimer le total des deux notions. Correctement, *Réalités* s'applique de préférence à ce qui existe sous forme matérielle, *Vérités* à ce qui existe sous forme psychologique.

2. Les sciences *abstraites (pures)* et les sciences *concrètes*. Ex. : D'une part, les mathématiques pures ; d'autre part, leur application aux faits. De même les Lois physiques, chimiques, etc.

3. Autrefois on eût dit : Les vertus *élémentaires* s'opposant aux propriétés spécifiques. — Cette multiplicité d'expressions, qui peut étonner, est le résultat d'une cueillette à travers de nombreux ouvrages où on les rencontre éparses, signe des tâtonnements d'esprits à la recherche de quelque précision.

giques : Une carte géographique muette (ROUSSEL, *infra*, p. 13), l'âme en fil de fer d'une statue en plâtre, le soutien général, l'armature.

Dans son application au Droit, l'Encyclopédie est donc la « Mécanique supérieure » (Bossuet) de l'œuvre juridique. — Ses Archidoxes. — Ses vérités primordiales. — Ses idées mères. — Le Sur-Extrait de la Science juridique. — LA SYNTHÉTIQUE du Droit. — L'*Architectonique*, la charpente, la perspective aérienne de la membrure de l'*Edifice*. — Une sorte de grammaire générale du Droit.

L'Encyclopédie *vertèbre le Droit*; elle en est le squelette. — C'est un voyage de circumnavigation juridique. — Une *Dogmatique* [1].

AHRENS (voy. *infra*, p. 11, la Bibliographie), essayant de définir l'Encyclopédie du Droit, dit, *passim* : Une vue harmonique de toute la Science du Droit — une vue qui en fait ressortir les principes les plus élevés — qui découvre le lien par lequel se tiennent ses diverses parties — qui met ce lien en saillie — qui représente cette science comme un ensemble organique — qui montre les fondements essentiels de ses principales branches.

JHERING (*infra*, p. 11), indique les règles que je résume en disant : l'*Alphabet du* Droit, les *Corps simples* du Droit, les *Règles primitives*. Il dit encore l'*Esprit du Droit Romain*, t. Ier, p. 30 et 32, les *Principes latents* du Droit ; et t. III, p. 8, « une science

---

1. En d'autres termes, ce qui appartient à tous les systèmes, aussi bien au Droit rudimentaire et primitif des sociétés non civilisées, qu'aux systèmes plus avancés et plus développés de celles qui sont parvenues à une culture raffinée. Une quintessence. — De même que les photographies *composites*, en ne retenant que les traits capitaux de visages divers, donnent un type symbolique, ainsi fait l'Encyclopédie pour la concentration des infinis détails du Droit.

plus élevée, plus générale, non attachée au sol, *un trésor scientifique que nul changement de loi et nul déplacement ne peuvent enlever ou déprécier* ».

Voy. aussi, dans *Le Droit Pur*, n° 5 et *supra*, p. I et suiv. de la Préface, un Rapport de Cousin, grand-maître de l'Université de France, proposant en 1840 la création d'une chaire d'*Introduction à l'étude du Droit* : La porte de l'édifice [1].

L'Encyclopédie au sens philosophique supérieur et restreint (pour toute science), comporte donc ces trois notions (les constantes) : un ensemble — abstrait — permanent.

ETYMOLOGIE : du grec εν κυκλω παιδεια, enseignement en cercle, circulaire ; ne rend que l'idée d'ensemble, non celle d'abstraction, ni celle de permanence.

BUT D'UNE ENCYCLOPÉDIE.

Débarrasser l'enseignement concret d'une science particulière de l'exposé des éléments abstraits communs à toutes ses parties. Donc éviter les répétitions dans l'étude des parties spéciales. — Montrer l'organisme général en sa solidité et son harmonie. Déterminer la place de cette science particulière par rapport aux autres et son enchaînement avec celles-ci. En fixer les frontières. En tracer le cadre, et, dans ce cadre, établir *un casier* intérieur, un organisme à *compartiments* où toutes les notions peuvent être logées. — *Rendre les hommes s'adonnant à une même science, homogènes dans leur culture fondamentale.* —

---

1. Si j'insiste tant, c'est qu'en vérité il règne sur la notion de l'Encyclopédie une confusion quasi Babélique; on va de tâtonnement en tâtonnement.

Induder (structurer) en eux de hautes règles de conduite scientifique.

————

Le ᴘʀᴏᴄᴇ́ᴅᴇ́ ᴇɴᴄʏᴄʟᴏᴘᴇ́ᴅɪQᴜᴇ tel qu'il vient d'être établi, s'il peut être appliqué à toute une science, peut l'être aussi *subsidiairement* à chacune de ses parties.

De là les encyclopédies dites *Générales* ou *Grandes encyclopédies* (externes), — et les encyclopédies dites *Spéciales* ou *Petites encyclopédies* (internes).

Exemples pris dans le Droit et ses divers groupements : entre autres le cours dit « Principes généraux (on dit aussi Eléments) du Droit Civil » opposé au cours de « Droit Civil approfondi ».

Le présent travail ne comprend que la Grande Encyclopédie du Droit, c'est-à-dire son *Encyclopédie générale ou externe*, son Encyclopédie Philosophique.

————

En résumé, l'Encyclopédie Philosophique est une science de Gᴇ́ɴᴇ́ʀᴀʟɪsᴀᴛɪᴏɴ, de *Coordination*, d'*orientation*, une synthèse lumineuse : elle dégage et énumère les grandes généralités qui se réalisent dans les faits et les gouvernent[1]. — Elle exige une faculté d'abstraction puissante. — Pour le Droit, elle est l'équivalent de l'exposé des **Premiers Principes**

1. La situation touche à celle des *Universaux* qui suscita tant de controverses au moyen-âge, entre les Rᴇ́ᴀʟɪsᴛᴇs (qui donnaient aux idées générales une existence *réelle* en dehors des faits où elles sont concrétisées), et les Nᴏᴍɪɴᴀʟɪsᴛᴇs (qui soutenaient qu'en dehors de ces faits concrets elles ne sont que des mots, des *noms*, des étiquettes). Exemple fameux : il y a des chevaux blancs, mais le ʙʟᴀɴᴄ n'existe pas en soi et à part. Toutefois, il peut être abstrait, *conçu* mentalement : d'où l'école intermédiaire des Cᴏɴᴄᴇᴘᴛᴜᴀʟɪsᴛᴇs (Abélard, 1079-1143) ; nous pourrions dire actuellement : des Encyclopédistes. — On peut dire aussi que l'Encyclopédie est l'ensemble des *Biens spirituels* du Droit, comme le catholicisme le dit de son Credo.

juridiques, ou le **Droit Pur**[1]. — Les Anglais la qualifient : *Jurisprudence générale, Philosophie du Droit,
Principes généraux du Droit*[2] — Elle est *linéaire*
plutôt que coloriée.

Faut-il étudier et enseigner l'Encyclopédie en
commençant ou en terminant l'étude d'une science,
spécialement du Droit? Doit-elle être une *Introduction*
ou une *Conclusion*? Controversé.

Il faudrait la parcourir au début et la reprendre
à la fin : elle prépare et elle résume ; c'est le labour
préalable et le hersage final.

III. — Ordre de la Marche (Étapes, Itinéraire) du Cours.

L'Exposé de l'Encyclopédie d'une science *quelconque*[3] comporte des opérations nécessaires et
logiquement rattachées l'une à l'autre, une série, **un
Programme** schématique qui, pour être complet, doit
nécessairement embrasser l'Essence (l'Ontologie), —
le But (la Téléologie), — l'Origine (l'Etiologie), de
l'objet de cette science : ceci est de logique générale.
Donc :

1. Déterminer l'élément caractéristique de cette
science ; le Punctum saliens.

---

1. On peut la qualifier « une science exacte », comme l'arithmétique. Roguin, *La Règle du Droit*, Lausanne. 1889, p. 29
et s., examine « si le Droit peut donner lieu à une science pure. »
(Réponse affirmative.)

2. Voy. le premier chapitre du livre d'Austin cité *infra*,
p. 260.

3. Car il semble qu'il y a identité méthodologique et confor-
mité foncière entre toutes les faces de la Nature : une sorte de
Monisme.

2. Au moyen de cette caractéristique, découvrir et recueillir les Faits (phénomènes de détail et phénomène d'ensemble), qui la constituent;

3. Décrire la Structure, la Forme de ces faits dans leurs éléments généraux et stables;

4. Les Classer et les Nommer;

5. Exposer le fonctionnement, *la Vie particulière* de ces faits, dans ce qu'elle a de commun et de constant;

6. Rechercher et exposer les causes immédiates de ces faits;

7. Rechercher ces causes dans leurs facteurs;

8. Déterminer l'Origine primaire, ultime, de l'objet de cette science;

9. Déterminer sa Finalité (son But) d'abord dans sa conception théorique;

10. Ensuite dans ses résultats, ses effets sociaux positifs;

11. Exposer la méthode de Recherche et d'Enseignement de cette science;

12. Indiquer certaines généralités terminales pénétrant et enveloppant l'ensemble des parties précédentes.

Appliquant ces données au Droit, on peut dire que son Encyclopédie implique les douze parties suivantes en une liaison rationnelle d'un ordre précis, rigoureux, symétrique[1] :

Ontologie (Ον, οντος, l'Être en soi).

1. La Notion du Droit : son trait caractéristique;
2. Le Phénomène juridique : les faits spéciaux et

1. ORBAN (voy. *infra*, p. 14), p. 5 à 14, donne des détails intéressants sur la manière variée dont on entend le mot Encyclopédie pour le Droit, et dont on comprend le cours. — Voy. aussi l'ouvrage de KORKOUNOV, mentionné *infra*, p. 13 et p. 262, p. 9 et s.

les faits généraux dans lesquels il se réalise (détails et ensemble) ;

3. La description des droits isolés : Anatomie ;

4. La Classification dans le Droit : Divisions et Groupements qui s'y forment, — leurs dénominations : Terminologie ;

5. Le Fonctionnement des droits particuliers : Dynamique des droits isolés ;

Étiologie (αιτια, cause) [1].

6. Origine immédiate des droits particuliers : la Législation (origine secondaire du Droit);

7. Facteurs agissant pour former la législation; Evolution de la Juricité ;

8. Origine primaire du Droit.

Téléologie (τελος, fin, effet, but) [1].

9 et 10. Les Finalités du Droit : Moyens et Effets sociaux ;

Notions complémentaires.

11. L'étude et l'enseignement du Droit : Méthodologie ;

12. Définition du Droit, Qualification totale et philosophique d'un système juridique, etc.

Ces douze parties sont une progression, une suite dialectique. Elles s'enchaînent et s'imposent. Elles épuisent la matière en toutes ses ramifications, jus-

---

1. Parfois, dans l'embarras et la confusion où l'on se trouve de savoir circonscrire le Droit Naturel, on y introduit empiriquement cette Étiologie ou cette Téléologie. Sur le contenu du Droit naturel, comp. *infra*, p. 85.

qu'au cul-de-sac. C'est le *lucidus Ordo*. Un Zodiaque[1].
Au delà c'est le noir, le vide.

Elles comportent latéralement : *a*) la présente
partie *introductive* (antichambre) ; — *b*) un exposé de
l'histoire de l'Encyclopédie du Droit et de sa Bibliographie : partie *complémentaire*.

L'ensemble peut être comparé à une galerie de
Grandes Fresques Juridiques synthétisant, en son
total, les Eléments fondamentaux du Droit. C'est
« la base d'opération » de son étude et de sa pratique ultérieures.

L'effort pour édifier un pareil ensemble est immé-
morial; mais jusqu'ici n'a présenté que des réussites
approximatives.

C'est à cette poussée secrète qu'ont obéi notamment de grands jurisconsultes romains, en rédigeant,
d'une part, à la fin du IIᵉ siècle de notre ère, les INS-
TITUTES de Gaius, d'autre part, au milieu du VIᵉ siècle,
les INSTITUTES de Justinien, présentées, les unes et les
autres, comme une vue d'ensemble préliminaire à
l'étude du Droit, spécialement pour les commençants.

C'est le même effort qui s'est repris à jouer, quand,
longtemps après (voyez plus loin, Partie Complémentaire, p. 251) on a commencé à l'appeler l'Encyclopédie du Droit.

Il nous est donc permis de dire que le présent livre
mérite le titre *Institutes du Droit moderne* et nous
croyons que c'est la première fois que cette importante matière philosophique et traditionnelle apparaît
dans un édifice juridique présumé complet.

IV. — Bibliographie spéciale.

A compléter par les ouvrages mentionnés dans les
notes pour des points particuliers. — Voy. aussi la

---

1. L'exorde, l'ombilic, le final, du norme citharodique musi-
cal des Grecs.

Bibliographie générale, *infra*, Partie Complémentaire, p. 251 et s.

PRINCIPALEMENT.

Ahrens H. — *Encyclopédie juridique ou exposition organique de la science du Droit privé, public et international, sur les bases de l'Ethique* (2 vol. 1857), traduit par A. Chauffard. Paris, Ernest Thorin, 1880.

Cet ouvrage remarquable (malheureusement souvent nuageux dans la partie générale) est divisé en quatre livres : 1º Des fondements de la Philosophie du Droit. — 2º Le Système du Droit privé dans ses branches fondamentales, eu égard, ajoute-t-il, « aux principes de philosophie juridique servant de base au Droit positif et à la conciliation du Droit romain et du Droit actuel allemand ». — 3º Le Droit public. — 4º Histoire du Droit (tout le second volume). — Comme on le voit, l'auteur n'a pas de notion nette de l'Encyclopédie et y introduit des matières qui sont étrangères à celle-ci. On peut dire que la première partie est encyclopédique dans le sens exact du terme. L'œuvre, dans ses détails, a souvent des aperçus ingénieux ou profonds. — Le 4º, malgré son titre restrictif, contient beaucoup de notions encyclopédiques utiles, noyées dans de la phraséologie.

Jhering (R. von). — *L'Esprit du Droit Romain dans les diverses phases de son développement*, trad. O. de Meulenaere (Belge), Paris, 1877, Marescq, et Gand, F. Clemm, 4 vol. Spécialement l'Introduction p. 1-85 [1].

1. Ces quatre volumes de Jhering ont été suivis d'*Etudes complémentaires :* 1º De la Faute en Droit privé ; 2º Fondement des Interdits possessoires ; 3º Du rôle de la volonté dans la Possession ; 4º Et surtout l'Evolution du Droit (*Zweck im Recht*) — également traduits par de Meulenaere, mêmes éditeurs, 1880, 1882, 1891, 1901. Le 30 avril 1883, dans une lettre (Voy. traduction de *Zweck im Recht*, p. VIII), il disait : « *Cet ouvrage-ci « et non l'Esprit du Droit Romain contient le résultat de toute « ma vie scientifique. On ne le comprendra que lorsqu'il sera ter- « miné. L'Esprit du Droit Romain n'en est, dans ma pensée, que « la préparation. Mais l'Esprit du Droit Romain devait être écrit « pour pouvoir entamer cette étude-ci, dont l'élaboration renferme « ma suprême mission scientifique.* ». — Ce dernier ouvrage

Cet admirable ouvrage, quoique très chargé d'érudition, vaut peut-être mieux que les traités spéciaux sur l'Encyclopédie, par les vues générales qu'il ouvre constamment. « Jhering », dit Bouglé, « ne pouvait entrer dans un sujet sans l'élargir[1]. » Kuntze dit de son côté : « Les écrits de Jhering ressemblent à des éclairs. Ils surprennent, ils éblouissent, ils répandent une lumière inattendue sur de vastes espaces où semblait ne régner que la nuit. » — C'est un « animateur ». Nul jurisconsulte n'a fourni un tel contingent d'idées originales[2]. C'est vraisemblablement le plus grand du XIXᵉ siècle. — Né à Aurich, basse Allemagne, en 1818, il professa et écrivit surtout à Vienne. Mort en 1892.

Maine (Henri Sumner). — *Études sur l'Histoire des institutions primitives*, trad. Joseph Durieu de Lupitz. Paris, Thorin, 1880. — *Etudes sur l'Ancien Droit et la Coutume primitive*. Paris, Thorin, 1884. — Ces deux ouvrages sont surtout relatifs à l'histoire archéologique du Droit, mais énoncent fréquemment de remarquables aperçus encyclopédiques.

devait, semble-t-il, quoique son titre ne l'exprime pas, avoir les caractères d'une véritable Encyclopédie, tels que je les indique plus haut. Resta malheureusement inachevé et à peine commencé : un seul volume ! — Voy. aussi *Le Combat pour le Droit*, infra, p. 133 et s., et les *Leçons sur l'Encyclopédie*, infra, p. 259.

1. Bouglé, *Les Sciences sociales en Allemagne, les méthodes nouvelles*, p. 103 et s., où se trouve une étude sur Jhering. Paris, Bibliothèque de Philosophie contemporaine, Alcan, 1896. — « Le Droit Romain m'a souvent conduit bien au delà de son propre horizon et m'a révélé *des idées d'une vérité universelle* », dit Jhering : *De la Faute en Droit privé*, p. 76.

2. Ces phénomènes d'idées éparses dans un ouvrage qui n'est pas spécialement un Traité d'Encyclopédie du Droit, se voit aussi avec abondance dans les œuvres de notre compatriote Ernest Nys, notamment dans la Première Section du Premier Volume de son *Droit International*, nouvelle édition 1912, Bruxelles, Weissenbruch.

Korkounov (N.-M.), professeur à l'Université de Saint-Pétersbourg. — *Cours de théorie générale du Droit*, traduction du russe par J. Tchernoff, Paris, Giard et Brière, 1914, 2ᵉ édition. — Comparez *infra*, p. 263, la note.

Cet ouvrage, en 563 pages, est celui qui me paraît s'être rapproché le plus de la conception véritable de l'Encyclopédie du Droit, au sens philosophique. Il est divisé en quatre Livres et une Introduction : Livre I : La notion du Droit. — Livre II : Le point objectif et le point subjectif du Droit. — Livre III : Les conditions sociales du développement du Droit. — Livre IV : Le Droit positif. — Au cours de cette division plus ou moins empirique, l'auteur énonce beaucoup de visions juridiques inté- ressantes.

De Greef, Guill. (Recteur de l'Université Nouvelle de Bruxelles). *Fonctions et organes juridiques* (dans *Introduction à la Sociologie*). Deuxième édition, 1911, t. II, p. 274 à 351. Intéressante vue générale du Droit. — *Précis de Sociologie*, 1900, p. 176 à 193. — *Structure générale des Sociétés*, t. III, p. 225 à 233.

SPÉCIALISTES BELGES [1].

Roussel, Ad. (de son vivant professeur à l'Univer- sité libre de Bruxelles). *Encyclopédie du Droit*, Bruxelles, Mayolez, 1843, in-8°.

Ce traité (538 pages) a quatre parties : 1° Le Droit considéré comme règle politique et comme science ; 2° Le Droit envisagé dans sa marche positive et la jurisprudence dogmatique ; 3° Elé- ment philosophique du Droit et Philosophie juridique ; 4° Du

1. Je cite ces ouvrages pour montrer le désordre, la quasi- anarchie qui règne en la matière et justifier les efforts que j'ai faits pour en sortir. L'enseignement de ces auteurs ne quitte guère le Droit positif, législatif, *secondaire* : il ne s'occupe qu'acciden- tellement de quelques coins du Droit philosophique, c'est-à- dire du Droit à l'état *primaire* (*infra*, p. 119).

Droit envisagé dans sa réalité historique. — C'est un mélange, souvent confus, de notions abstraites et concrètes, de grande encyclopédie, de petite encyclopédie, d'encyclopédie complémentaire (*supra*, p. 1 et 4). Il touche à tout : au Droit rural, au Droit forestier, aux édits du Préteur, au *Corpus juris*, aux Décrétales, au Code pénal belge, au Jury, à la Médecine légale, etc. (Voy. sa curieuse table ; on peut dire que Roussel fut le *romancier* de l'Encyclopédie du Droit.)

Namur, P. (de son vivant professeur à l'Université de Gand). *Cours d'Encyclopédie du Droit ou Introduction générale à l'Etude du Droit.* Bruxelles, Bruylant-Christophe et Cie, 1875, in-8°.

Ce traité (234 pages) a trois parties : 1° Du Droit en général et de ses divers modes de manifestation ; 2° De la division du Droit ; 3° Histoire du Droit. — Après sept pages seulement sur la notion et les causes du Droit, il passe à l'exposé de tout ce qui concerne la Loi : confection, autorité, effets, interprétation, application, abrogation (73 pages) : tout cela est du Droit public et non de l'Encyclopédie. Dans sa deuxième partie, il s'étend longuement, entre autres, sur l'organisation judiciaire belge : même remarque. Dans la troisième partie, il empiète sur le cours d'Evolution historique du Droit français, parlant notamment des *Assises de Jérusalem*, puis des sources du Droit canonique.

Orban, O. (professeur à l'Université de Liége). *Cours d'Encyclopédie du Droit.* Liége, Godenne, 1893.

Ce traité, divisé en trois parties, comporte 212 pages, dont 11 seulement pour « l'Idée générale du Droit », autant pour la « Formation historique du Droit ». Puis, sous le titre « Notions générales sur la Science du Droit et son objet », il expose dans la première partie de 75 pages, une série de matières qui rentrent dans le Droit public, notamment la sanction des lois, leur promulgation, leur non-rétroactivité, leur abrogation, etc. La deuxième partie est consacrée à la « Division du Droit ». La troisième ne s'occupe que de « l'Interprétation du Droit » (notamment de l'argument *a pari*, *a fortiori*, *a contrario* !)

Le présent cours, construit d'après les notions indiquées ci-dessus p. 7 et 8, diffère considérablement des cours d'Encyclopédie du Droit qui ont été donnés jusqu'ici. S'il présente avec eux des parties communes, il en est d'autres qui sont neuves, et même, dans les exposés qui se correspondent, les différences sont nombreuses. — L'auteur, qui a derrière lui une longue vie juridique de Droit pratique (Avocat au Barreau de Bruxelles) (d'appel et de cassation) et scientifique (Professeur à l'Université Nouvelle de Bruxelles), durant laquelle ses prédilections ont été surtout *aux généralisations*, livre son œuvre à l'appréciation de ses Collègues dans la Science juridique et aux Etudiants en Droit dont le principal désir, s'il est le même que celui qu'il a ressenti quand il était sur les bancs de l'Ecole, doit être d'avoir, tout d'abord, *une claire vue d'ensemble des études où on les engage*.

Ce cours a été développé dans mon livre **Le Droit Pur** [1], dont la première édition a paru chez Larcier, Bruxelles, en 1899 (épuisée). — La seconde édition a paru à Paris, en 1908, dans la Bibliothèque de Philosophie scientifique du Dr Gustave le Bon, chez Flammarion. Elle en est à son septième mille. J'ai rectifié et surtout complété cette œuvre dans le présent écrit auquel je pourrais appliquer, pour mon compte, la loyale confession de Jhering reproduite ci-dessus, p. 11, note 1.

---

1. E. Roguin a intitulé son livre, publié en 1889, cité *infra*, p. 262 ; *Etude de Science juridique pure*.

PREMIÈRE PARTIE

LA CARACTÉRISTIQUE (CRITÉRIUM, PUNCTUM SALIENS) DU DROIT [1]
L'IMPÉRATIF JURIDIQUE : LA CONTRAINTE

Précision et Complément des §§ XII à XXIII du Droit Pur.

Le Droit est un des grands facteurs de la vie sociale et du Drame humain, de l'Energétique humaine. C'est une des grandes questions de la vie. — LE ROYAUME DU DROIT.

Toute société constitue un ensemble de rapports d'hommes à hommes, d'hommes à choses (voire, pour certains peuples ou certaines époques, d'hommes à dieux).

L'activité humaine et ses multiples domaines, ses multiples provinces, notamment pour la Structure des collectivités nationales et pour leur Fonctionnement : Religion, Morale, Art, Science, Commerce, Industrie.

---

1. On s'imagine, en général, que la signification des termes juridiques, notamment du mot *Droit* lui-même, est simple et certaine par la seule raison qu'ils sont d'un usage familier. Grave erreur. Ils sont, en réalité, souvent obscurs, ambigus, complexes, amphibologiques. On peut dire qu'ils abondent en « incognitos » et en approximations. — Comp. *infra*, p. 92.

Langage, etc., etc. — Et Droit. — Dans chacun de ces « compartiments » « chauffe » une Force (une Idée-Force) dominante, une puissance motrice ; telle la *Force juridique*, le « Vouloir juridique de l'Espèce »[1].

Les Règles de chacun de ces domaines :
Elles constituent les Sciences dites *Sociales* ;
On les oppose aux Sciences dites *Naturelles* qu'on réserve aux phénomènes pouvant exister indépendamment de la notion « Hommes ». Distinction équivoque : toutes les sciences sont naturelles.
Élément essentiel des premières : les Rapports intersociaux humains réglés par la volonté, que cette volonté soit considérée comme libre, ou comme simple organe de réception et d'action de la fatalité des choses, *avec l'illusion de la liberté* (Déterminisme : question à réserver ; fait partie de la Psychologie et de la Cosmologie).

Les Rapports intersociaux forment deux catégories : a) ceux considérés comme pouvant être *laissés à la liberté de chacun* (à leur bon vouloir), — b) ceux considérés comme *devant être imposés par la volonté dominatrice d'un pouvoir gouvernemental.*
Les premiers comprennent, entre autres, la Morale ; **les seconds constituent le Droit.**

Donc, caractéristique de la Morale : Rapports dits *libres* ; par exemple, la charité, la bienveillance, l'urbanité, l'art, la langue, le costume, etc.[2]

---

1. L'homme a pour *objectif* souverain : son Bonheur et s'applique aux *moyens* de conquérir ce Bonheur ; ces moyens sont les grandes Forces sociales, fonctionnant pour le Productivisme social. Comp. *infra*, p. 148.
2. Cons. Emile Durkheim, *De la Division du Travail social*, p. 22 et s. — Paris, Alcan, 1893.

Sanction : la Conscience personnelle. — L'Opinion d'autrui. — Les conséquences dommageables en cas d'inexécution (à celles-ci peut s'appliquer la formule de Nietzsche : les actes *pécheurs* ont leurs effets pour bourreaux). — Les pénalités disciplinaires privées. — Les sanctions dans la vie future énoncées par les religions, etc.

Caractéristique du Droit : Rapports imposés (contrainte objective) ou considérés en théorie comme devant être imposés (contrainte subjective), rapports crus nécessaires, en vue d'une sauvegarde de l'ordre social, rapports constituant *des délimitations obligatoires de la liberté individuelle*. Il y a des rapports intersociaux pour lesquels il faut proclamer et pratiquer certitude d'accomplissement : ce sont les rapports juridiques *vincula juris*).

Sanction : la *Contrainte* ou coercition par la force sociale en cas de méconnaissance, c'est-à-dire *par le Pouvoir investi*, soit en Droit, soit légalement, soit même simplement *en Fait, du Gouvernement*, de la Force : « le Prince », comme on dit symboliquement, le Souverain de Droit ou de Fait [1].

Ces rapports apparaissent donc comme des *Prérogatives* pour celui qui en a le bénéfice, comme des *Devoirs* pour quiconque en a la charge. L'aspect est double.

Donc, chaque fois que, soit pour l'établissement, soit pour le maintien, soit pour le rétablissement d'un rapport intersocial, on peut, — *ou on devrait, en règle, en théorie,* — obtenir l'aide, la protection, la *contrainte* par la **force gouvernementale**, par la force

1. Comp. Maurice de Baets, *Les Bases de la Morale et du Droit*. Paris, Alcan, édit., et Gand, Siffer, 1892. — La morale lie les volontés par des chaînes de soie, le Droit par des chaînes de fer.

de l'Etat, on est dans le domaine du Droit. Cet élément en est *la clef*. Si, au contraire, on ne peut — fût-ce en théorie, *en règle*, — être reçu à l'obtenir, on est dans le domaine de la Morale pure, c'est-à-dire où s'exerce la Liberté individuelle [1].

La SANCTION juridique est une *réaction* coercitive du groupe social contre la violation d'un devoir. Une telle réaction ne se produit pas pour les faits considérés (selon l'époque) comme n'exigeant pas le recours extrême à la contrainte.

Le Critérium [2] de tout droit est donc la Contrainte gouvernementale; elle doit l'accompagner essentiellement, au moins en théorie. Elle le fait reconnaître comme la trompe fait reconnaître l'éléphant, comme, en zoologie, la glande lactée, même atrophiée, fait reconnaître le Mammifère. On peut dire que le Droit est un CATALOGUE de devoirs à contrainte (*par l'autorité publique* quels qu'en soient la forme organisée ou le détenteur du moment), un ensemble de commandements (Jhering dit : de *Normes*), soit réalisés *objectivement*, à tort ou à raison, par une législation positive, soit simplement conçus comme **devant** être réalisés (voy. JHERING, *Zweck im Recht*, n° 145 : très catégorique). Dans ce second cas, c'est la contrainte à l'*état psychologique*, simplement *subjectif*, en puissance, *Coactio dormiens*.

On peut donc dire d'un droit que c'est **un Impératif juridique**, aussi catégorique que tout autre impé-

---

1. J'ajoute le mot « pure » parce que, surtout dans les habitudes du langage, on peut considérer les rapports juridiques comme ayant cumulativement le caractère juridique et le caractère moral : mariage, puissance paternelle, respect de la propriété d'autrui, des obligations privées ou publiques, etc.

2. *Punctum saliens*. — Hercule symbolise la Force au service du bon droit. Mars, c'est la Force au service de la Guerre, sans distinction du but de celle-ci.

ratif. Le Droit dit : Il faut obéir. Il donne des *Ordres* et non de simples *Conseils*.

Symbole de la *Contrainte* juridique : le Glaive de la justice (*jus gladii*) ; symbole moins noble et plus pratique : l'huissier, la police, le gendarme, les tribunaux, au besoin l'armée.

D'une part, quiconque a un droit peut réclamer la *protection* sociale (Prérogative).

D'autre part, quiconque porte atteinte à un droit, par action ou par omission, peut être *contraint* socialement à le respecter (Devoir). C'est un crédit et un débit.

On doit donc plutôt qualifier cet élément caractéristique, à deux faces, par l'expression double : PROTECTION-CONTRAINTE (comme les Romains disaient *Venditio Emptio* pour la vente-achat, *Locatio-Conductio* pour le bail-louage), à laquelle correspond cette autre expression double PRÉROGATIVE-DEVOIR.

Puisque à toute PROTECTION juridique correspond, en principe, une CONTRAINTE, à tout droit pour l'un correspond pour autrui obligation de respect : *Jus et obligatio sunt correlata.* Ou, plus nettement, *Juri unius respondit obligatio alterius.* Ce qui est *commodum* pour l'un est *incommodum* pour un autre (ou pour les autres). Mais le mot « obligation » a alors un sens spécial : c'est une obligation *indéterminée*, générale, ubiquitaire comme l'atmosphère, s'imposant DE PLEIN DROIT à tous ceux « qui ont affaire », dans la collectivité juridique, par cela seul qu'ils ont contact avec elle ; par opposition aux obligations *déterminées* (particulières) de la vie juridique pratique, quotidienne[1].

1. Quand, en dehors de cette obligation *générale* grevant tout le monde (analogue à la sympathie universelle que l'homme peut éprouver pour l'homme), il y a une obligation *spéciale* grevant une personnalité déterminée, celle-ci est tenue doublement ; ou, plutôt, l'obligation générale se fond dans l'obligation spéciale pour le cas particulier dont il s'agit.

Différence de la Contrainte juridique avec celle qui n'est pas *sociale* (contrainte *privée*, abusive : exemples, le voleur qui demande la bourse ou la vie, — le viol, — la contrainte domestique d'un autre que le père ou le délégué du père, etc.).

A côté de cet élément caractéristique sont trois autres éléments constitutifs de tout droit (sujet, objet, rapport), qui seront examinés *infra*, p. 43 et s.[1].

Dans leur essence *abstraite*, ceux-ci sont identiques à ceux des devoirs moraux : au point de vue de leur essence *concrète*, foncière, sociale, ils sont différents ; l'un appelle rationnellement la contrainte, l'autre en doit demeurer rationnellement dépourvue.

Comme la Protection-Contrainte doit être SOCIALE, gouvernementale, le Droit, pour être pratiqué, réalisé en fait, suppose l'organisation des hommes en groupes, en sociétés, en collectivités, finalement en ÉTATS : *Ubi societas, ibi jus.* Les deux notions sont corrélatives, comme celle de droit et d'obligation.

***

Quand la contrainte concrète n'est pas réalisée positivement, le Droit est, peut-on dire, à l'état de nudité, de simple état potentiel[2] ; il devrait avoir sa contrainte ; il n'en manque que provisoirement, ou par une infirmité résultant de causes diverses, par-

---

1. Cela marque la différence logique qu'il y a, en toutes matières, entre la *caractéristique* et la *définition*. La caractéristique n'est qu'un des éléments de la Définition, celui qui est la base (*fundamentum dividendi*) séparant une matière des autres ayant les mêmes éléments pour le surplus. Exemples dans les Religions : l'UNITÉ divine (monothéisme) ou la PLURALITÉ des divinités (polythéisme). Répétons : *Punctum saliens.*

2. C'est quelque chose comme les fiançailles avant le sacrement.

fois passagères. Exemples : 1°) Les droits dans les groupes humains primitifs sans gouvernement central; la contrainte est alors exercée soit par le titulaire du droit se faisant justice à soi-même ; soit par un groupe de citoyens privés (*les testes*) lui prêtant leur aide. — Comp. *infra*, p. 59. — Inconvénients de cette contrainte *privée* ; — 2°) les droits dans le Droit International public (comp. *infra*, p. 83), où il n'y a pas de contrainte supernationale ; — 3°) les droits contre le pouvoir gouvernemental (contre le Souverain). — La contrainte y existe *en règle*, en principe, mais elle n'est pas organisée en pouvoir gouvernemental. — Comp. JHERING, *Zweck im Recht*, n° 146. — EDMOND PICARD, Introduction du tome CX, des PANDECTES BELGES : *La Législation, la Juridiction, la Contrainte dans le Droit de la Guerre.* — 4°) Voy. aussi les obligations de Droit privé dites « naturelles », *infra*, p. 88, litt. *f*[1].

Parfois la contrainte ne peut opérer *directement*. *Nemo precise ad factum cogi potest.* Le Droit recourt alors à des moyens *indirects*, à l'Astreinte (condamnations à telle « pénalité civile » par jour de retard), à la contrainte par corps, etc.

ETYMOLOGIE du mot DROIT : ce qui est *droit* (en ligne droite) ou plutôt *supposé* droit, ce qui est fondé sur la rectitude, qui n'est pas tortu, ou tordu

---

1. Les dettes prescrites et les dettes de jeu dites « d'honneur » ; on ne peut en poursuivre le paiement en justice *par voie d'action*, mais quand elles ont été payées volontairement, on peut en repousser la restitution *par voie d'exception*. Elles ne sont donc qu'à moitié dans le Droit, l'autre moitié est dans la Morale. En effet, si pour les réclamer la contrainte publique fait défaut, ce n'est point qu'elle n'existe en théorie; elle manque par accident ; socialement, il est cru bon qu'elle manque de contrainte comme toute règle morale.

infra, p. 191), qui n'a ni courbure, ni flexion, ni inclinaison. (Emblèmes idéaux usuels : la balance, le niveau, l'équerre, le fil à plomb.) — Du latin *Directum*, qui a passé, avec des déformations légères, dans les diverses langues européennes : italien, *dirrito*, — provençal, *drech*, — espagnol, *recho*, — portugais, *direito*, — français, *droit*, — allemand, *recht*. — Voy. des traits étymologiques confirmatifs dans D'ARBOIS DE JUBINVILLE, *Cours de littérature celtique*, t. VII, *Etudes sur le Droit celtique*. Paris, Thorin et fils, 1895, p. 93. — AHRENS (cité *supra*, p. 11), t. Ier, note p. 41. — Comparer avec les curieux détails étymologiques donnés par JHERING, *Esp. Dr. Rom.*, t, Ier, p. 219 en note.

Le mot DROIT a remplacé dans toute l'Europe aryenne, on ne sait à quelle époque précise, le mot latin JUS (*Jubere*, commander) à étymologie obscure : voy. dans le grand LAROUSSE au mot *Juste*, p. 1126, col. 2, *in fine*, d'intéressants détails[2] ; d'après Jhering, il proviendrait du monosyllabe védique Yôs, signifiant protection, contrainte ; ou du mot sanscrit Jù (*Zweck im Recht*, n° 148, la note), — tandis que le mot *Droit*, plus noble, vise le caractère psychologique de « rectitude », de « droiture ». Mais le terme *Jus* est assurément meilleur au point de vue technique parce qu'il indique l'élément caractéristique de tout droit, *la contrainte*, le *commandement*. Il s'est maintenu en français dans les mots : juste, justice, juriste, jurisconsulte, jurisprudence, juridiction, juridique, jury, juré, injure, — JURICITÉ (*infra*, p. 32). Le mot Droit cause aussi cette méprise grave de faire croire *que le Droit n'est vraiment que ce qui est droit au sens moral du mot*, alors que, considéré

---

1. Sur l'origine des mots désignant le Droit et la Loi en latin, voy. aussi *Nouvelle Revue Historique du Droit français et étranger*, t. VII, 1883, p. 603.

dans son ensemble positif, il contient beaucoup de fléchissements, de déviations, d'aberrations. — En d'autres termes, il ne faut pas confondre le *Droit* avec le *Juste* dans la vie pratique et historique de l'Humanité. — « Erreur de grande suite et préjudice », eût dit Montaigne. — Comp. *infra*, p. 36[1].

Tout ce qui précède démontre que l'élément **Contrainte** est fondamental dans le Droit. Pour le Législateur, discerner quels sont les rapports entre les Hommes à l'observation desquels il convient, en bon gouvernement, d'attacher la Contrainte est *un des Grands Problèmes du Droit* qu'on ne se pose pas suffisamment quand il s'agit de faire des Lois, pour en supputer spécialement la nécessité, les avantages et les inconvénients. Ce point de vue est, d'ordinaire, submergé par la question de simple utilité, laquelle, socialement, ne réclame pas toujours l'ajoute, l'adjuvant grave de la contrainte. — Ce point est repris, *infra*, p. 200 et s.

---

1. En résumé, il eût été plus net au lieu de dire le Droit, de dire le COMMANDÉ, le contraint ; mais le langage a ses caprices tyranniques. Le mot *Jus*, lui aussi, n'a-t-il pas subi en français un analogue *renversement*, puisqu'il y est le radical de Juste qui signifie non pas le *Commandé*, mais le Droit *irréprochable ?* Les deux mots ont, par une antonymie confusionnante, échangé à tort leurs significations exactes. (Comp. les paroles de JHERING, p. 63, *infra*, note 1, sur l'importance de ces curieuses erreurs.)

DEUXIÈME PARTIE

LE PHÉNOMÈNE JURIDIQUE
INDIVIDUEL ET COLLECTIF

Précision et Complément des §§ XXIV à XXXII du Droit Pur.

Le phénomène juridique est l'ensemble des manifestations de cette grande force sociale qu'on nomme LE DROIT, agissant en même temps, de concert avec d'autres forces (ressorts, concepts) ou manifestations de la vie sociale (*Leitmotiven*) : l'Art, la Morale, la Religion, etc., se complétant l'une l'autre [1]. — Forces dites « naturelles » ou « cosmiques » ou « élémentaires » ou mondiales, distinctes mais travaillant à un but commun. — Ensemble des résultats de ces forces, de l'activité totale, de l'Énergétique humaine : LA CIVILISATION. — Le Droit est un *fragment* de la Nature sociale.

Vive *attraction* du phénomène juridique sur certains esprits [2].

---

1. Ces grandes forces sociales sont solidaires. Leur solidarité est réciproque ; elle consiste, notamment, en ce que chacune se développe en empruntant d'ordinaire aux autres certaines *données* ou énergies qu'elle n'établit pas elle-même. — Voy. *infra*, p. 160.

2. Le Jurisconsulte vit dans le Droit comme dans son élément.

Il se manifeste en aspects multiples autour de nous et psychologiquement en nous. — Tantôt il est sous forme de droits considérés en eux-mêmes, tantôt sous forme d'institutions, d'organismes au service du Droit (ex. de ce dernier cas : les palais de justice, le personnel judiciaire, etc.).

Il s'agit, comme début de l'étude ultérieure du Droit, de dégager, dans la multiplicité des faits sociaux et individuels, ceux qui présentent la caractéristique du Droit (précisée dans la Première Partie, p. 17 et s.), afin de les analyser de plus près dans les Parties suivantes. Je n'indique que les principaux, *les plus visibles*, se révélant en des états divers incontestables, qui font que son existence n'est pas niable, savoir :

a) — Le Droit à l'état Pratique (positif).

Le Droit s'affirme, sous sa forme la plus sensible, dans la vie quotidienne juridique, par des faits *réalisés*, concrets, variés, variables, reconnaissables.

Tels sont notamment les « Pouvoirs publics », — les Biens matériels, — les Biens intellectuels, — les Créances, — les Attributs personnels civils et politiques, — les Successions, — les Opérations juridiques incessantes et de tous genres. On les voit aisément dans l'ambiance, où ils pullulent comme les végétaux ou les insectes.

C'est le Droit vivant extériorisé dans la multitude des détails des sociétés humaines, spécialement dans ce qu'on nomme le *Commercium*, c'est-à-dire les relations intersociales, les *transactions*, pour employer l'expression préférée par Ernest Solvay, innombrables, multiformes, ubiquitaires (les tractations). C'est ici surtout qu'on peut dire que le Droit est *un reflet de la vie*, ou, plus exactement, un fragment de cette vie.

b) — **Le Droit à l'état de Conflit** (judiciaire).

Où, pour le vulgaire (et bon nombre de juristes empiriques), les droits affirment surtout leur présence, c'est dans les conflits juridiques, LES PROCÈS, les Palais de Justice. Ils n'y sont, pourtant, qu'à l'état de maladie et pour leur guérison ; les tribunaux sont des cliniques, des hôpitaux juridiques.

La visibilité du Droit y est puissante par le nombre, l'activité, le côté agité et bruyant des Litiges.

En consultant les Statistiques on s'en rend compte encore plus nettement[1].

c) — **Le Droit à l'état de Volition individuelle.**

Dans une collectivité sociale, chaque individu pratique couramment le Droit à son profit et en respectant les droits d'autrui. Les infractions à ces droits sont rares par comparaison avec les cas où ils sont respectés, consciemment ou inconsciemment, en quelque sorte par un mouvement réflexe.

Il y a dans les intellectualités individuelles une volition juridique fonctionnant avec constance. Elle est *interne*, psychologique, et ne doit pas être négligée dans la vision du phénomène dont elle est un des facteurs les plus généraux et très intéressants : chacun peut la constater en soi sans peine et l'analyser[2].

1. Voy. notamment, pour la Belgique, la quinzième année de la *Statistique Judiciaire*, 1912 (publication du Ministère de la Justice, in-4°, 474 pages et une curieuse carte). Pour donner une idée de l'intensité du phénomène par le nombre des affaires contentieuses, je cite quatre nombres pour cette seule année 1912: Procès en justice de paix, 170, 401 ; — devant les tribunaux civils, 29,657 ; — devant les tribunaux de commerce, 64,690 ; — devant les tribunaux correctionnels, 60,896. — Sur la statistique, voy. le *Droit Pur*, § 195.

2. H. ROLIN, cité *infra*, p. 262, est parvenu à faire *un volume* sur cet aperçu fragmentaire, sur ce mécanisme cérébral. —

d) — Le Droit à l'état Légal (législatif).

Le Droit positif qui vient d'être indiqué n'est que la mise en réalisation concrète, dans des cas isolés, du Droit tel qu'il est organisé par la Législation en ses organismes variés.

Celle-ci (soit sous forme de Lois proprement dites, soit sous forme de Coutumes) se borne à prescrire des règles, sorte d'immense vestiaire dans lequel on va prendre, selon les cas, ce qui est nécessaire ou utile à la vie juridique pratique, courante, familière.

Au regard du Droit positif, le Droit législatif apparaît donc à l'état simplement *formulaire*[1].

Dans les sociétés aryennes modernes, le nombre

CHARLES MAINZ (p. 273 du 1er volume de son *Cours de Droit romain*, éd. 1870, Bruxelles, Decq, Paris, Durant) écrit : « L'élément fondamental de tout droit est la volonté de l'homme se dirigeant sur un objet. » Mais il faut avouer que c'est un peu vague.

1. L'ACTE LÉGISLATIF est toujours une prescription. Mais cette prescription n'est pas toujours *un commandement* direct de faire ou de ne pas faire quelque chose. En Droit public, on distingue la Loi *impérative*, ou Loi *stricto sensu*, qui impose un acte ou fait une défense (le vrai commandement), — la Loi *attributive* qui alloue un avantage, — la Loi *administrative* qui organise des mesures de tutelle gouvernementale, — la Loi *explicative* qui pose des préceptes lexicologiques, techniques, donne des indications, éclaircit, qualifie, divise, etc., — la Loi *interprétative* qui éclaircit une loi antérieure. — Voy. EDMOND PICARD, *Le Droit et le Fait devant la Cour de cassation*, Introduction au tome CXI des PANDECTES BELGES, p. IX. — Plusieurs de ces caractères se trouvent parfois réunis dans un même acte législatif, c'est-à-dire dans une même *Loi*, ce terme pris *lato sensu* comme exprimant tout acte émanant du Pouvoir Législatif. Le Code Napoléon a beaucoup de ces prescriptions explicatives ; par exemple, le premier Titre du second Livre : *De la distinction des Biens*, — ou, dans le deuxième Titre du même livre, les articles 566 et s., indiquant au juge des règles d'équité en exemples.

des lois est énorme et va, sans cesse, en augmentant ;
le Jurisconsulte ploie sous le faix ; chaque besoin nouveau fait surgir des lois nouvelles. Exemples : les
chemins de fer, le téléphone, le vélocipède, l'automo-
bile, la vapeur, l'électricité, l'aviation, etc.

e) — Le Droit à l'état Théorique (subjectif).

La Loi, qui précède le Droit positif, est elle-même
précédée par la Théorie, qui inspire et guide la formation de la Législation en ses règles obligatoires.

L'esprit humain s'applique, en effet, à déterminer
exactement quel est le Droit possible le plus opportun eu égard à l'époque, aux lieux, aux peuples, etc. ;
l'homme a en lui, comme élément naturel psychologique, biologique, *une raison légiférante* ou plutôt
jurificatrice. L'homme, surtout aux origines, fait du
Droit sans le savoir, comme M. Josse faisait de la
prose.

Et ce n'est que lorsque le Droit a été dégagé, avec
plus ou moins d'exactitude, des faits de la vie (*ex
facto Jus oritur*), qu'on le traduit, du mieux qu'on
peut, en forme législative, en Règles de Droit ; coutumes ou lois[1].

C'est le *Vouloir humain* de production du Droit, de
même que les états qui le suivent en sont le *Pouvoir*.

Le Droit apparaît ici encore en un état *subjectif*,
tandis que dans les lois, et plus encore dans la pratique juridique de la vie, il est à l'état *objectif* ; il est
réalisé à l'état de Règle gouvernementale *obligatoire*,
d'Acte législatif. C'est le Droit à un premier degré,
et le Droit à un second degré, le Droit à l'état primaire et le Droit à l'état secondaire.

En résumé tantôt le Droit est revêtu objectivement

---

1. Le Législateur est LE GREFFIER du Droit subjectif.

de la forme législative (on pourrait dire qu'il est « législationné », « enlégislationné »), tantôt sans celle-ci, en un état de nudité philosophique, encore simplement subjectif, mais conçu comme étant, en essence, une relation sociale à contrainte.

Quoique en cet état « vestibulaire », c'est déjà du Droit, en théorie, en attendant sa réalisation en pratique, lorsque, soit par commun accord national ou international, soit unilatéralement par qui détient la Force gouvernementale, il est imposé et devient du Droit dit *positif*. — Comp. *infra*, VIe Partie.

f) — Le Droit dans son ensemble ou la Juricité.

Le Microcosme et le Macrocosme du Droit.

Les explications qui précèdent permettent de préciser un point très important : Le Droit *dans son ensemble*, réalisé positivement ou conçu idéellement.

Dans le Phénomène juridique, il faut distinguer entre :

les droits (le Fini juridique) et le Droit (l'Indéfini juridique). } La mineure et la majeure du Droit.

Ce sont deux formes, deux aspects, deux éléments distincts, mais qui travaillent ensemble à un résultat total commun.

Le Droit existe *comme ensemble*, comme *Unité* totale, en tant que force sociale. Il est, dans chaque conglomérat humain, un Tout, un organisme, une orchestration, un composé de droits particuliers (on pourrait dire d'*atomes*, de monades, de molécules, de cellules juridiques ; chaque droit particulier est un de ces atomes, une de ces molécules, est un être minuscule). Le Droit est un *tissu cellulaire* où le moindre détail a sa place et sa fonction. Ce tout, ce vaste machinisme compact, en incessante activité, est uni par des liens non matériels, psychiques, mais tout aussi réels [1].

Il faut avoir le *sens*, la vision en quelque sorte pan- théistique, du Droit comme *Système* global, comme total, CONTINU, vivant physiologiquement de sa vie propre dans les sociétés humaines ; les Romains ne le comprenaient guère ; c'est une idée moderne, grandiose. — Comp. JHERING, *Esp. Dr. Rom.*, t. Ier, p. 93.

On peut opposer un droit isolé au Droit, comme une œuvre d'art à l'Art, comme un mot isolé au Langage.

Et il y a non seulement tous les droits, réalisés dans leur forme positive, — mais aussi toutes les *institutions* juridiques réalisées par les Lois en leur forme subjective, prêtes à entrer en fonction, à être utilisées (comme les armes, le matériel dans un arsenal), ayant chacune sa figuration, constituant cha- cune un corps articulé, un ensemble agencé, *un instrument technique utilisable*. — Comp. JHERING, *id.*, t. III, p. 50 et 51.

Un mot manque pour bien distinguer un droit *isolé* du Droit *total*[2]. On pourrait dire les droits et la **Juri- cité**, comme on dit : les hommes et l'humanité[3].

1. Petitesse de l'atome juridique en comparaison avec la masse écrasante de l'Ensemble. — Tout droit isolé est un être qui agit, qui parle, qui raconte : il n'y a qu'à l'écouter pour connaître un fragment social de l'époque, pittoresque et vi- brant. — De même que les foules engendrent une âme totale, ainsi le total des droits particuliers engendre UN DROIT TOTAL.

2. Chaque fois que je parle d'un droit isolé, j'emploie le petit *d* ; le grand D, la Majuscule, chaque fois qu'il s'agit de l'ensemble juridique ou d'une de ses grandes fractions : Droit privé, Droit public, Droit pénal, etc.

3. En Angleterre, il semble qu'on ait une tendance à se servir pour le même objet du mot *Law*, et en Allemagne du mot

Le Droit total, ainsi compris rentre comme partie dans l'organisme plus vaste des Collectivités humaines, lesquelles à leur tour rentrent dans l'organisme du Monde. — Lire le début du chapitre VII de l'*Evolution du Droit* (*Zweck im Recht*) de Jhering, cité *supra*, p. 11, tableau magnifique du Mécanisme social où fonctionne le Droit.

On peut dire encore que le monde du Droit (de la Juricité) se meut avec la même activité et la même fatalité que les systèmes planétaires. — Comp. Jhering, *Esp. Dr. Rom.*, p. 63.

Pour le Jurisconsulte [1], la vue de l'Universalité du Droit, de la vie collective du Droit, du réseau de ses combinaisons solidaires indéfinies, à figurations concrètes inépuisables, son filet à mailles innombrables, son tissu à prodigieux enchevêtrement de fils, est plus salutaire que celle des droits isolés ; en tout cas elle est indispensable. Mais combien négligée !

g) — Omniprésence et Permanence du Droit.

Le Droit existe en des conditions analogues aux phénomènes physiques, chimiques, religieux, moraux, artistiques, industriels, linguistiques, etc. : comme eux il est partout. Le Droit *ubiquitaire*, épars : *Omnibus Omnia* [2].

Jurisprudence. Ils sont équivoques, ayant déjà un autre sens usité, beaucoup plus restreint. J'ai proposé le mot Juricité, qui commence à entrer en usage. Une Revue juridique brésilienne l'a adopté pour son titre.

1. En terminologie correcte, le *Légiste* prépare ou fait la loi, le *Juriste* l'interprète et l'applique, le *Jurisconsulte* réunit en soi l'un et l'autre en y ajoutant l'ennoblissement des vues générales, encyclopédiques. Lui seul a la *maîtrise* juridique.

2. Le Droit est même dans les choses dités : *Communia omnium*, la pluie, les vents, etc., sur lesquels on a *droit* d'usage ou d'occupation partielle ; — les actes purement moraux eux-mêmes n'y échappent pas, *en ce sens* que si on peut les accom-

Le Droit est donc omniprésent et historiquement permanent dans les collectivités humaines sauf qu'il est toujours en évolution : *Mutatur non tollitur*. Il devrait être le Phare des historiens ; ils le négligent presque toujours pour l'Anecdote politique ou guerrière[1].

Cet aspect du Phénomène se manifeste-t-il ailleurs que dans l'Humanité ? Dans des collectivités animales, par exemple ? Quelques-uns le pensent et c'est vraisemblable ; là aussi il peut y avoir nécessité ou utilité de devoirs soumis à contrainte. — Comp. p. 50.

Pour s'en tenir aux hommes, il est évident *a priori*, il est constant en réalité, qu'il est difficile de découvrir en fait ou d'imaginer en esprit, des situations où il n'y ait pas occasion à devoirs *imposés*, avec emploi, éventuel ou organisé, de la contrainte publique, c'est-à-dire de procédés juridiques : la Nature est ainsi constituée quoique nous trouvions à critiquer ou à approuver dans cet état de choses. Répétons Ex FACTO JUS ORITUR. — Comp. p. 37, note 1.

h) — **Le Droit au repos et le Droit en fonctionnement.**

C'est la Statique et la Dynamique du Droit. Elles sont visibles autour de nous dans la Collectivité

plir librement, c'est en vertu du *droit* de liberté et comme exercice de ce droit (comp. *infra*, p. 72, note 2). — Bref, le réseau juridique couvre le monde social. — Comp. *Le Droit Pur*, § 26 (cité *supra*, p. 15), qui illustre pittoresquement cette vérité.

1. La partie la plus tragique de l'Histoire de tous les peuples, les guerres internationales et les guerres civiles, les émigrations et les insurrections, les mouvements sociaux, eurent et auront presque uniquement pour but ou résultat des droits à conquérir, à protéger ou à changer. — Voy. *infra*, p. 133, le Combat pour le Droit.

sociale. Elles aussi affirment donc la présence du Droit.

Ce double aspect s'applique à tous les états où se manifeste le Droit, qu'il s'agisse des droits isolés ou de l'ensemble, de la présence du Droit dans l'Espace ou dans le Temps.

Cette statique et cette dynamique sont étudiées avec plus de détails dans quelques-unes des Fresques suivantes. Elles contribuent puissamment à donner la vision du Phénomène juridique à étudier.

i) — Le « Bon » et le « Mauvais » Droit.

Jus bonum, — Jus malum.

Tendance du vulgaire à considérer et à qualifier Droit seulement ce qu'il croit être *le Bon Droit*, le Droit intégral, « *le Juste* ». Ce malentendu est « énorme ». — Comp. *infra.* p. 193. — C'est le Droit *dans un sens figuré*, restreint, fragmentaire, mal entendu ; rigoureusement *droit* implique *rectitude* alors que le Droit n'est pas exclusivement rectitude, mais le *commandé* soit-il juste ou injuste, positivement parlant (voy. *supra.* p. 24).

Le mauvais Droit (par exemple : l'arbitraire d'un despote) est du Droit, s'il présente, *en la forme*, les caractères essentiels du Droit.

Il n'y a, au reste, guère de Droit positif qui apparaisse irréprochable quant à son contenu. Il y a toujours sur le Droit « un voile d'imperfection » plus ou moins épais. Le Droit a son déchet inévitable. Ce déchet apparaît comme une partie essentielle du vrai composé juridique. C'est fâcheux mais indiscutable. C'est *le style* du Droit positif. Impossible d'expulser absolument du Droit l'Erreur. C'est une application du brocard célèbre latin : *Dura lex, sed lex.*

Le Mauvrais Droit fait donc, comme le Bon, partie

du Phénomène juridique total et doit, dès lors, entrer dans l'étude de celui-ci[1].

Une opinion contraire confond le Juridique (notamment la Légalité) avec le Juste, avec la Justice absolue qui n'en est que la vision idéale, philosophique, suprahumaine, par conséquent fractionnaire. De même, on ne peut décrire la Religion Catholique sans parler de Dieu et sans parler du Diable. — Comp. *infra*, p. 206.

f) — **La Bibliographie, — l'Étude, l'Enseignement du Droit.**

Manifestation du Phénomène juridique, individuel et collectif, dans l'immense collection des écrits qu'il a suscités au cours des âges et surtout dans les temps contemporains.

Recueils de Coutumes, recueils de Lois, recueils d'Œuvres doctrinales, recueils de Décisions judiciaires, etc.

1. Pour le Jurisconsulte expérimentateur, ce n'est ni du bon, ni du mauvais Droit : *C'est du Droit.* S'il est injuste, la moralité proteste, mais la technique juridique subit. Ce truisme est la base des prétentions de Shylock dans la scène fameuse (première du 4e acte), de la pièce de Shakespeare, *Le Marchand de Venise* : Shylock réclame une livre de la chair d'Antonio, *parce que c'est son droit* en vertu du contrat. Autre exemple : l'Esclavage des vaincus, qui était pratiqué par les Grecs et par les Romains, sur les populations de race blanche, était la matière d'une législation juridique minutieuse et tenue pour parfaitement légitime en Droit ; elle allait jusqu'au droit de mort, au profit du maître, notamm nt par le cruel procédé usuel du Crucifiement. Les guillotinades prononcées sous la Terreur, par le Tribunal Révolutionnaire (11.000, dit-on), étaient (sauf rares exceptions, comme on le reconnaît aujourd'hui), juridiques, tout en étant du *Jus malum.*

Cette remarque si simple éclaire un point important relatif à l'Origine du Droit. Il existe potentiellement et peut, *dans tout état de fait,* apparaître réellement bien ou mal conçu, formulé, imposé, mais Droit quand même dès qu'il y a contrainte par le Pouvoir qui, dans le moment, gouverne, investi de la Force gouvernementale par les circonstances quelles qu'elles soient. C'est pour n'avoir pas compris cette situation et avoir cru qu'il

C'est une preuve saisissante de son existence et de son importance[1].

Partout aussi on voit son Etude et son Enseignement. Histoire de ses grandes Ecoles, des grands Jurisconsultes, — des grands Sociologues ou Philosophes qui s'en sont occupé.

k) — Le Personnel juridique.

Il se compose de tous ceux qui, dans une Nation, occupent ou remplissent une fonction relative au Droit : le Ministère de la Justice et le personnel de ce ministère ; les membres du Pouvoir législatif, du Pouvoir judiciaire, du Pouvoir exécutif s'occupant du

n'y avait de Droit que le Droit émanant du fonctionnement régulier d'institutions organiques établies, que l'on a contesté l'existence possible d'un DROIT DE LA GUERRE, avant toute législation contractuelle internationale. La quasi-universalité des Jurisconsultes spécialistes en Droit international admettent la Doctrine du *Droit sortant des situations de fait*, et s'efforcent de donner soit en théorie, soit comme Lois, des règles juridiques rationnelles réfrénant les abus (voy. notamment les treize Conventions' de La Haye, divers Traités diplomatiques internationaux, divers Usages, divers Principes scientifiques de raison, d'humanité, de justice). Ce point important est complété *infra*, p. 119 et s., dans la Sixième Partie consacrée à l'Origine (l'Etiologie) du Droit positif (ou secondaire). Lorsque j'ai adopté pour titre de mon livre précédent sur l'Encyclopédie du Droit l'expression le Droit Pur, j'ai entendu exprimer le *total* du Droit tel que je viens de l'indiquer. Il ne s'agit donc pas d'y voir le Droit uniquement dans sa pureté morale, mais dans son essence totale composée de perfections et d'imperfections. Qu'on n'oublie jamais que l'homme a une essence caméléonique qui se révèle notamment dans son Droit comme dans tous les détails de sa vie : c'est un clavier mal accordé, dans lequel les fausses notes ne manquent pas.

1. Voy. EDMOND PICARD, le *Syllabus du Cours d'Evolution historique du Droit civil français*, quatrième édition, spécialement 4e Partie. — Du même, avec la collaboration de F. LARCIER, la *Bibliographie générale et raisonnée du Droit Belge*, tome 1er (1814-1889) ; tome II (1889-1903), par E. VAN ARENBERGH. — Ce double travail donne un total de 21.335 ouvrages !

Droit ; les avocats, les avoués, les notaires, les huissiers, la police, la force armée (notamment la gendarmerie), etc., etc.

Je me borne à détailler une de ses manifestations : le Personnel des juridictions en Belgique. Je prends la situation au moment de la Grande Guerre, en 1914.

1° *Cour de Cassation :*
Magistrats assis : 17 ; Magistrats debout : 4 ; Greffiers : 3. .   24 membres.

2° *Trois Cours d'appel :*
Magistrats assis : 100 ; Magistrats debout : 29 ; Greffiers : 31. .   160 »

3° *Vingt-six Tribunaux de première instance :*
Magistrats assis : 266 ; Magistrats debout : 114 ; Greffiers : 229.   609 »

4° *Justices de paix et Tribunaux de police :*
Juges : 229 ; Greffiers : 288. . .   517 »

5° *Cour militaire :*
Conseiller-Président : 1 ; Auditeurs : 2 ; Greffiers : 2. . . . . . .   5 »

6° *Sept Conseils de guerre :*
Juges civils : 7 ; Juges militaires Auditeurs : 15 ; Greffiers : 14.   36 »

7° *Quatorze Tribunaux de commerce :*
Présidents et Juges : 235 ; Référendaires : 33 ; Greffiers : 15 . .   293 »

8° *Cinquante-neuf Conseils de prud'hommes :*
Présidents ; 108 ; membres Greffiers : 60. . . . .   168 »

9° *Commissions arbitrales des Accidents de travail et des Caisses communes d'assurance :*

Présidents : 10; Greffiers : 7 . . .   17 membres.
10° 2.441 Avocats, 272 Avoués,
  1.130 Notaires, 542 Huissiers. 4.385   »

             Total . . 6.214   »

11° En outre, Jurés désignés pour chaque session d'assises, — Officiers de l'armée nommés pour la composition de la Cour militaire et des Conseils de guerre, — ainsi que Patrons et Ouvriers des Conseils de prud'hommes et des Commissions arbitrales. On peut aussi ajouter les Arbitres, officieux, en cas d'arbitrage volontaire ou imposés par la loi, les Professeurs des Facultés de Droit universitaires, etc.

l) — Les Dépenses sociales pour le Droit.

On peut juger aussi de l'importance du Phénomène juridique par le chiffre des Dépenses que lui consacrent les Nations.

En Belgique (sept millions et demi d'habitants), rien que pour les dépenses inscrites au Budget de l'Etat, le total était, pour l'année 1914, au moment où allait commencer la Grande Guerre, d'une vingtaine de millions. Pour être complet, il faudrait aussi considérer les dépenses militaires, de la force publique, dont la destination principale est de faire observer le Droit, soit dans l'intérieur, soit à l'extérieur ; on voit quelle extension financière juridique en résulte pour se rendre compte de l'importance du phénomène total !

m) — Les édifices servant au Droit (les Symboles architecturaux du Droit).

Dans les agglomérations humaines, des Edifices, des Monuments, sont élevés ou utilisés qui symbolisent le Droit, servent à sa réalisation, manifestent sa présence et son utilité.

Palais Législatifs : pour réaliser le Droit en Lois.

Ministère de la Justice (plus exactement Ministère du Droit).

Palais de Justice : pour résoudre les Conflits juridiques.

Écoles de Droit, Universités : pour enseigner le Droit.

Casernes : pour la Force au service du Droit.

Prisons : pour la Contrainte juridique pénale.

C'est une salutaire et dignifiante pensée, chaque fois qu'on passe devant eux (et qui devrait leur valoir un salut) que de réfléchir à leur destination sociale tutélaire. Quand ils sont beaux, ils exaltent et fortifient l'âme de l'Homme de Droit [1].

---

1. Voy. *L'Ame d'un Monument* (*Le Nouveau Palais de Justice de Bruxelles*), par EDMOND PICARD, *J. des Trib.*, 1884, p. 1. — *Un petit Palais de Justice* (Malines), par le même, *Ib.*, 1883, p. 809.

TROISIÈME PARTIE

ANATOMIE (COMPOSÉ ONTOLOGIQUE)
DES DROITS ISOLÉS

Introspection juridique. — *Embryologie.* — *Ce qui se cache dans un droit (Dislocation).* — STATIQUE *des droits.* — *Les droits à l'état de repos.*

Précision et Complément des §§ XXXIII à L du Droit Pur.

A. — **Les quatre Éléments essentiels (fixateurs),**
structuraux, de tout droit isolé :
le Canon juridique (Éléments stéréotypés. — Postulats).

L'ensemble des droits signalé dans la partie précédente (la Généralité) constitue LE DROIT (ou Juricité) dans son total organique.

Mais chacun de ces droits (la Particularité) est une entité, un être ayant sa vie propre, insaisissable dans un total matériel, ayant néanmoins une existence indiscutable, une influence ; des effets sociaux considérables le révèlent [1].

Analyse (examen *viscéral*, dislocation) des Eléments nécessaires, *constants*, qu'on trouve inévitablement

---

1. Une étudiante, à son examen, me les nommait pittoresquement : les « petits droits », par opposition à l'ensemble du Droit. C'est le droit à l'état moléculaire.

dans tout droit particulier et dont l'agencement en forme *la Plastique*. (Les entrailles d'un droit.) C'est une des cinq parties de l'Ontologie juridique. — Voy. *supra*, p. 8. — Qu'on prenne un droit quelconque, n'importe où, dans n'importe quelles circonstances, en n'importe quel temps, on y découvre inévitablement les éléments que voici :

D'abord un *Titulaire*, un *Sujet* : celui à qui le droit appartient et qui en profite.

Ensuite un *Objet* : la chose ou l'être sur lesquels le droit porte.

Puis un *Rapport* entre le sujet et l'objet : il marque la façon dont le premier peut bénéficier, disposer, user du second.

Enfin, la *Protection-Contrainte* mise au service du droit pour le protéger.

Autrement dit : *Prepositus*, — *Res (lato sensu)*, — *Vinculum*, — *Coactio*[1].

Donc, **quatre Éléments essentiels** : quel que soit le droit isolé qu'on envisage, qu'on recueille ou qu'on établit : ils y sont, au moins idéellement, sinon matériellement. Ils sont *normatifs*.

Exemples pris dans l'ambiance (supposons un cours universitaire) :

La qualité d'étudiant mineur ou majeur ;

L'obligation de payer le minerval ;

La propriété d'un Code ;

Le droit du professeur sur la leçon qu'il développe ;

La « masse » du patrimoine universitaire.

---

1. Croirait-on que tout cela est actuellement encore très obscur, très mal entrevu par l'immense majorité des « hommes de Droit » ? Pour s'en rendre compte, voy. notamment le chapitre VIII, intitulé « Analysis of a Right », dans HOLLAND, *The Elements of Jurisprudence*, Oxford, Clarindon Pren, 1890. Voilà un jurisconsulte très réputé qui semble n'y presque rien comprendre. — Voy. aussi ROGUIN, ouvrage cité *infra*, p. 262 : *Les Éléments d'un droit*, nos 18 à 67.

Les quatre éléments agencés forment ensemble la **Définition ontologique de tout droit isolé, le Canon juridique** : *Un rapport de disponibilité, — par un titulaire, — sur un objet, — protégé par la contrainte sociale* [1].

On peut nommer ANATOMIE d'un droit le dégagement, la mise en relief par dislocation, de ces quatre éléments, — et EMBRYOLOGIE, la dissection de chacun d'eux.

Utilité, pour la clarté, de ces dénominations empruntées par analogie aux sciences dites naturelles. Pourtant ne prendre ces expressions que comme des images, des *métaphores* mais sans application absolue. On a reproché à Stuart Mill de transporter telle quelle aux sciences dites sociales la méthode des sciences dites naturelles. — Voy. C. BOUGLÉ, *Les sciences sociales en Allemagne*, p. 10, et *infra*, XIe Partie, la Méthodologie juridique. — HERBART, t. IX des *Œuvres complètes*, Ed. Hartenstein, p. 205, 212, 216, a marqué la supériorité des comparaisons biologiques. Il faut se garder soit de trop *matérialiser* le Droit, soit d'en faire une science purement *psychique*.

Un seul de ces quatre éléments est, et encore seulement dans certains cas (dans les droits dits réels et, dans les droits personnels sur le Corpus, voir *infra*, p. 65), matériellement visible et tangible : l'Objet.

Les trois autres sont invariablement invisibles et

---

1. La définition *ontologique*, c'est-à-dire *interne*, s'oppose à la définition *téléologique* qui explique le but, l'utilité, et à la définition *étiologique* qui expose la cause, l'origine d'un être ou d'une institution ; ces deux dernières peuvent être dites *externes*. D'ordinaire, on entremêle ces définitions ou on se contente de l'une d'elles. — Voy. *infra*, p. 240, la définition totale (triple) scientifique, du Droit.

intangibles : le Sujet, en tant qu'être psychique abstrait (voy. ci-dessous), — le Rapport[1] — la Contrainte, ils n'apparaissent extérieurement que dans leurs *effets* ou leurs instruments (leurs preuves), c'est-à-dire leur *phénomène* s'opposant à leur *noumène* ce sont des impondérables intellectuels.

Le Droit, dans son ensemble social, est une trame invisible si ce n'est dans ses conséquences.

Il en résulte que tout droit, *pris dans l'ensemble de ses quatre éléments*, est INCORPOREL, est une *res incorporalis*. Cela est vrai (quoi qu'on dise) même du droit de propriété considéré à tort (c'est l'idée romaine) comme le droit CORPOREL par excellence : c'est confondre le droit avec son objet matériel.

B. — Analyse de chacun des quatre Éléments essentiels (constitutifs) de tout droit. — Introspection, Embryologie, Dislocation.

I. — LE SUJET D'UN DROIT : LE TITULAIRE (*Prepositus*)[2]

LE SUJET, c'est le titulaire du droit, celui qui en a l'avantage, le bénéfice, l'émolument, qui en est *le porteur*, « l'utilisateur » (l'élément *actif*)[3], et aussi par répercussion, le *destinataire*, le récepteur de son utilité.

---

1. Sauf, peut-être, dans les servitudes apparentes : ex. : droit de passage révélé par un chemin pavé, empierré, terrassé. Et encore est-ce plutôt un *signe* du Rapport que le Rapport en soi.

2. On dit usuellement *Persona* ; ce mot est équivoque parce qu'il est à employer plus exactement pour désigner la personne humaine non pas en tant que sujet d'un droit, mais quand elle devient *objet* d'un droit. — Voy. *infra*, p. 51.

3. On dit aussi le *possesseur*, expression critiquable, la possession au sens juridique ne visant que la disponibilité du con ͡nu d'un droit.

Le Droit, dans les sociétés humaines, est institué pour l'Homme ; en principe, le Sujet est donc surtout l'Homme (isolé ou en groupe : voy. page suivante) : le Droit est anthropocentrique.

Mais ce n'est pas l'homme corporel : c'est *l'homme en tant qu'être psychique*, résultat et confluent de tous les organes dans le for intérieur, distinct de tous ces organes ; en résumé, **le Moi** (avec un M majuscule), « l'intuition moi », le moi fondamental, le moi « abstrait », comme on l'a nommé quelquefois, *l'Ame*, le *sensorium* physiologique, *l'Ego*[1]. « Je pense, donc je suis. » (Descartes.) Notre corps le contient, l'enveloppe, le produit, mais en est distinct et devient l'objet sur lequel ce Moi agit, dont il est un agent vital pour les buts variés de la vie, pour les utilités, les nécessités de l'existence sociale, notamment au point de vue juridique. Ils sont en *rapport* l'un avec l'autre, le moi comme élément *actif*; le corps, le *Corpus* ou *Persona*, la personne, comme élément *passif*. — Voy. *supra*, p. 44 et p. 45.

1. Sens central, agglomération des cinq sens, *Foyer* central, fait de conscience et d'inconscience ; analogue à « l'Entéléchie », ce *germe*, qui, invisible, active, préside, règle la vie de chaque organisme individuel, sans qu'on sache où il est ou comment il est, mystère ne se révélant que par ses effets, aussi clairs que lui est obscur : *aula vitalis*. — Villiers de l'Isle-Adam a dit : « Ce compagnon intérieur, cet être occulte, est le seul réel ! c'est celui-là qui constitue la personnalité ; le corps apparent n'est que le *repoussé* de l'autre. » — Shakespeare, dans « Le Roi Jean », exprime cette même dualité entre le Moi et le corps, entre l'Ego et son enveloppe, en disant du second : « Ce territoire de chair et de sang, cet empire de la vie » (acte 4, scène 2). — Pour bien *jurifier*, il faut, intellectuellement, se séparer de son corps. — Il est intéressant, pour mieux se rendre compte de ce qui précède, de lire un livre récent, *L'Ame et le Corps*, par Alfred Binet, Paris, Flammarion. Bibliothèque de Philosophie scientifique. On trouve dans cet ouvrage une énumération des différents systèmes conçus par les philosophes psychologistes pour essayer de mettre de la clarté dans les rapports et l'essence de l'âme et du corps.

C'est le moi humain, de la naissance à la mort, « de l'utérus au sépulcre ».

Extensions de cette durée de la vie juridique du Sujet en deçà et au delà.

L'enfant conçu (quand il s'agit de son intérêt) : cette extension n'est qu'apparente, l'enfant conçu vit déjà.

Les morts : la mémoire d'un mort. Dans l'organisation actuelle de notre Droit européen, on suppose que c'est l'intérêt personnel des membres de la famille qui est en jeu. Mais au moyen âge on faisait encore des procès à des morts ; on exhumait des cadavres, on les jugeait, on les exécutait, on prononçait la confiscation de leurs biens.

Restrictions de la durée de la vie *juridique* de l'homme.

L'Esclavage, quand l'être humain est assimilé à un bétail et devient objet de *propriété* au sens ordinaire du mot.

Jusqu'au commencement de ce siècle, la Mort civile (Code Napoléon, art. 22 et 23, abrogés en Belgique, — Constitution, art. 13), la mise « hors la loi », c'est-à-dire hors le Droit, comme *l'hostis*, l'étranger, aux origines.

LES SUJETS DITS « PERSONNES MORALES » LES GROUPES, LES COLLECTIVITÉS

On les nomme aussi personnes fictives, mystiques, civiles, juridiques, artificielles, intellectuelles. On n'en comprend pas alors la vraie nature ; donc on les qualifie mal et en tâtonnant.

D'après la conception des juristes de l'Ecole, ce sont *des fictions* et alors les noms ci-dessus leur conviennent. Mais en vérité, ce sont *des réalités* vivantes, *non de raison mais de nature*, sauf que leurs éléments ne sont pas unis par des liens matériels mais par des liens invisibles. On pourrait donc mieux dire de ces Groupes que ce sont des Etres, des Entités, constituant chacun un Ego, ayant un but déterminé à atteindre au moyen d'organes qui lui sont conférés.

Ces Ego collectifs sont socialement aussi naturels et aussi nécessaires ou utiles que les Ego individuels humains proprement dits [1].

On dit « âme nationale », par exemple, comme on dit âme humaine.

Groupes juridiques *publics* : Etat (LES NATIONS), Provinces, Communes, Etablissements d'utilité publique (les Hospices, les Fabriques d'église, certains Pouvoirs constitués, le Barreau, etc.).

Groupes juridiques *privés* : les Sociétés commerciales, industrielles, les groupements de tout genre, sociétés de sciences, d'agrément, syndicats, etc. ; considérable développement du nombre de ces êtres collectifs dans nos temps contemporains. — Jadis la Famille, la Tribu, fut un sujet de droit de ce genre [2].

---

1. Le Droit positif ne leur a accordé jusqu'ici la *Toga civilis*, la Personnification civile, la qualité de Sujet de droit, qu'avec difficulté, parce qu'il est malaisé de saisir *les groupes* dans leur existence *naturelle* ; la Loi, quand elle discerne bien leur nature, ne les crée pas comme êtres, elle en constate l'existence antérieure — Comp. DE BAETS, *J. des Trib.*, 1895, p. 1024 ; comp. *infra*, p. 142, note 2 et 152, note 1. GUSTAVE LE BON, *La Psychologie des Foules*, qu'on pourrait nommer avec plus de précision *La Psychologie des Groupes*. — Les Juristes arriérés controversent encore là-dessus. Ces groupes sont la réalisation du phénomène de SYNERGIE sociale humaine : l'homme agit *seul* ou *groupé*. — Comp. *infra*, p. 160. — L'Histoire semble aller à la domination sociale de ces êtres collectifs. Leur expression actuelle la plus visible est la formation, d'une part, des Syndicats ouvriers et, d'autre part, des Trusts patronaux.

2. Vulgairement on ne voit ces êtres juridiques que dans leurs administrateurs ou gérants, ou actionnaires dont ils sont,

AUTRES ÊTRES, CHOSES OU CONCEPTIONS

Y a-t-il lieu d'admettre la qualité de Sujet de droit pour d'autres êtres que l'homme isolé ou en groupe ? En d'autres termes, le Droit est-il seulement *anthrovocentrique* ?

Aux animaux ? [1]. — Sens juridique actuel des lois protectrices des animaux : elles protègent, en réalité, un des attributs du Moi de l'Homme, de son *Ego*, une de ses affectivités : la sensibilité, soit individuelle, soit collective.

A certaines choses matérielles ? Des monuments, des territoires, le Soleil, la Lune (cela s'est vu), etc. ?

A des créations de l'Esprit : les divinités ?

pourtant, aussi distincts que les tuteurs le sont de leurs mineurs. — Quand, en Belgique, on fonde à sept une société anonyme, il y a huit sujets de droits en jeu.

1. Voy. note intéressante, *J. des Trib.*, 1896. p. 573. — Si, comme l'a dit JHERING, l'homme est un « animal juridique » (comp. *infra*, p. 243, B) parce que le Droit est en lui, certains animaux, d'après certaines visions seraient dans la même condition, quoique moins fortement : les fourmis, les abeilles semblent avoir un Droit disciplinaire et pénal, nécessaire pour le maintien de leurs collectivités. Les Institutes de Justinien, Liv. I, Titre II, contiennent ce curieux passage : « Le Droit naturel est celui que la nature enseigne à tous les animaux. Il n'est pas particulier au genre humain, mais commun à tous les animaux qui vivent dans l'air, sur la terre et dans les eaux ». — En général, il est difficile de découvrir dans le règne animal vulgairement dit, la Morale, la Justice. le Droit, si ce n'est en de rares occasions. — Dans le présent Travail, je m'en tiendrai aux seules collectivités humaines ; le phénomène juridique y est déjà suffisamment difficile. — Voy. aussi JULIEN DE BRÉGEAULT, *Nouvelle Revue historique du Droit*, t. III, 1879, p. 619 et s. — Si l'on peut poser la question : les animaux peuvent-ils être *sujets* de droits ? On peut poser cette autre moins difficilement solutionnable : peuvent-ils être *objets* de droits obligationnels ? — Voy. page suivante.

II. — L'OBJET D'UN DROIT : *Res (lato sensu)* [1].
L'INCIDENCE DES DROITS

C'est ce sur quoi le titulaire du droit, le Sujet, le Moi, l'Ego le Prepositus exerce sa prérogative juridique. C'est *l'incidence* du droit, l'élément *passif*.

L'homme (l'Ego), est placé et se meut dans une vaste ambiance (son corps, les terres, les mers, les airs et leurs occupants), ambiance dont les éléments peuvent être utilisés à son profit.

En principe, on peut dire que tout, dans cette ambiance, peut devenir objet d'un Droit, dès qu'il s'agit de ce qui vaut la peine d'être utilisé (*de minimis non curat pretor*).

Cette ambiance se compose : 1° de l'enveloppe *personnelle propre* du Moi ; — 2° des Sujets juridiques en dehors du moi (autrui) ; — 3° des Choses matérielles, les Res (*stricto sensu*) ; 4° des Conceptions intellectuelles [2] ; — 5° des droits agglomérés en masses, les Universitates.

1° Le premier Objet possible d'un droit, c'est la Personne (*Persona, Corpus*) attachée au Moi ; ce qu'on a nommé pour ce motif, le Soi ; que ce soit celle du titulaire du droit lui-même, ou celle d'un autre titulaire de droits (car les deux cas sont possibles) et correspondent, le premier à la *Liberté* personnelle, le second, à la *Puissance* sur le *corpus*

1. Le mot latin *Res* signifie surtout « stricto sensu » généralement, vaguement, une chose matérielle. Mais on peut l'employer aussi pour signifier « lato sensu », une chose quelconque même intellectuelle. — Voy. les dictionnaires.

2. Peut-on risquer de dire « les psychées », comme on dit « les pensées » ? Ou bien, comme il s'agit des inventions, des découvertes de l'esprit, ne peut-on dire les Inventa, les *Inventiones*. Cicéron emploie ces mots. — Combien toute la terminologie juridique exige de rectifications et de compléments !

d'autrui : puissance paternelle, maritale, tutélaire ; contrainte par corps, contrainte pénale, tous les cas, enfin, où le droit autorise une mainmise directe sur la personne, sur le *corpus* d'autrui (*manu militari*, dit-on. — Comp. *infra*, p. 72).

Cette persona, ce *corpus* est un ensemble enfermant notre sens intime (comme le péricarpe enveloppe le noyau d'un fruit, *involucrum*) [1] et lui servant d'habit, d'instrument d'action et de communication. Analogie avec le costume d'un personnage théâtral dont est habillé l'acteur : *persona*, en latin, signifiait le *masque* théâtral. — Cet ensemble comporte trois ordres juxtaposés : 1° les *matérialités* de la personne ; 2° ses *affectivités*, notamment sa considération, son honneur, sa sensibilité, etc. ; 3° les *attributs* (les aptitudes, les qualités, les capacités, les facultés) qu'on lui confère en matière privée ou en matière publique (paternité, électorat, etc.).

2° Les Sujets de droits (les « Moi ») en dehors de nous. (Autrui, Alteri, *Alter ego*), y compris ceux dits personnes morales (collectives) [2].

Nous pouvons avoir sur eux des droits dont « le Rapport juridique » (voy. *infra*) leur impose certaines Actions actives ou passives, certaines *Obligations* à notre profit (volontairement concédés ou dérivant de la Loi).

1. Molière a dit : « Guenille, si l'on veut ; ma guenille m'est chère. » Ce *corpus* est vivant, évoluant, sensible matériellement, psychiquement, moralement. Son inviolabilité (sauf exception par condamnation pénale ou contrainte civile légale) est un des dogmes de la Législation moderne européo-américaine. Il peut subir, au cours de sa vie, des adjonctions ou des détachements d'*attributs* (on dit aussi qualités), juridiques publics ou privés.

2. En ce qui concerne ces personnes collectives devenant objets de droit, notamment les États (les Nations) et les sociétés civiles ou commerciales, comp. *supra*, p. 48.

Ces *actions* ou *actes*, constituant chacune le Rapport juridique du droit envisagé ; ils ne sont pas l'Objet du droit.

Exemple : *L'obligation* de payer une somme : l'objet du droit EST « l'autrui », l'*Alter ego*, obligé à faire l'ACTE, à accomplir le *rapport* consistant à délivrer la somme, et non cet acte ; et ce n'est pas non plus la somme ; cette dernière est l'objet de l'*acte*, non l'objet du *droit* au sens juridique. Importance pratique : *le droit de suite* (de poursuite), sur l'*objet*, notamment dans les droits réels ; la « suite » (dans tous les droits) ne s'exerce que sur ou contre l'*objet* juridiquement entendu ; *le jus est scriptum* sur cet objet : sur l'enveloppe du moi, ou sur autrui, ou sur une chose (*in rem scriptum*), ou sur une conception intellectuelle, ou sur une universalité [1]. — Même observation en ce qui concerne la convention de Louage des choses ; le droit du locataire, et partant la *suite*, s'exerce sur le bailleur et non sur la chose donnée en location.

3° Les *choses* MATÉRIELLES, les *Res* (*stricto sensu*).

Toutes celles qui sont accessibles et susceptibles d'être traitées en VALEURS économiques (excepté notre corps (notre persona), lequel rentre dans le n° 1).

Même celles venant de notre corps, mais séparées de lui (cheveux, dents arrachées, membres coupés, tumeurs extraites, etc. ; de même, le cadavre).

Notions usuelles sur les *Res*.

La distinction fameuse entre les *meubles* et les *immeubles*. Sa raison d'être historique. Sa portée

---

1. Le *jus* peut être *scriptum passivement* ou *activement;* dans le premier cas, il est attaché à l'*objet* du droit, dans le second, *au sujet*. Ex. en matière de servitude : celle-ci est *subie* par tout fonds *servant*, en la personne des propriétaires successifs et variés de ce fonds, et, d'autre part, elle est exercée par tout fonds *dominant* en la personne des propriétaires successifs et variés de ce fonds.

actuelle[1]. Les *communia omnium*, — les choses fongibles ou non fongibles, — consomptibles ou non, — les *res nullius*.

4° LES CONCEPTIONS INTELLECTUELLES (DITES AUSSI IMMATÉRIELLES). — Ce sont les conceptions mentales (les pensées, les concepts, les créations), les « Inventions » (*inventa inventiones*), considérées indépendamment de leur réalisation matérielle : notamment les œuvres littéraires ou artistiques (abstraction faite du livre, du papier, de la toile, etc.), spécialement les combinaisons industrielles (marques de fabrique, modèles, inventions (Brevets) de tous genres, l'enseigne [2], etc.), qui deviennent des *communia omnium*, c'est-à-dire des choses qui n'ont pas de propriétaire, mais sur lesquelles tout le monde a un droit d'utilisation à l'expiration du temps fixé pour la durée du droit exclusif qui a existé sur elles.

5° LES ENSEMBLES formant un total, des agglomérations, des conglomérats de droits réels, obligationnels, intellectuels, actifs et passifs : c'est l'*Universitas rerum*, les masses : héréditaires, conjugales, sociales, faillies, séquestrées, les communautés de fait ; les groupes soumis à des privilèges dits généraux ; et spécialement le Patrimoine (voy. p. 67), l'ensemble des Biens d'un débiteur soumis à « l'engagère » des créanciers (articles 7 et 8 de la loi hypothécaire belge du 16 décembre 1851 [3].

---

1. Cette distinction est applicable même aux objets de Droit autres que les choses matérielles : obligations, conceptions intellectuelles. Elle est la matière du Titre Ier du second Livre du Code Napoléon : De la distinction des Biens.

2. A la condition qu'elle soit une conception originale nouvelle, l'usurpation d'une enseigne *banale* par un concurrent peut n'être qu'un quasi-délit, un fait fautif et dommageable (art. 1382 C. civ.), et non matière de Droit intellectuel.

3. Cette catégorie de droits est, jusqu'ici, mal dégagée en tant qu'objet de droit spécial, quoique réclamant, pourtant, un

Il n'est, en général, question du droit de suite que pour l'objet des droits réels, mais, en réalité, la suite existe pour tous les droits, aussi longtemps que le rapport entre le sujet et l'objet persiste. Présentement, on en veut faire une application intéressante concernant les objets des droits intellectuels, notamment en accordant à l'auteur d'un tableau, d'une statue, etc., une part dans l'augmentation de valeur de son œuvre, survenue après qu'il l'a aliénée.

III. — LE RAPPORT ENTRE LE SUJET ET L'OBJET : *Vinculum.* — LA CONSISTANCE DES DROITS. — LES DÉLIMITATIONS LÉGALES ET LES DÉMEMBREMENTS DU RAPPORT.

C'est surtout le Rapport qui apparaît comme un élément purement *incorporel* reliant par des fils invisibles le Sujet à l'Objet[1].

Mais il n'en produit pas moins des effets essentiels.

Il exprime la nature, la consistance, l'amplitude, l'intensité de la disposition du Sujet sur l'Objet du droit, ce que le Sujet est autorisé *à faire* de l'Objet (par exemple, s'il s'agit d'un droit de créance, à exiger que le débiteur *fasse*, ou s'*abstienne*, ou *souffre*), com-

régime ayant certaines règles juridiques, distinctes des règles ordinaires applicables aux droits isolés. Les liens qui unissent en bloc les droits qui composent ces Universalités sont matériellement invisibles, de même que les liens unissant ceux qui forment ce qu'on nomme une *Persona morale* (*supra*, p. 48); ils n'en existent pas moins entre les droits isolés variés qui les composent. Ces règles spéciales apparaissent mieux au point de vue technique quand on traite la matière en catégorie de droits à part. Ex. : Une telle masse a-t-elle nature mobilière ou nature immobilière lorsqu'elle comporte des meubles et des immeubles ?— Comp. ROGUIN, *loc. cit*, nᵒˢ 208 à 212, *infra*, p. 262.

1. Chaque rapport juridique est, en image, une chaîne (*vinculum*) d'un calibre ou d'une matière différents; un écheveau, un faisceau. On l'a aussi nommé le *Contenu* du droit parce qu'il exprime sa consistance en utilisation.

ment il peut utiliser l'objet, en user et disposer, soit en lui-même, soit pour jouir d'autres droits qui, tantôt résultent de sa volonté libre, tantôt lui sont attribués *de plano* par la loi.

Il y a, dans ce dernier cas, **deux droits distincts** : le **droit primordial** (ou originaire) et les **droits dérivés ou succédanés**. — Voy. *infra*, p. 70.

Le Rapport est *utilairement* le Principal du droit[1].

La disponibilité que le Rapport exprime peut subir des *réductions ou des démembrements*.

Les réductions consistent à *circonscrire* plus ou moins *a priori* le rapport conçu dans son extension la plus large, ou à *démembrer* et séparer en fragments le faisceau qui le compose : c'est alors un *clivage*, une fente. — Voy. *infra*, p. 61.

Elles peuvent résulter soit de l'intérêt *public*, qui souffrirait si l'on autorisait l'action absolue du Sujet sur l'Objet (c'est ce qu'on nomme les Limitations Légales, des Modalités)[2], — soit de l'intérêt *privé* qui

---

1. Grammaticalement, le sujet et l'objet sont des substantifs, le rapport est un verbe. — L'invisibilité du Rapport montre la puérilité qu'il y a à exiger, pour le transfert de la propriété dans la vente, la tradition matérielle de l'objet à l'acheteur (système romain). En effet, l'opération juridique de la vente consiste, quand on l'analyse exactement, à détacher *mentalement* le Rapport de la propriété de l'Ego du vendeur et à l'attacher à l'Ego de l'acheteur ; la tradition ne vient ensuite qu'en *exercice* du droit de propriété nouveau, déjà existant sans elle. — Voy. art. 1583 du Code Napoléon.

2. On en parle surtout à l'occasion de celles imposées au propriétaire et qui affectent le Rapport juridique qui caractérise la Propriété : elles en réduisent l'absolutisme, pour tout le monde quand se présentent les mêmes conditions. À ce titre, certaines Servitudes Légales sont des *Limitations* légales du Rapport dans les droits réels de propriété ; on réserve, en Droit français, la Dénomination « servitude » au cas où il y a un *fonds dominant* et un *fonds servant* ; la dénomination « service foncier » convient au cas où un fonds dominant manque.

En réalité, tous les droits compris dans les catégories clas-

opère ces démembrements pour mieux utiliser le droit, pour mieux l'approprier aux nécessités quotidiennes variables de la convivance sociale.

C'est un travail de décomposition et de recomposition du Rapport, auquel s'applique soit le pouvoir législatif (par les lois), soit la liberté privée (par les conventions et autres modes de disposition). — Schéma dans *Le Droit Pur*, § 66.

IV. — LA PROTECTION-CONTRAINTE OU COERCITION JURIDIQUE. — *Coactio, actio.* — L'ARMURE DES DROITS

La Protection-contrainte est l'*armure*, plus exactement l'*armement* des droits : on la nomme parfois inexactement leur élément *extérieur :* elle fait partie d'un droit comme pour la tortue sa carapace protectrice ; avec les trois autres éléments de celui-ci, elle forme l'avers et le revers d'une même médaille [1], [2].

siques subissent, plus ou moins, des Limitations légales de leur Rapport. Exemples : droits personnels de Liberté : le devoir militaire, le devoir fiscal, l'emprisonnement ; — droits obligationnels : défense de stipuler des services d'autrui, autrement qu'à temps ; — droits réels : servitudes légales *stricto sensu* (voy. ci-dessus), expropriation pour utilité publique ; — droits intellectuels : durée limitée d'existence des Brevets d'invention ; — droits universels : réserve successorale.

Ces *limitations* sont souvent accompagnées d'OBLIGATIONS légales qui les rendent effectives : obligation *de faire* (service dans l'armée, paiement des impôts) ; obligation *de ne pas faire* (respect du voisinage) ; obligation de *souffrir* (assujettissement à la fouille rurale, etc., etc.). Quoique géminées, ces obligations et ces limitations sont alors distinctes les unes des autres comme nature et comme régime juridiques.

1. C'est surtout au maintien du *Rapport* que sert la Contrainte ; elle ne considère le Sujet que comme point d'attache, l'Objet que comme point d'incidence du Rapport.

2. Ainsi sans la contrainte, la presque totalité du Crédit disparaîtrait ; on traiterait tout au *comptant*, pour ne pas courir de risque ; une multitude de contrats très utiles ne se feraient pas.

Elle, aussi, est un élément purement incorporel, invisible en soi, ne se manifestant que par ses effets ou par les organismes sociaux qui permettent de la mettre en fonctionnement.

Elle exprime l'application de LA FORCE Gouvernementale, pouvant entrer en exercice pour PROTÉGER un droit quelconque quand on le viole, et pour *forcer*, pour CONTRAINDRE, à le respecter, à le rétablir. Elle n'a rien d'agressif, elle est *défensive* et *disciplinaire*.

On caractérise parfois le Rapport en disant que la Protection-Contrainte (en tant que quatrième élément) exprime la *Garantie* sociale sur laquelle tout droit particulier peut compter pour être protégé. Ainsi, dans le Droit romain primitif, le Peuple assemblé en ses Comices intervenait dans la transmission ou la constitution des droits au profit d'un citoyen, *s'obligeant* implicitement à prester sa garantie, sa protection armée, en cas de violation. — JHERING, t. Ier, *Esp. Dr. Rom.*, p. 106, 146, 220 et s. — Le Peuple était alors censé faire avec le citoyen *un véritable contrat*, à côté du droit que celui-ci acquérait, comme l'eût fait un particulier, et c'est de ce contrat que naissait, pour le peuple, *l'obligation de garantir le droit acquis*. C'est une conception surannée : la protection juridique dérive de l'essence même du Droit qui n'existe pas sans contrainte (*supra*, p. 17 et s.), c'est-à-dire sans la garantie publique ; cet intermédiaire n'apparaît plus qu'un expédient technique ingénieux (*elegantia juris*), mais superflu.

La Contrainte profite à *l'Individu et à la Généralité* ; elle est donc *doublement* sociale : d'une part, elle fait respecter chaque droit isolé ; d'autre part, elle donne à tous la certitude psychologique d'être, le cas échéant, protégé dans ses droits.

J'ai dit, *supra*, p. 17 et s., que le caractère PUBLIC,

ou plutôt social, gouvernemental, de la Protection-Contrainte est indispensable pour constituer ce quatrième élément de tout droit, et qu'une contrainte purement privée ou morale est étrangère au domaine juridique proprement dit.

Est-ce démenti quand, par exemple, dans un groupe humain, la protection-contrainte, en son exercice, est permise directement aux *citoyens* (cas de la légitime défense, *vim vi repellere licet*) ; ou, ainsi quand c'était le cas vraisemblablement dans toutes les législations primitives, et que les témoins appelés à l'acte n'étaient que des *auxiliaires* futurs destinés à prêter main-forte pour l'exécution : *testes*, des aides privés, des assistants, comme plus tard l'assemblée du peuple (voy. ci-dessus)[1] ? — Non. : voy. ce que j'ai dit *supra*, p. 22, sur le cas d'une contrainte publique momentanément absente en fait (à l'état de sommeil ou de blocage), quoique *conçue* comme normale et nécessaire.

La Protection-Contrainte se manifeste sous deux formes principales : Ou bien le titulaire, le Sujet du Droit, poursuit celui qui a lésé son droit, — ou bien il se défend contre celui qui entreprend de le léser. Dans le premier cas, il procède par voie d'*action* (offensive) ; dans le second cas par voie d'*exception* (défensive).

OBSERVATIONS GLOBALES

Les quatre éléments essentiels de tout droit peuvent être exprimés par un **Schéma** (un simulacre, un em-

______

1. Cela paraît être l'origine curieuse de l'exclusion des Femmes comme témoins dans les actes : ne portant pas les armes ; elles étaient des aides insuffisants.

blème) les réunissant dans un ensemble organique de
nature à frapper l'esprit et les yeux[1].

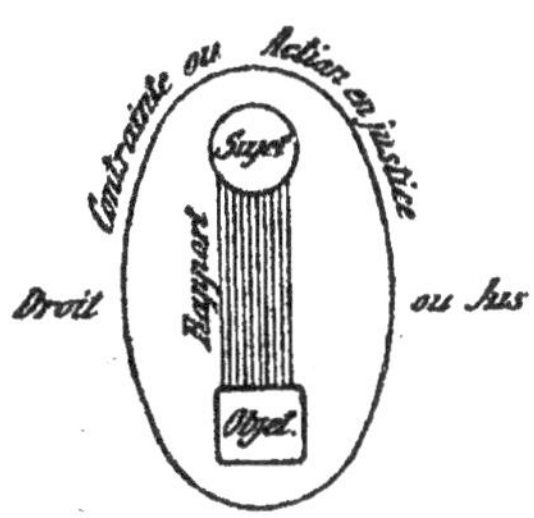

Ces quatre éléments peuvent être détachés, un à un,
de ce Schéma (ainsi désarticulé) et examinés à part
comme il vient d'être fait.

Ensuite on peut de nouveau les réunir, les rajuster
l'un à l'autre, de la manière voulue pour constituer
un droit en sa plastique organique totale et normale.

C'est bien, comme on le voit, une sorte d'Anatomie,
d'Embryologie, une DISSECTION et une DESCRIPTION
interne, viscérale, de l'être, de l'entité juridique.

Les droits isolés forment, chacun dès leur naissance,
une *individualité* recélant des éléments « ostéolo-
giques » invariables, avec les colorations et les traits
spéciaux qui, dans la vie sociale pratique, viennent
s'établir sur cette *base* infrangible. C'est comme les
nombres dans l'arithmétique théorique et leur utili-

1. Ce Schéma pourrait être plus exact, peut être, en n'enveloppant pas *entièrement* le Sujet et l'Objet par le cercle qui
représente la Contrainte ; on marquerait ainsi que c'est, dans
un droit déterminé, le Rapport que celle-ci protège *directement*
et surtout : Voy. p. 56.

sation, leur application aux faits innombrables de la vie.

———

Remarques terminologiques : la *Dislocation* et la séparation des quatre éléments d'un droit; — le *Démembrement* et la Séparation (le clivage) de l'élément Rapport, se complètent par la *Décomposition* des fonctions intrinsèques d'un droit, *infra*, p. 104. — On peut aussi y rattacher la matière parfois obscure de la *Divisibilité* et de l'*Indivisibilité* des droits quand, soit l'Objet, soit le Rapport, est divisible ou non ou en portions aliquotes de même nature, ou en tronçons — Comp. *infra*, p. 73, note 2.

———

L'analyse technique minutieuse qui précède et que l'on chercherait vainement ailleurs est aussi ignorée de la plupart des hommes, même des juristes, que la composition de l'air qu'ils respirent (azote, oxygène, etc.). Le Droit, comme l'Air, leur est indispensable sans interruption et ils n'en connaissent pas l'essence intime.

———

QUATRIÈME PARTIE

CLASSIFICATION DES DROITS
ET TERMINOLOGIE JURIDIQUE[1]

Précision et Complément des §§ LI à LXXXVIII du Droit Pur.

Supposons tous les droits recueillis, comme par une vaste herborisation faite à travers les temps et les lieux, par l'ensemble des générations. C'est, à première vue, une masse confuse, chaotique. Comment les classifier ?

Classifier, c'est assembler par les ressemblances et disjoindre par les différences. C'est faire ce qu'en minéralogie on nomme ségrégation [2].

La classification des droits comprend, comme toutes les classifications, des Divisions et des Groupements.

---

1. Voy. Jheriing, *Esp. Dr. Rom,*, t. III, p. 23. — Il dit entre autres : « Ce serait un travail utile de faire l'histoire des erreurs qui sont résultées uniquement d'une classification systématique faussé. » Exemple célèbre : les droits *intellectuels* rangés longtemps (et encore actuellement par quelques retardataires), parmi les droits *réels*. — Voy. *infra*, p. 67.

2. D'eux-mêmes certains éléments épars tendent à se polariser, à s'agréger : L'affinité des analogues et l'antipathie des contraires.

Différence entre ces deux notions : par les divisions on peut épuiser les matières ; les groupements n'ont pour but que de réunir certains droits analogues entre eux, en laissant un résidu, souvent considérable. Parfois deux ou plusieurs groupements réunis épuisent aussi la matière ; mais cet effet est fortuit, il n'est pas recherché en vue d'un intérêt pratique comme une division proprement dite.

On divise et on groupe, notamment pour soumettre à un régime identique, à une même méthode, en vue d'un même but, des droits analogues, et pour mieux se retrouver dans le *labyrinthe des droits.*

Les Divisions et les Groupements basés sur un des quatre éléments essentiels de la définition (un des éléments constitutifs de tout droit), sont dits *internes,* parce qu'ils ont pour base (*fundamentum dividendi*) un de ces éléments intimes. Ils sont donc ontologiques.

Les autres divisions et groupements sont *externes,* parce qu'ils ont une base extérieure à ces éléments constitutifs.

Les Divisions et les Groupements sont, peut-on dire, des cartes géographiques du Droit. (Exemple : la carte teintée, jointe au *Traité pratique de droit civil allemand* (avant le nouveau Code de 1901) par BRAUN-HEGENER et VAN NECK. Bruxelles, et Paris, 1898.)

Leur ensemble forme une sorte d'ATLAS dans lequel on trouve la série des cartes du Droit total, du Droit *tout court.* — Mais cet ensemble n'est pas susceptible d'être présenté en un tableau unique ; il y a des superpositions partielles. Les cartes de cet atlas donnent, chacune en particulier, la vue de certains CORPS de Droit. En réunissant les intitulés de ces cartes, on a la *Nomenclature générale* des Droits (généraux) ayant chacun son contenu d'institutions juridiques et de droits (isolés).

I. — DIVISIONS ET GROUPEMENTS A BASE INTERNE

1° Division d'après l'Objet.

On a vu (*supra*, p. 51 et s.) que l'Objet d'un droit pouvait être pris dans l'une ou l'autre de ces cinq catégories d'êtres ou de choses : l'Enveloppe du Moi, le Corpus (la Persona), soit du titulaire même (de l'Ego), du droit soit d'un autre titulaire, — les sujets de droits, les tiers, autres que le titulaire, y compris les groupes collectifs (*supra*, p. 48) ; — les choses matérielles ; — les Conceptions intellectuelles ; — les Conglomérats de droits formant une universalité : *Personae* (Corpora), — *Alteri*, — *Res*, — *Inventa*, — *Universitates*.

L'Objet est la base de **la Grande division classique des droits** pour les jurisconsultes, éminemment utile pour discerner à quel régime, à quelles règles de technique juridique, de structure et de maniement, un droit donné doit être soumis.

Jusqu'en des temps récents on n'avait dégagé que trois catégories.

C'était la division tripartite, datant des Romains :

Droits personnels (*in persona* (*in corpore*) *propria vel altera*) [1].

---

[1]. Quand le droit personnel a pour objet la *persona* ou le *corpus* d'autrui, le Droit romain employait une expression matériellement énergique : la *manus*, la mainmise sur le corps (puissance paternelle, esclavage, etc.). Cette prérogative de mainmise cessait-elle, on disait *manumissio*.

Droits obligationnels [1], ou vulgairement « d'obligations »; nommés aussi personnels (*ad personam*), par une expression équivoque. Le vrai nom serait *altérels*, visant ainsi l'Objet, l'alter Ego.

Droits réels (*in re*) [2] [3].

Une quatrième catégorie a été dégagée par moi, « comme groupe séparé » en 1873 : ce sont les **Droits intellectuels** ou plus exactement *inventionnels* [4].

J'ai alors formulé la terminologie rectifiée suivante : (suppléer chaque fois *scripta* après *jura*) :

a) Droits personnels : *jura in persona propria* (de Soi-même ou d'autrui);

1. De *ligare*, lier ; les Romains imageaient un droit obligationnel par un lien, une laisse, une corde, par laquelle le créancier tenait le débiteur et que dénouait (*solvere*) le paiement. — Voy. JHERING, *Zweck im Recht*, n° 122.

2. Il vaudrait mieux, peut-être, pour bien les distinguer des droits intellectuels, qui sont immatériels, dire : droits MATÉRIELS ; on marquerait ainsi leur différence en ce qui concerne l'objet.

3. Ici peut revenir la question des animaux (*supra*, p. 50). Assurément, les animaux peuvent être *objets* de droits *réels*. Mais peuvent-ils être aussi objets de droits *obligationnels ?* En d'autres termes, répugne-t-il de les traiter, le cas échéant, en débiteurs? Des législateurs l'ont admis en les traitant en délinquants, en leur faisant directement des procès, et même en créanciers. — Voy. *j. des Trib.*, cité *supra*, p. 50, note 1.

4. Voy. le compte rendu d'une Conférence où je publiai pour la première fois cette doctrine, le 7 janvier 1874, *Bulletin de la Conférence du jeune Barreau de Bruxelles*, 1873-1874, p. 50. — *Le Droit Pur*, n° 54, porte erronément 1877. — Voy. aussi *Bulletin de l'Association littéraire et artistique*, avril 1906, p. 16, discours de M. Georges Maillard. — Voy. surtout l'Etude la plus récente, très approfondie, de DE BORCHGRAVE, *Evolution historique du Droit d'auteur*, Bruxelles, Vve Ferd. Larcier, 1917. — RENAN a dit : « L'heure où une création nouvelle reçoit son nom est solennelle, car le nom est le signe définitif de l'existence ». Mais il faut que le nom soit exact. Hélas ! que d'à peu près, spécialement dans le domaine juridique où la terminologie est, à chaque pas, approximative.

<table>
<tr>
<td>

Ces trois catégo-
ries auxquelles
il convient d'a-
jouter les Droits
universels, sont
les Droits *patri-
moniaux* [1].

</td>
<td>

b) Droits obligationnels (ou altérels) *jura in altero* (ou sur autrui, sur un *alter ego*);

c) Droits réels : *jura in re materiali ;*

d) Droits intellectuels : *jura in re intellectuali* — (ou inventionnels, *inventa, inventiones*).

</td>
</tr>
</table>

Précédemment on introduisait, de préférence, les droits intellectuels dans la catégorie des droits réels, pour respecter la sacro-sainte division romaine. On les assimilait, du moins mal qu'on pouvait, à la propriété ordinaire, doctrine qui a encore ses partisans, mais diminuant en nombre.

Inconvénients qui en résultaient : on s'efforçait d'appliquer aux droits intellectuels les règles des droits réels ordinaires, *de la propriété* sur les choses matérielles ; de là, des malentendus constants, des bévues : les droits intellectuels exigent, en effet, un régime distinct.

Il y a lieu d'augmenter cette division d'un cinquième terme. J'en ai émis l'idée au paragraphe 55 de mon *Droit Pur*, dès 1901. — Voy. ce que je dis, *supra*, p. 54, des *universitates* formant cette cinquième catégorie : *jura in re universali*, ensemble, masse, conglomérat de droits patrimoniaux. Jusqu'ici on les englobe, tant bien que mal, ou dans les droits réels, ou dans les droits obligationnels.

Cette division en cinq termes, même quand elle n'est pas exprimée, est, répétons-le, une des bases de la technique juridique. On la trouve notamment dans

---

1. Les droits patrimoniaux sont aussi nommés *les Biens* (voy. Livre II du Code Napoléon) ; mais usuellement cette dénomination vise non les droits entiers, mais seulement leur *objet* uni à leur *rapport*.

les Instituts de Justinien et leur division en quatre Livres : Livre I : les Droits personnels, — Livre II : les Droits réels, — Livres III et IV : les Droits universels (successions) et les Droits obligationnels. Quant aux Droits intellectuels, elles n'en disent rien.

Mais la division n'est pas nette. Il s'y trouve fréquemment des enjambements, des recoupements, des confusions. — Elle est encore dans le Code Napoléon : Livre I : les Personnes, — Livre II : les Biens, — Livre III : les Successions et les Obligations, avec d'analogues visions imparfaites [1].

Schéma rendant sensible cette quintuple Division complétant celui que j'ai figuré au § 56 du *Droit Pur*. Planche ci-contre.

Cette division est aussi la base de ce qu'on nomme LES STATUTS juridiques. Statut personnel, Statut obligationnel, Statut réel, Statut intellectuel, Statut universel [2].

1. C'est aussi la division qui fut adoptée dans le curieux CODE FRÉDÉRIC préparé par Frédéric II le Grand. — Voy. p. XVIII de la Préface de ce code la traduction de l'allemand, publiée en 1751. Un exemplaire est à la Bibliothèque de la Cour de Cassation à Bruxelles. — On la retrouve encore dans le nouveau Code civil allemand entré en vigueur le 1er janvier 1901, mais elle y est fort adultérée. Elle préoccupa aussi ZACHARIÆ lors des remaniements qu'il fit du groupement des matières du Code Napoléon dans son Commentaire de celui-ci.

2. Le mot « Statut » a, dans la langue du Droit, un sens flottant. On l'emploie aussi pour opposer le statut *territorial* au statut *personnel* ou *individuel*, selon que les règles à appliquer à une situation juridique sont celles du territoire ou celles de l'individu, notamment en cas de succession des Etrangers ou pour la forme des actes: *locus regit actum*. Il y a aussi le Statut immobilier, le Statut mobilier. Bref, le mot « Statut » exprime l'ensemble des Règles, du *Régime*, à appliquer à une situation juridique déterminée.

Schéma de la Division des droits d'après leur objet.

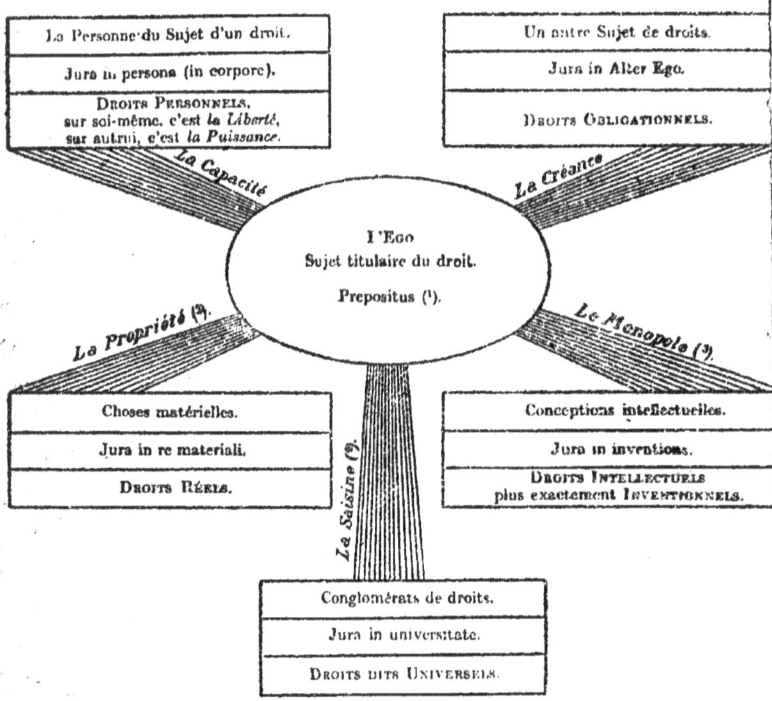

1. *Prepositus* semble le mot latin approprié pour désigner le Sujet d'un droit.

2. Au lieu de La Propriété, on pourrait dire *La Maîtrise*. Ainsi dans les articles 539 et 713 du Code Napoléon, on dit : les biens sans *maître*, en visant le droit de propriété. — **Voy.** aussi art. 565, 566.

3. J'ai proposé *L'Exclusivité*, par symétrie avec La Propriété.

4. Le mot paraît bien approprié à la chose : prise de tout ou partie d'un avoir juridique.

Les droits isolés et leurs combinaisons.
Droit primordial et droits dérivés (succédanés).

Les cinq catégories de droits ci-dessus se groupent, s'agencent en INSTITUTIONS, en constructions juridiques, suscitées par les nécessités et les utilités sociales, établies par les mœurs. Comme avec les vingt-six lettres de l'alphabet on écrit tous les mots, comme avec les sept notes de la musique on compose tous les airs, avec ces cinq catégories de droit on forme toutes les institutions et opérations juridiques [1].

Cette structure est réglée par la Loi, ou la Coutume, ou la Raison ; elles en sont les architectes ; ce sont elles qui déterminent les « matériaux » et les conditions de chaque édifice juridique, petit ou grand. — Voy. notamment les trente-six Titres du Code Napoléon.

Elle a sa logique, ses nécessités et est dégagée par *la Dialectique* juridique : elle donne lieu à une sorte de *Syntaxe*, très importante dans la vie des droits, à une *Technique juridique formelle*.

Ces édifices ou organismes sont plus ou moins compliqués (dans chacun d'eux, droit *primordial* et droits *dérivés* (succédanés, agrégés, supplémentaires ayant caractère de mesures organisatrices, formant une agrégation juridique avec le droit primordial, destinés à compléter le droit primordial en le mettant en œuvre et en utilité) ; ils ont chacun leur composition et leur nature positive (ontologie), leur destination (téléologie), même leur esthétique, et portent des dénominations techniques. La sagacité des hommes de Droit les entretient, les corrige, les répare, les *jardine*, les fait fonctionner correctement.

Ces constructions composites sont tantôt des *corps*

---

1. C'est le peintre utilisant les couleurs de sa palette.

distincts (droits et obligations réciproques résultant d'une vente, d'un bail, du mariage etc.), tantôt des groupements de droits isolés s'interpénétrant, se juxtaposant : Droit de famille, Droit héréditaire, etc.

Exemples de constructions juridiques où les droits servent de matériaux. Je les classe d'après le caractère dominant de l'Institution, c'est-à-dire d'après la nature du droit primordial qui se complète par des droits dérivés de nature foncière souvent très différente : exemple ; l'usufruit légal (droit réel) complétant le droit personnel qu'est la puissance paternelle.

Personnel : Puissance paternelle, Mariage, Majorité, Interdiction, etc. ;

Obligationnel : Vente, Bail, Mandat, etc. ;

Réel : Propriété, Usufruit, Servitudes, etc. ;

Intellectuel : Brevet, Droit d'auteur artistique, Marque de fabrique, etc. ;

Universel : Successions, Faillites, etc.

De même, dans le Droit pénal, dans le Droit de procédure, en un mot, dans toutes les institutions juridiques.

2° D'après le Rapport juridique entre le Sujet et l'Objet.

Les droits a Rapport plénier et les Réductions du Rapport (autrement dit : Limitations légales et Démembrements du Rapport.)

Le Rapport entre l'Objet et le Sujet peut être aussi complet que le peut concevoir la théorie, — ou être réduit, circonscrit.

Ce sont les **droits pleins**, ou pléniers, ou maximés,

ou absolus, ce qu'on nomme le *Dominium*, l'*Optimum*,
le superlatif, — le total des *Virtualités* qu'un Rapport
confère, son CONTENU total théorique, et les **limitations
et démembrements** de ce plein : droits relatifs. Les
rédacteurs du Code Napoléon, qui ne les concevaient
qu'imparfaitement, les qualifient dans l'intitulé du
deuxième Livre : *Modifications de la Propriété.*

La raison d'être de ces Réductions est, d'une part,
pour les démembrements, dans l'utilité sociale qu'il y
a, pour un sujet de droit, à ne pas jouir toujours
lui-même du contenu *complet* de son droit et à en
transférer une partie, un démembrement, à un autre
titulaire; d'autre part, à restreindre, *a priori*, par la
Loi, le Rapport (*Limitations légales*).

Ce phénomène de plénitude et de réduction [1] se
présente pour chacune des cinq catégories de
droits (personnels, obligationnels, réels, intellectuels, universels), pour chacune il y a le Plein, — les
Limitations légales, — les Démembrements ou Réductions.

Pour les DROITS PERSONNELS (Statut personnel), LE
PLEIN (le Dominium, l'Optimum), ce serait **la Capacité**
de faire de sa Persona (la Liberté) ou de la Persona
d'autrui (la Puissance), tout ce qu'on veut [2]. Pure et
simple, cette **Capacité** absolue serait antisociale ; elle
commande des réductions pour tout le monde, c'est-

1. On dit par une image pittoresque : cisaillement ou clivage.

2. Quand il s'agit de la Nation, de l'Etat, de la *Civitas maxima*,
le plein, l'*optimum*, est nommé SOUVERAINETÉ (art. 25 de la
Constitution belge) ; c'est un « superlatif » juridique pouvant
aller jusqu'au pouvoir le plus absolu ; on disait autrefois « la
Seigneurie, la Majesté ». Dans les nations à *Séparation des
Pouvoirs*, les corps investis de ces pouvoirs ne jouissent que
d'un fragment de Souveraineté, seulement dans les limites de
leurs attributions spéciales.

à-dire des *Limitations Légales* ; tels, en Droit public, le grand principe primordial du respect des droits d'autrui ; les assujettissements militaires, pénaux (détention préventive, emprisonnement, exécution capitale, capture, etc.) ; en Droit privé, ceux de la femme au mari, du mineur au père ou au tuteur (détention paternelle, écolage, etc.) ; les déchéances d'attributs personnels, notamment celles de l'article 31 du Code pénal belge, etc.

Pour les DROITS OBLIGATIONNELS (Statut obligationnel), LE PLEIN serait la **Créance** absolue, c'est-à-dire le droit d'exiger d'autrui tout acte quelconque, en d'autres termes une des variétés de l'Esclavage [1]. — Les *Limitations Légales* sont la proscription de cet esclavage, celle des engagements qui, quoique restreints, entament avec excès la liberté d'autrui, ceux qui sont contraires aux bonnes mœurs, etc. — Les *Démembrements* sont toutes les créances restreintes licites, de toutes espèces, au sens le plus large [2]. Ici également, il y a le groupe de Droit Privé et le groupe de Droit Public, ce dernier comprenant notamment le droit d'exiger des citoyens, en vertu du droit de souveraineté qu'a sur tous l'Etat (la Nation), les obligations organisant le service militaire, ou le paiement des impôts [3].

1. Quand l'esclave est assimilé au bétail, le droit de son Maître est *réel*, il est propriétaire ; mais dans l'évolution historique de cette institution, le caractère *Homme* s'affirme peu à peu et avec lui le caractère *obligationnel*.

2. Mentionnons aussi les obligations dites divisibles ou indivisibles (art. 1217 du Code Napoléon).

3. Quand on analyse l'ensemble des Actions, des ACTES, c'est-à-dire des obligations au sens juridique, que l'on peut obtenir d'un autre Sujet de Droit, on constate que cela peut être : ou ,de *faire* quelque chose — ou de *s'abstenir* de faire quelque chose, — ou de *subir*, de laisser faire quelque chose. Ces trois formes épuisent le genre Obligations : tout y est compris. La remarque est importante pour rendre la matière parfaitement claire dans ses applications extrêmement variées. On

Pour les DROITS RÉELS (Statut réel), LE PLEIN, le Dominium, c'est la **Propriété** absolue (on dit aussi la **Maîtrise**, voy. art. 539 et 713 du Code Napoléon). au sens théorique le plus large. Comme *Limitations Légales*, l'Expropriation pour utilité publique, les Réquisitions matérielles, etc. — *Les Démembrements* sont la possession[1], la Nue Propriété, la Copropriété, l'Indivision, l'Usufruit[2], les Servitudes, l'Hypothèque, le Gage, le Privilège, etc.

Pour les DROITS INTELLECTUELS (Statut intellectuel), le PLEIN, c'est l'**Exclusivité** (je propose ce mot nouveau), où le **Monopole**, le droit absolu et perpétuel de l'auteur sur sa conception (sa création) intellectuelle, son « invention », *inventum*. — Comme *Limitation légale*, la durée limitée de ce droit. — Comme *Démembrements*, les concessions volontaires ou légales, attribuées à

se tromperait gravement en ne considérant que ce qu'exprime le verbe *faire*, c'est-à-dire le côté *actif* des obligations ; il y a de plus le côté *passif*, l'inaction exprimée par les verbes *s'abstenir, subir*.

Le Code Napoléon, dans son article 1101 dit : donner, faire, ne pas faire « D'une part il omet « laisser faire », et d'autre part il eût pu omettre « donner » qui est compris dans « faire ».

1. Contrairement à ce que souvent on pense, *la Possession*, c'est-à-dire l'exercice *en fait* du contenu d'un droit de Propriété, est elle-même un droit, fragment du droit, susceptible, quand la Loi le dit, de produire des effets juridiques, protégée par des actions possessoires. Cette Possession n'est pas *unique en ses modes* ; selon les cas la Loi la soumet à des conditions spéciales, telle la Possession *ad usucapiendum*, qui est un des modes d'acquérir la propriété d'un immeuble par nature. On la nomme aussi, selon les cas, Détention, Disposition, Jouissance, Usage, Exercice.

2. Les Démembrements dits Possession, Usufruit, Indivision sont, en réalité. possibles pour tous les droits *patrimoniaux* (*Supra*, p. 67), c'est-à-dire : obligationnels, réels, intellectuels. universels : cocréditeur (plusieurs titulaires de la même créance), copropriété, coexclusivité, cohérédité.

autrui sur des fragments de ce droit : licences variées, indivisions, usufruit, usage, gage ; — ce qui reste alors au titulaire principal est sans nom technique spécial.

Pour les DROITS UNIVERSELS (Statut universel), LE PLEIN, c'est la disposition complète de la masse conçue comme telle, *de l'Universitas* : plein que l'on pourrait nommer (cette matière est encore en évolution, voy. *supra*, p. 54.) la **Saisine** (article 734 du Code Napoléon). — Comme *Limitation légale*, la Réserve successorale. — Comme *Démembrements*, les dispositions dites (bizarrement) *à titre universel* (Code Napoléon, art. 1010 et suiv.) [1], les Privilèges sur une généralité de Biens.

Remarquer que si les démembrements diminuent le plein des droits, le *dominium* de l'un, ils peuvent augmenter les attributs personnels, « la Puissance », ou le patrimoine d'un autre sujet de *Droit*. Le mari gagne en capacité, en puissance maritale, ce que perd l'épouse ; le créancier gagne en autorité ce que en liberté perd le débiteur, etc. Il y a alors un double effet, *passivement* (ce que l'un perd), *activement* (ce que l'autre gagne), parfois sous forme d'un droit de nature juridique différente : celui qui contracte une dette perd une partie de son droit *personnel* de

---

1. En résumé, les mots Capacité, Créance, Propriété, Monopole, Saisine désignent une seule et même condition de tous les droits : le *Dominium*, la faculté d'user librement et complètement de leur Objet dans les limites de ce qu'exprime le Rapport. De là est venu, peut-être, l'usage d'employer le mot « propriété » dans les deux cas de droits réels et de droits intellectuels, ce qui prête à la confusion des deux catégories qu'on évite en employant deux mots; confusion qui a amené la fameuse controverse, non encore apaisée, sur la vraie nature juridique du « droit d'auteur ». — Comp. *supra*, p. 66 et s.

Liberté et le créancier acquiert un droit *obligationnel* de Créance.

Cette division a une utilité pratique énorme dans l'activité juridique sociale. Elle se rattache à la *Structure* des droits, à leur Technique, comme à leur utilisation. Elle est aussi CLASSIQUE que la précédente en cinq catégories d'Objets et elle collabore avec elle à la construction des organismes, des édifices juridiques.

Comparez *infra*, p. 104, *B*, le démembrement entre la *Jouissance* (*l'existence*) et l'*Exercice* d'un droit, matières très différentes de celle traitée ici ; pour éviter toute confusion, il vaudrait mieux dire dans ce dernier cas : *dislocation*.

Comme introduction au tome CXII des PANDECTES BELGES, j'ai établi, pour la matière limitée du Droit civil, un Schéma dans lequel on peut voir, en grand détail, la Classification méthodique des groupes de droits qui forment l'ensemble raisonné d'un Code civil jusqu'à présent partout si empiriquement amalgamé.

3° D'après la Protection-Contrainte.

La Contrainte est tantôt pure et simple, la Loi se bornant à organiser des mesures de contrainte ordinaire (*civile*), sur les biens (saisie), ou la personne (contrainte par corps) ; — tantôt y ajoutant un renforcement sous forme de PEINE (*pénale*) ; la contrainte est alors préventivement plus impressionnante et plus réfrénante parce que pratiquée elle est plus dure. — C'est le **Droit civil** en tant qu'opposé au **Droit pénal**. (Comp. p. 79 et s.). — Un sous-groupement du Droit pénal est le **Droit disciplinaire** : maintenir l'ordre dans une organisation sociale *particulière*, quasi-familiale ; les peines y sont de nature spéciale, adoucies.

4° D'après le Sujet.

Les divisions et groupements d'après le Sujet peuvent varier indéfiniment, d'après les utilités pratiques, d'après la matière qu'on veut régir ou qu'on veut traiter dans un livre, etc. Je donne ceux qui sont usuels.

D'après l'Age : **Droit des mineurs,** — **Droit des majeurs.**

D'après la Nature individuelle ou collective du sujet (personnes physiques, personnes dites morales, *supra*, p. 48) : **Droit des individus,** — **Droit des collectivités.**

Sous-division des droits individuels, d'après le Sexe : **Droit des hommes,** — **Droit des femmes.** — Importance sociale que ce dernier a prise depuis quelque temps : mouvement féministe.

D'après la Nationalité : **Droit des Nationaux** (indigénat, *Jus Civium*) et **Droit des Etrangers** (extranéité *Jus Gentium, Droit des Gens*[1]). — Le Droit des nationaux n'a pas absolument le même contenu que le Droit national, car celui-ci comprend même le Droit qui concerne les étrangers, établi par la Législation propre du Pays; c'est le **Droit interne des Etrangers** qui est une branche du Droit des gens pris dans son acception générale. — Voy. *infra*, p. 84.

Autrefois, il y avait des divisions de ce genre fondées sur les Castes sociales (nobles et vilains, — hommes libres, esclaves, serfs, — etc.); le principe d'égalité entre tous les citoyens ics a fait disparaître juridiquement dans la race aryenne. Mais il y a à parer à une situation d'un autre genre, la parfaite

1. Droit des Gens : groupement à composé flottant, gélatineux, comme tant de définitions juridiques.

égalité juridique *subjective* n'excluant pas l'inégalité *objective*, notamment entre Patrons et Ouvriers, entre riches et pauvres.

II. — GROUPEMENTS ET DIVISIONS A BASE EXTERNE [1]

J'indique les plus usuels, car ils peuvent être multipliés indéfiniment. C'est aux spécialistes à les établir, à les remanier, à les compléter incessamment en vue d'une utilité pratique dans le « maniement des droits ». Chacun de ces groupements forme une famille dont les éléments sont réunis par des liens d'origine, ou par l'unité d'un but, etc.

A. — D'après soit l'Époque (le Temps), soit le Territoire où les Droits ont été établis.

Il peut être utile de grouper tout ou partie des droits tels qu'ils étaient établis à une époque, — ou tels qu'ils sont pratiqués dans un lieu déterminé. De là :

Le **Droit historique** (*dans le temps*).

Par exemple : LE DROIT ROMAIN et son histoire. — LE DROIT CIVIL FRANÇAIS et son histoire, etc. [2] — LE DROIT PRIMITIF. Il peut être subdivisé, selon le degré d'avancement des peuples, en Droit *sauvage* (le plus ancien), Droit *barbare*, Droit *civilisé* [3].

Ces groupements impliquent la *Généalogie* d'un Droit ou de certains droits, leur évolution, la série

1. Externe aux quatre éléments normatifs de tout droit. (Voy. *supra*, p. 44.)

2. Voy. *Syllabus du Cours d'Evolution historique du Droit civil français*, par EDMOND PICARD, quatrième édition, Bruxelles, Vve Ferd. Larcier, 1904.

3. Cons. *Le Droit primitif* : MAXIME KOVALEWSKY (1850†1916), *J. des Trib.*, 1896, p. 777.

des faits juridiques antérieurs dont un Droit ou un droit provient. C'est d'un intérêt extrême.

Le **Droit national** (*dans l'espace*, le territoire) : le Droit de chaque Nation. Différence entre nation et peuple. On pourrait dresser la carte juridique de la Terre, la Jurisphère, comme on a dressé la carte religieuse, ou linguistique, ou climatérique. — Comp. *supra*, p. 64.

Le Droit national d'un pays comporte les droits (publics ou privés) accordés *directement* aux étrangers par la législation de ce pays; c'est le Droit dit « international *interne* » des étrangers. — Voy. *infra*, p. 82, ce que c'est que le Droit international *externe* des étrangers.

B. — D'après le But social à atteindre (l'Intérêt à satisfaire) au moyen du Droit.

Ici se trouvent quelques-uns des assemblages les plus usuels et les plus importants, les lois visant, en principe, presque toujours un but pratique.

Le Droit privé. — **Le Droit public.**

Le Droit privé règle les rapports juridiques, pour les intérêts, les besoins de la vie ayant un caractère de SPÉCIALITÉ INDIVIDUELLE [1].

Le Droit public règle les rapports juridiques au point de vue des besoins, des intérêts ayant un caractère de GÉNÉRALITÉ SOCIALE.

Comme ces intérêts ces besoins sont ceux de la Collectivité sociale, *de la Cité*, de l'Etat et de ses organismes secondaires (Provinces, Communes, etc.); il serait mieux qualifié DROIT CIVIQUE.

1. Tout cela est difficile à préciser par un mot unique et bien net. La langue est pauvre.

Le Droit privé et le Droit public s'entremêlent parfois : tel le **Droit rural**, ensemble *mixte*, ayant en Belgique son Code spécial. Tel aussi le **Droit forestier.** — Peu de « Corps » de Droit sont tout à fait *nets*.

a) — *Sous-groupements usuels dans le Droit privé.*

Le Droit civil[1], — le **Droit commercial**[2]. — Le PREMIER régit tous les faits juridiques privés qui n'ont pas principalement un caractère *de spéculation*, entre autres ceux qui ne sont que l'administration et l'usage du patrimoine privé et la satisfaction des besoins *individuels*. — Le SECOND régit les faits juridiques accomplis *en vue d'une spéculation*, c'est-à-dire en vue de réaliser un bénéfice par un acte subséquent (esprit de *lucre*, par exemple acheter ou fabriquer *pour revendre*)[3]. Il comprend donc non

---

1. En Droit romain, le Droit civil c'est celui des citoyens romains, *Jus Civium*, par opposition au Droit des Etrangers, *Jus Gentium*, Droit des Gens. — Voir les Instituts, Titre IV du Livre Premier, §§ 1 et 2.

2. Il y a, dans le Droit privé, fréquemment des dispositions dites *d'ordre public* qui ont un double caractère : à la fois privé et public, intéressant l'individu et la collectivité. On ne les range pas dans le Droit Public : on les signale dans le Droit Privé, à mesure que s'y présentent les dispositions de ce dernier Droit auxquelles elles sont attachées. — D'autre part, les Personnes juridiques publiques peuvent avoir des relations ou des biens d'ordre privé, rentrant dans ce qu'on nomme leur *Domaine privé*; on en traite de préférence dans le Droit Administratif. (Voy. *infra*, p. 82.)

3. Le Droit Privé embrasse le Droit Civil ET le Droit Commercial; chacun de ces deux Droits a son lot de règles juridiques qui lui sont *spéciales*; mais ils ont des règles de Droit Privé qui leur sont communes, qui sont donc, pour eux, *générales*. Leurs CODES particuliers ne devraient, en méthode rigoureuse, comprendre que les règles propres à chacun d'eux, et un troisième code, dit de Droit Privé, leurs règles générales. Mais ceci est de l'absolu. En pratique, ces partages si nets sont d'une réalisation quasi impossible. Voy. à ce sujet, un intéressant et instructif exemple concernant le Code Rural belge, exposé par

seulement le Commerce au sens économique proprement dit (*transport, échange*), mais l'Industrie (*production*). — On commence à le subdiviser tripartite-
ment. — **Droit commercial** (Généralités), — **Droit
industriel** (production au sens économique). — **Droit
maritime** (transports par mer).

Le **Droit de famille** (tout ce qui organise juridiquement la famille).

Le **Droit héréditaire** (tout ce qui organise juridiquement la succession légale ou testamentaire).

b) — *Sous-groupements usuels dans le Droit public*[1].

Le **Droit politique** : la Nation (population et sol),
règles d'organisation et de fonctionnement des Pouvoirs ; gouvernemental (territorial), provincial, communal, — et, dans chacun d'eux, du pouvoir législatif

Orban, aux nᵒˢ 18 et suivants de l'Introduction à son Commentaire dudit Code. — Ces observations s'appliquent à la plupart
des œuvres de Codification et dérivent de l'enchevêtrement des
notions juridiques aussi considérable, aussi inévitable que
celui de la vie sociale elle-même que le Droit suit pas à pas
par essence.

Remarque complémentaire : le mot « civil » a des sens
variés. Rigoureusement, il signifie le Droit spécial commun à
tous les membres d'une même « cité » par opposition au Droit
des Gens qui est celui de tous les Hommes ou tout au moins
de tous les Etrangers, sans distinction de nationalité ou de cité,
c'est dans ce dernier sens que le comprennent les Institutes
de Justinien : Liv. I, Titre II, § 1 : « Le Droit que chaque
peuple s'est fait n'est que pour lui et est appelé Droit civil,
c'est-à-dire un Droit particulier aux citoyens qui l'ont établi ;
mais celui que la raison a établi chez tous les hommes est également observé par tous les peuples : on l'appelle le Droit des
Gens. » — C'est ce que nous nommons le Droit naturel. Comp.
infra, p. 87.

1. Le Droit Pénal déjà cité p. 76, dans un autre groupement,
est, de plus, un sous-groupement du Droit Public : la Peine est
matière d'ordre public, de même que les actes dits « criminels »
auxquels elle se rattache ; c'est à cause de leur gravité sociale.

(lois et règlements, — du pouvoir judiciaire (tribunaux, juridictions), — du pouvoir exécutif (fonctionnaires, force publique). — C'est le groupe des
rapports juridiques publics *du Citoyen avec l'Etat* et
ses succédanés (avec la Cité). — Il y a lieu d'y ajouter
les organismes qui n'ont pas le caractère de *Pouvoirs
gouvernementaux*, mais d'utilités sociales (enseignement, armée, impôts, cultes, voirie, bienfaisance, etc.
— Voy. *supra*, p. 80, note 2.

Le **Droit administratif** (également territorial, provincial, communal) : Règles d'administration, de
gestion des services nécessaires à l'activité des Pouvoirs et Institutions publics (immeubles, mobiliers,
employés de tous les degrés : « ménage) »[1].

Le **Droit fiscal** (à la fois politique et administratif)[2] :
Organisation des ressources pécuniaires de l'Etat et
de ses succédanés (provinces, communes) au moyen
de l'Impôt sous toutes ses formes. Cela comporte
deux points de vue : *a*) obligation des citoyens de
payer les impôts (matière de Droit politique ; *b*) remise
du montant perçu aux différents services publics qui
en ont besoin.

Le **Droit international proprement dit ou Droit
externe des Etrangers** (Cosmopolite : comp. *supra*,

1. Je viens, à deux reprises, de dire *Règles* d'organisation,
Règles de fonctionnement. C'est pour marquer une nuance qui
se retrouve dans toute classification ou groupement de droits ;
les termes de ces conglomérats (Droit Civil, Droit Public, etc.)
donnent les Règles législatives de chacun d'eux, la *Forme*, mais
non les utilisations concrètes et variées de ces Règles, le *Contenu*. Ce dernier dépend des circonstances indéfiniment multiples et complexes de la vie sociale, soit publique (c'est le
Gouvernement politique), soit privée (c'est le Gouvernement
domestique) de chaque époque, de chaque jour, de chaque heure.
2. Chacun des pouvoirs ou organismes politiques a ainsi un
compartiment politique et un compartiment administratif.

p. 79), qui comporte deux groupes : public, privé [1], compris dans le *Droit des Gens*.

Le premier est le *Droit entre nations*, **Droit international public** : établi par des traités, ou par des usages, ou par des règles théoriques (ou de Droit naturel, *infra*, p. 85) généralement acceptées (Paix de Westphalie, 1646, à Munster, la Société des États) (*Civitas maxima*), pour les rapports d'État à État, les intérêts de nation à nation, présentement encore sans sanction positive, sans contrainte organisée. — Comp. *supra*, p. 21. — Pourquoi? Avenir probable à cet égard : Projet dit « La Société des Nations » [2].

Le second, **Droit international privé** : groupement des droits également accordés par des Traités, etc. (relativement aux *individus* seulement : exemple fameux, les conventions internationales pour la pro-

1. Le Droit International (soit public, soit privé), fait, en réalité, pour chaque nation, partie du Droit National ; la circonstance qu'il se prolonge chez d'autres nations ne lui enlève pas ce caractère. C'est important, en Belgique, notamment au point de vue de la compétence de la Cour de Cassation, qui a pour mission de maintenir l'unité du Droit National belge dans la Jurisprudence.

2. Le Droit International public comprend notamment le **Droit de la Guerre** (*Jus Belli ac Pacis*, dit Grotius). Celui-ci comprend le **Droit martial** (équivalent, ou à peu près, de l'état de siège en temps de paix), qui accompagne les armées en campagne et a pour base les nécessités ou les utilités militaires d'un caractère urgent, souvent brutal : c'est le chef d'armée qui en décide à son gré d'après l'état des faits et l'appuie par la Force dont il dispose. Il prête aux abus, mais est fondé en principe. — Le Droit de la Guerre est encore en formation, en évolution « cartilagineuse « (comme d'autres institutions de Droit International.) Il a toujours été et est encore en retard sur le Droit de la Paix. — Voy. sur le Droit de la Guerre et les questions nombreuses qu'il suscite, Edmond Picard, *Étude sur la Législation, la Juridiction, la Contrainte dans les Conflits de Guerre entre Nations* (Introduction au tome CX des Pandectes Belges), *passim*, Bruxelles, Vve Ferd. Larcier, 1916. — Et *infra*, p. 130.

tection des droits d'auteurs, soit artistiques, soit industriels). — Ne pas confondre avec le **Droit interne des étrangers** (public ou privé) qui embrasse les droits attribués aux étrangers, *sans traité*, spontanément, par la législation *propre* de chaque nation : il fait partie du Droit national[1].

Le **Droit de procédure**.

C'est l'ensemble des règles juridiques servant, *en cas de conflit*, de *procès*, à faire reconnaître les droits devant l'autorité compétente, pour ensuite, leur appliquer, en cas de besoin, la contrainte juridique, soit civile, soit pénale. — Son utilité, ses abus. — Comp. JHERING, *Esp. Dr. Rom.*, IV, p. 13 et s.

Sous-groupements : **Droit de procédure civile.**
Droit de procédure pénale, — dit aussi Instruction criminelle.
Droit de Procédure administrative.
Droit de procédure disciplinaire.

Le **Droit du Travail.** — En ces dernières années, sous l'impulsion de « la Question sociale » et par les

1. Cons. *Etudes sur les Principes du Droit international*, par JOHN WESTLAKE, traduit de l'anglais par ERNEST NYS, Bruxelles, Castaigne, 1895. — Voy. un bon résumé, *Journal des Tribunaux*, 1895, p. 1193 et s., feuilleton. — ERNEST NYS, *Le Droit International, les Principes, les Théories, les Faits*, nouvelle édition, 1912, Bruxelles, Weissenbruch, 3 vol. — A. RIVIER, professeur à l'Université Libre de Bruxelles, *Principes du Droit des gens*.

efforts surtout de la Classe ouvrière, s'est constitué, organisé le Droit du Travail ; voir Syllabus du Cours d'Evolution Historique du Droit civil français, par EDMOND PICARD, quatrième édition, p. 96, et le *Code du Travail*, par DESTRÉE et HALLET (pour la Belgique).

Le **Droit canonique** règle la collectivité de l'Eglise catholique [1], — et, autrefois, certaines matières du Droit laïque (mariage, filiation, etc.). En Belgique, il ne fait point partie de la Législation positive (obligatoire pour tous) ; il y est analogue au règlement d'une société privée.

C. — D'après la Source d'où les droits émanent.

Ici également les groupements ou divisions peuvent être multipliés ; voici les plus usuels :

Le **Droit positif** (dit aussi pratique), — le **Droit naturel** (dit aussi philosophique).

LE PREMIER (*ex Legibus*) comprend tous les droits qu'organise la **Législation** positive (coutumes ou lois) d'après ce qu'on croit être le meilleur pour l'époque, le lieu, le point de vue envisagé. C'est le Droit *tel qu'il est*, non *tel qu'il devrait être*. Il est, la plupart du temps, *tendanciel*, empreint d'un certain parti pris, fertile en imperfections ; il est évolutif et temporaire.

Le SECOND (*ex Natura*) [2] est compris de façon variée et, pourrait-on dire, *Babélique*. Ce sont notamment

---

1. Partie du Droit Religieux qui a pour contre-partie le Droit Séculier, équivalent actuellement au Droit Positif. — Voir ci-dessous, litt. *C*.

2. Cons. CHARMANT, J., *La Renaissance du Droit naturel*, 1910, — et CASTELEIN, J., *Le Droit naturel*, 1912, p. 2.

les conceptions (souvent extravagantes) des Philosophes. Expression caoutchouc.

a) Pour les uns, c'est le Droit parfait, éternel, immuable, exprimant, en leur *suprême et définitive figuration*, toutes les institutions juridiques que le Droit positif ne parvient à réaliser qu'imparfaitement ; c'est une collection d'*Archétypes*, un *Optimum*, le Millénaire du Droit. Le Droit ainsi conçu est comme *un Olympe* mythologique (un Paradis) où chaque institution juridique pourrait trouver une divinité qui la représente. — C'est, pourrait-on dire encore, le Conservatoire des Idéalités, des étalons, des échantillons juridiques. — Il peut être dans l'esprit humain auquel il donne, en images, ce que la réalité refuse en faits : un Monde juridique intellectuel qui répond à nos désirs. « Je m'applique à connaître le monde *tel qu'il doit être* et me soucie fort peu de le voir *tel qu'il est* » (KRAUSE, 1781†1832). — C'est *un musée des Modèles* juridiques. C'est l'ARISTIE du Droit. — Mieux vaudrait le nommer LE DROIT IDÉAL, une chimère métaphysique qu'il ne faudrait jamais prendre au pied de la lettre, mais seulement comme *matière à exaltation*, comme aiguillon pour les âmes [1] : on s'en rapproche, on ne réalise jamais ce **Droit intégral**. L'Homme s'y surmonte... en imagination seulement [2].

b) Pour d'autres, c'est le Droit *le meilleur pour chaque époque* de l'évolution juridique des sociétés humaines, changeant constamment suivant les lieux et le temps, mais accompagnant, en planant au-dessus (superposition, superstructure), le Droit positif qui ne l'atteint jamais suffisamment et reste le *minimum de malis*. On voudrait l'équation de l'un à

1. On a dit : Pour être entraîné, l'Homme a besoin d'une vision idéale du but qu'il poursuit. — Oui, quelquefois. On ne réussit pas à faire du réel avec de l'irréel.

2. La Législation positive ne réalise le Droit Idéal que comme un miroir déformateur de la réalité.

l'autre; mais le Droit absolu est « au-dessus des forces humaines ». — Mieux vaudrait le nommer **le Droit** *supraréel*, aussi chimérique, en fait, que le précédent : rien ne permet d'affirmer qu'on ne réalise pas à tout moment de l'évolution le maximum de Droit possible;

c) Pour d'autres, le Droit naturel est le Droit tel qu'il sort *naturellement*, spontanément de la vie des peuples *à leur origine*; l'homme juridique primitif, quand un groupe humain est encore *dans l'état de nature*. On pourrait le qualifier *Droit de Nature* plutôt que Droit naturel, ou tout simplement **Droit primitif**[1];

d) Pour d'autres, c'est l'énumération des droits généraux, primordiaux, fondamentaux de la nature humaine, indiscutables, *évidemment attachés à l'humanité*, les droits *irrésistibles*, doués de pérennité : la vie, la liberté, l'union des sexes, le droit de contracter, de se défendre, de travailler, d'avoir la disposition des choses indispensables à l'existence (d'où la propriété), l'obligation des père et mère de nourrir et d'élever leurs jeunes enfants, etc.; quelque chose comme le développement de la fameuse *Déclaration des Droits de l'Homme et du Citoyen* de la Révolution française[2]. Ce catalogue « écrit dans le cœur et dans la raison », a-t-on dit, est variable selon les conceptions de celui qui s'applique à l'établir en étudiant l'Idée Homme. — C'est le sens le plus courant de l'expression « Droit naturel » tel qu'on l'enseigne dans les

1. Qualifié parfois, candidement : l'Age d'Or!

2. Un fac-similé se trouve p. 57, de l'Histoire, par Albert Malet, *Epoque contemporaine*. Elle a XVII articles dont le 2e considère aussi comme un droit naturel la Résistance à l'oppression (voir *infra*, p. 130, le droit à l'Insurrection). Dans le Droit international, le Droit naturel comporte l'existence des Nations, leur Souveraineté, leur droit de se protéger en se défendant ou même en attaquant, l'intercourse (commercium), leur droit d'être traitées humainement, de dérouler leur destinée historique, etc

Universités. C'est le *Jus humaniter*, de Tite-Live. « Le Droit inné ! » Connais-toi toi-même... si tu peux. Mieux vaudrait le nommer le **Droit humain** (ou **humanitaire**), comme on dit le genre humain[1]. C'est un fragment du Droit des Gens : Comp *supra*, p. 77 ;

e) Pour d'autres qui sont d'avis que le Droit est un instinct inhérent à la nature de l'homme (voy. *infra*, p. 243, *litt. b)*, il ne faut pas jucher le Droit à l'étiage de l'Idéal, mais plutôt faire descendre le Droit à l'étiage de l'Homme ; il est alors vraiment Naturel ;

f) On peut aussi considérer comme étant « dans un état simplement naturel », les droits qui manquent de contrainte organisée : ils sont énumérés *supra*, p. 22 ; on qualifie couramment *obligation naturelle* la dette de jeu ou la dette prescrite[2].

Le Droit écrit. — Le Droit coutumier :
Le premier est *celui qui émane d'une autorité gouvernementale* législative (il est constaté dans des documents, des sources, des archives)[3]. — Le second est celui *qui émane des mœurs*, du peuple (il reste parfois à l'état de simple tradition) ; c'est ce que les Anglais nomment Common law ; dès qu'il est rédigé par l'autorité, *officiellement*, il devient « législatif » : *supra*, p. 30. — Avantages et inconvénients de chacun de ces procédés. — Règles à suivre à leur égard par une

1. Ce Droit *naturel*-là a sa place marquée dans le Droit *positif*. Les droits dont on le compose « paraissent » tellement évidents qu'ils échappent en général, à la versatilité des législations. Ils sont, pourrait-on dire, *implicitement* admis. — Comp. *infra*. p. 132, litt. h.
2. Comme analogie de ces sens divers du Droit Naturel, voy. *supra*, p. 1, sur les sens divers de l'Encyclopédie. Quel tohubohu !
3. Par opposition au Droit Coutumier qui, en principe, est verbal, on a désigné aussi par Droit écrit le Droit romain en France, surtout au moyen âge où ce Droit était, en quelque sorte, *subsidiaire* au Droit National, en cas de silence de celui-ci surtout coutumier.

Législature bien avisée : consulter avant tout les tendances coutumières des peuples, puis les rédiger, avec plus de clarté, de plénitude, d'ensemble, en y ajoutant la dose de progrès possible[1]. *Quid leges sine moribus proficiunt?*

Le **Droit constitutionnel** : Les droits *établis par le Pouvoir Constituant* comme les plus essentiels à l'ordre social d'une nation déterminée. Ils ont, en général, une stabilité spéciale résultant de ce qu'ils ne peuvent être modifiés que moyennant des formalités plus compliquées et plus difficiles que les lois ordinaires. Ce groupement renferme surtout des règles de Droit public, sans se borner nécessairement à ce domaine. — Ex. : art. 131, Constitution belge.

D. — Quelques autres dénominations.

Le **Droit commun** et le **Droit spécial**.

Expression fort en usage dans la pratique. Le premier désigne les règles juridiques applicables à plusieurs groupements ou divisions (ex. : les règles générales des conventions qui, en tant, notamment, que faits générateurs de droits, ont des applications les plus diverses)[2] ; le second, les règles d'une matière particulière. (Ex. : la Procédure spéciale du Divorce dans le Code Napoléon).

La science qui recherche et établit les différences

---

1. Vraisemblablement, des Coutumes ont parfois été inaugurées par une règle énoncée dans une sentence judiciaire qui, en se répétant, a donné à cette règle un caractère législatif rudimentaire : *le Judiciaire* a alors précédé le Législatif.

2. Ces règles dites « de Droit commun » devraient, en bonne méthode, former un Code particulier; on les introduit dans d'autres matières, au hasard des rapprochements; elles sont *éparses*.

et les analogies entre les Droits des diverses nations ou des diverses races humaines, ou des diverses époques, est dite le **Droit comparé**. — Celle qui apprécie la valeur des institutions juridiques est le **Droit critique** (ou plus exactement la Critique du Droit).

III. — OBSERVATIONS COMPLÉMENTAIRES

Par la variété, la multiplicité actuelles des compartiments de sa vaste mosaïque ; par leur ingéniosité, leur utilité, la Classification juridique que nous venons de figurer dans une grande Fresque n'apparaît pas comme une œuvre de scolastique, mais comme une des plus saisissantes a.testations de la Puissance et de la Beauté du Droit. Elle y répand en abondance la lumière.

Les divisions, groupements et sous-compartiments ne s'excluent pas tous l'un de l'autre, ils empiètent souvent l'un sur l'autre, se superposent en partie : ainsi le Droit pénal comprend des règles du Droit de famille ; le Droit ouvrier des règles du Droit privé et du Droit public, etc. Ces interpénétrations, ces « recoupements » en font des panachures, des Droits *mixtes* : *supra*, p. 80.

Les groupements et les divisions sont aussi parfois à bords *frangés*, mal définis. La démarcation précise est souvent, en Droit, d'une grande difficulté.

En général, dans les cours d'Encyclopédie, on s'étend plus que je ne le fais ici sur ces groupements : on fait *la petite encyclopédie* de chacun d'eux. — Comp. *supra*, p. 6. — La place rationnelle de ces explications est, en réalité, en tête de chacun des cours consacrés à l'un ou l'autre de ces Droits spéciaux.

Ces divisions et ces groupements forment des **Corps** de droits. Ils sont tous des agglomérations ou plutôt des combinaisons spécifiques de droits des catégories formées d'après les deux divisions qui ont pour bases l'Objet (personnels, obligationnels, réels, intellectuels, universels), et le Rapport (droits pleins et droits démembrés) agencés en vue du but social à atteindre, etc. — Comp. *supra*, p. 68 et s.

Dans ces agencements, les droits obligationnels sont les plus nombreux, parce que le Droit règle surtout l'activité humaine, laquelle juridiquement se traduit principalement par des obligations. Celles-ci symbolisent la solidarité intersociale, *l'entr'aide* humaine inévitable, le *Commercium*, l'intercourse.

Dans l'histoire du Droit, ces divisions et ces groupements n'apparaissent que peu à peu ; aux origines, ils sont confondus en une seule masse (des « Magmas », une nébuleuse) et la notion des différences entre, par exemple, le Droit en général et la Procédure, le Droit privé et le Droit public, n'existe guère. Ce n'est qu'insensiblement qu'ils *s'individualisent* par une sorte de « sissiparité » ou de « Ségrégation » (voy. **p. 63**, note 2), et que leur contenu subit un régime spécial mieux approprié à leur nature. — Voy., par exemple, la Loi Salique [1] [2].

La vue de la grande mosaïque que forme l'ensemble

---

1. *Syllabus du Cours d'Evolution historique du Droit privé français*, par Edmond Picard.

2. La Différenciation de régime juridique entre les divers Corps de Droit est la raison d'être dominante de la Classification. C'est une erreur courante, même chez les spécialistes, que de transporter, sans examen, à l'un de ces Corps les règles d'un autre Corps. Ex. : Les règles du Droit de l'état de Paix transportées au Droit de l'état de Guerre. Les règles du Droit national transportées au Droit international. Les règles du Droit privé transportées au Droit public.

de tous les droits contribue à faire mieux apparaître le Droit dans son aspect encyclopédique ; dès lors, la classification juridique doit avoir sa place dans le présent cours [1].

IV. — TERMINOLOGIE JURIDIQUE. — LA LANGUE DU DROIT

Toute classification aboutit à un besoin de qualifications.

La terminologie *technique*, ou TECHNOLOGIE, a une grande importance dans les sciences : « Heureux le Droit pour lequel on fut de bonne heure contraint d'apprendre la langue du juriste. » — JHERING. *Esp. Dr. Rom.*, t. IV, p. 58.

On a pu dire qu'une science est une langue bien faite : le langage s'efforce, en effet, d'exprimer les *nuances*, et une science exacte est formée de nuances. Un mot nouveau correspond presque toujours à une idée ou vision nouvelle, et réciproquement. — Comp. *supra*, p. 66, note 4, pour les droits intellectuels.

Le Droit a sa terminologie, son glossaire spécial et technique (*son jargon*, a-t-on dit parfois) [2]. C'est l'ÉTIQUETAGE général des *droits isolés*, des *divisions* et groupements, des *faits*, des *opérations* et des *institutions* juridiques.

Ce glossaire est variable avec les époques. Il contient beaucoup d'expressions heureuses, pittoresques.

1. A côté de la Classification ci-dessus qui suit de près les habitudes juridiques, R. DE LA GRASSERIE en a proposé une autre (fort curieuse, qui parfois paraîtra baroque par sa nouveauté) dans un livre paru en 1892.

2. Voir dans le *Tristram Shandy* de STERNE, Ire Partie, chapitre XVI, un amusant et suggestif spécimen de l'abus du jargon juridique ; d'autre part, il est très souvent utile et mérite alors d'être maintenu.

Mais il est encore imparfait et prête à beaucoup d'équivoques : il a besoin d'une revision attentive et de compléments.

Transformations et améliorations successives au cours des temps. Beaucoup de termes du langage juridique sont des *esquisses*, des *ébauches* qu'il serait digne des juristes de reprendre et de ciseler[1]. — Consulter à ce sujet les remarques ingénieuses et profondes de Jhering, *Esp. Dr. Rom.*, t. Ier, p. 33, 34, 40.

Difficultés de la matière, spécialement les Définitions juridiques : *Omnis definitio in jure periculosa.*

La Grâce, la Force, la Clarté, la Sobriété (*multa paucis*) dans le *Dire le Droit* [2]. Le Droit romain y a réussi mieux que tout autre. *Jus in artem redigere* (Cicéron).

------

1. Jhering, *loc. cit.*, t. III, p. 23 et s. : « La science et la vie parlent souvent deux langues différentes » Voy. dans les Pandectes Belges le mot : *Langage judiciaire.* — Dans le présent Syllabus, je me risque à plus d'un néologisme, à plus d'une rectification, que j'ai cru de nature à augmenter la précision, mais qui, apparemment, choqueront ies empiriques ; les ouvrages allemands m'en donnaient abondamment l'exemple. Le Droit, en de nombreux recoins, est encore trop obscur ou trop vague pour avoir conquis la familiarité des bonnes dénominations. — Gustave Le Bon, dans son *Evolution de la Matière*, p. 107, édition 1906, dit : « Il importe de définir la valeur exacte des termes employés. Sans des définitions précises aucune généralisation n'est possible. La nécessité de telles définitions se fait d'autant plus sentir que la plus grande confusion existe sur le sens de termes couramment employés. On conçoit aisément qu'il en soit ainsi. Une science nouvelle enfante toujours une terminologie nouvelle. Cette science n'est même constituée que quand son langage est fixé. Les phénomènes découverts doivent nécessairement amener la formation d'expressions spéciales traduisant à la fois les faits constatés et les théories que ces faits évoquent .» Cela est parfaitement applicable au Droit.

2. Dans les Lois, dans les Décisions de Justice, dans les Actes Judiciaires, dans les Livres, les Plaidoiries. — Le Droit doit tendre à mériter ce reproche fait à Voltaire : Il est trop clair.

CINQUIÈME PARTIE

FONCTIONNEMENT (DYNAMIQUE, MÉCANISME) DES DROITS POSITIFS ISOLÉS

Dynamique juridique pratique, courante.

Précision et Complément des §§ LXXXIX à CXIX du Droit Pur.

Les droits, considérés chacun *isolément*, sont institués pour l'utilité humaine *individuelle* ; ils font partie d'un des organismes généraux qui servent la Société, savoir : le Droit (Juricité). — Comp. *supra*, p. 17.

Indépendamment de son évolution générale, cet organisme FONCTIONNE, soit pour la *production* d'Institutions juridiques particulières et variées, soit pour l'usage de celles-ci quand elles sont organisées. — C'est *la Vie* des droits, leur Dynamique, c'est-à-dire les droits *en mouvement*, en activité, par opposition à leur Statique, c'est-à-dire les droits envisagés *au repos*, examinés dans les Parties précédentes.

Exemples : La vente, — le mandat, etc. Il faut d'abord les établir comme institutions juridiques. Ensuite chacun pourra en user, voire même en abuser (user et abuser) pratiquement, mais seulement au moment opportun, suivant ses besoins ou ses fantaisies, à moins de prohibition par la Loi [1].

1. C'est ce que dit, mais pour le Droit de propriété seulement, l'article 545 du Code Napoléon : en réalité, c'est une règle commune à tous les droits tels qu'ils sont exprimés dans leur *Rapport*.

Une double dynamique apparaît donc : celle qui crée l'Institution juridique, puis celle qui fait emploi de cette institution, qui l'incarne dans des droits isolés particuliers, CONCRETS, individuels, indéfiniment nombreux, qu'on trouve dans la vie quotidienne d'une collectivité humaine, dont subséquemment leurs titu- . laires peuvent faire usage.

La dynamique juridique *pratique* (*privée*) est donc distincte de la dynamique *législative* (*publique*) et la suit. C'est la première seule qui est exposée dans la présente Partie. La seconde sera traitée dans les deux Parties suivantes.

La Dynamique privée, quotidienne, courante, des droits, apparaît, dès qu'on y fixe son attention, comme un moutonnement, comme un spectacle d'une animation fourmillante, d'un grandiose extraordinaire, d'une complication confondante, d'un ordre prodigieux et d'une utilité incessante : c'est l'atmosphère juridique socialement indispensable.

A. — Préliminaire ; le Fait générateur des droits isolés (le Negotium, la Cause, le Fait Jurigène) [1]

Tout droit particulier isolé peut naître, être influencé pendant son existence, ou disparaître, par des circonstances *extérieures* agissant sur lui.

Distinction entre « LE FAIT jurigène (le *Negotium*) » qui crée, influence ou anéantit le droit avec lequel il a *un rapport de causalité* (*vinculum ex causa*) — et « LE DROIT (*le Jus*) » influencé. *Ex facto jus oritur,*

---

1. Jurigène ! Les savetiers juridiques riront-ils de cette hardiesse qui propose un mot distinct pour une chose distincte si importante. MONTAIGNE les a préventivement cinglés de cette ironie : « Quelque diversité d'herbes qu'il y ait, ils l'enveloppent sous le nom de salade ». Au lieu de jurigène, veut-on « juripare » ou « jurifique », c'est assez indifférent. — Je me servirai aussi de l'expression FAIT GÉNÉRATEUR.

maxime applicable aussi bien à une institution juridique ou à un droit isolé qu'à la législation [1].

Cette distinction est capitale : la nature et le régime du *fait* extérieur et ceux du *droit* influencé par ce fait (qui est donc suivant les cas, ou GÉNÉRATEUR, ou MODIFICATEUR, ou EXTINCTEUR du droit envisagé) sont essentiellement différents. On peut dire que le *Jus* est au *Negotium* ce que l'œuf est à la poule ; si l'un exprime un rapport de *causalité*, l'autre exprime un rapport de *disponibilité*. —Voy. la Planche n° II, p. 117.

Les faits jurigènes sont, *d'abord*, des FAITS DE LA NATURE.

Des événements tels que la naissance, la mort, la folie, certains âges, l'écoulement d'un certain temps (prescription extinctive), les autres phénomènes naturels *étrangers à la volonté humaine* mais qui, dès qu'ils se réalisent, amènent, par des dispositions de la loi positive, la *production* de droits, ou des *transformations*, ou des *extinctions* de droits.

Ce sont *ensuite* DES FAITS DE L'ACTIVITÉ HUMAINE : elle peut être privée ou sociale.

L'activité *privée* (individuelle ou collective) est, ou bilatérale ou unilatérale.

Bilatérale : Les contrats ou les actes conventionnels.

| Unilatérale | Les quasi-contrats. L'Occupation. L'usucapion ou prescription acquisitive [2]. | Exercice légitime du droit personnel de Liberté. |
| | Les quasi-délits. Les délits. | Exercice illégitime de la Liberté. |

1. Voy. EDMOND PICARD, *Journal des Tribunaux*, 1895, p. 129 et s., *Essai d'une nouvelle méthode d'Encyclopédie du Droit* (Fragment) ; *Dynamique et Statique des Droits*.

2. Dans les prescriptions extinctive ou acquisitive (usucapion),

L'activité *sociale* : ce sont des Actes émanant des Pouvoirs publics (législatif ou administratif) attribuant un droit à un particulier dans un cas accidentel (pension, titre de noblesse, l'octroi d'un brevet d'invention, etc.). C'est ce qu'on nomme en Droit public législatif des Lois *attributives*, qu'il ne faut pas confondre avec les Lois *impératives* qui imposent *impersonnellement* des règles pour tous les citoyens ou à une catégorie de citoyens.

Beaucoup de faits jurigènes produisent d'abord un droit dont l'exercice amène d'autres droits. C'est ce que j'ai nommé p. 56 et 70 droit *Primordial* et droits Dérivés (succédanés).

Ainsi quand un auteur qui a le droit *intellectuel* sur son œuvre, la fait imprimer par exercice de ce droit, il a un droit *réel* de propriété sur chacun des exemplaires. Il y a donc un droit au premier degré et des droits au second degré, un droit immédiat sortant du fait jurigène originaire et des droits médiats. Ainsi encore le père qui a la puissance paternelle, qui est un droit personnel sur la *persona* de ses enfants, obtient de la loi l'usufruit légal qui est un droit *réel* sur les biens de ceux-ci mineurs. Il importe de bien se rendre compte des termes distincts de ces séries pour appliquer exactement à chacun d'eux le régime juridique qui convient à sa nature[1].

Le plus souvent on applique erronément le même nom à l'acte générateur du droit (*negotium*) et au

la volonté humaine a une certaine part : l'inaction du créancier — usage de l'objet par l'usucapant : ce serait donc plus exactement des cas MIXTES.

1. C'est en méconnaissant cette distinction technique intéressante qu'on a voulu faire du Droit intellectuel d'auteur littéraire un droit réel de propriété, parce que l'exercice de ce droit se manifeste matériellement par les exemplaires de la publication.

droit lui-même (*jus*). La terminologie juridique est, à ce point de vue, imparfaite et équivoque [1]. Il faudrait, dans chaque cas déterminé, un mot spécial pour le *negotium*, un autre pour le *jus*, un autre aussi pour l'Ego intervenant comme sujet ou comme objet dans le *jus*. — Ex. : La *naissance*, qui fait surgir la *puissance paternelle*, laquelle appartient au *père* sur l'*enfant*.

Il y a pour la production, l'extinction ou la modification des droits, — et leur utilisation (*infra*, p. 104), — une activité constante dans les collectivités humaines. C'est le *commercium*, la convivance intersociale.

On peut dire des droits comme des hommes : à tout instant il en naît, il en meurt, et une immense quantité fonctionne.

C'est la vie juridique positive, plus active, plus compliquée, plus constante que la vie juridique législative, laquelle est intermittente.

I. — *Production (naissance) des droits isolés.*

Appliquant les faits jurigènes mis en lumière dans le Tableau ci-dessus, on voit aisément que, dès que l'un d'eux se manifeste, un droit isolé en sort, prêt à

1. Dans la terminologie du Droit français, on désigne le fait jurigène par les mots vagues : LA CAUSE (art. 1351 du Code Napoléon, chose jugée), ou LE TITRE. L'adoption d'une qualification plus précise est d'une incontestable utilité.

Dans l'article 1131, le mot *cause* désigne ce qu'on peut nommer la *contre-valeur* d'une obligation (on dit aussi le *motif*). Ex. une Donation : le contrat y est le fait jurigène ; la contre-valeur peut varier (entre autres : récompenser un acte licite, voire illicite, satisfaire un sentiment de pure libéralité, etc.). — Dans un contrat bilatéral, le fait jurigène est le contrat lui-même ; la contre-valeur, la prestation à laquelle s'engage chacun des co-contractants, etc.

fonctionner selon son essence spéciale et primordiale avec toutes les conséquences qui en peuvent dériver. Le spectacle est d'un extrême et remuant intérêt.

II. — *Conservation des droits.*

Les *actes conservatoires* ou faits de conservation sont des faits jurigènes extérieurs au fonctionnement propre du droit qu'on veut conserver.

Ils produisent un effet utile soit directement sur lui, soit sur les circonstances extérieures qui auraient pu lui nuire.

L'*Action en justice* qui sert à faire reconnaître, à protéger, donc *à conserver* le droit, n'est que la mise en exercice d'un de ses éléments : la Protection-Contrainte. Elle fait ainsi partie du fonctionnement *interne*. J'en parle en détail, *infra*, p. 108 et s.

III. — *Ratification des droits.*

Il faut dire plutôt ratification des *faits* jurigènes, des *negotia*, destinés à produire, influencer ou éteindre les droits.

Si ces faits ont une imperfection, on peut parfois la corriger, et c'est cette correction, étrangère aux droits eux-mêmes, qui a une influence sur ceux-ci indirectement en solidifiant le fait jurigène.

La *Confirmation*, souvent confondue avec la Ratification, consiste à *répéter* le fait jurigène régulier, à l'accomplir une seconde fois[1].

IV. — *Aliénation des droits.*

L'aliénation semble prendre le droit tel qu'il est, le laisser intact et le porter ailleurs.

1. Ce renouvellement, cette répétition est quelquefois exigée par une législation positive.

En réalité, c'est une *extinction* du droit dans le chef du premier titulaire (cédant ou autre) et la production d'un droit nouveau dans le chef du second (cessionnaire ou autre), *relativement au même Objet de droit et au même Rapport*; *seul le Sujet du droit change* : c'est donc un droit nouveau, *une novation* par changement de personnes.

La vraie transmission ne s'applique qu'à l'Objet du droit transmis et au Rapport, lesquels restent les mêmes, sauf que l'attache du Rapport entre le Sujet et l'objet est dénouée et va, avec l'Objet, s'adapter à un autre Sujet.

V. — *Extinction (mort) des droits.*

Le droit isolé créé vit par lui-même et pourrait vivre indéfiniment.

A moins que la loi ou la convention ne lui ait *préfixé* une durée limitée : tels un brevet d'invention, un délai de recours, etc.

Ou à moins qu'il ne s'épuise ou cesse par son exercice (la consommation de l'objet, le paiement, etc.).

Mais il peut aussi être détruit par un fait extérieur (une destitution de fonction publique, par exemple, ou une confiscation de l'objet, ou une convention de résiliation, ou l'aliénation dont nous venons de parler, ou l'abandon par son titulaire (au profit du public) notamment quand il s'agit de droits intellectuels, etc. (c'est alors un *negotium* qui agit sur lui).

Dès qu'un, ou plusieurs, des trois premiers éléments d'un droit est détruit, le droit cesse d'exister : sujet, ou objet, ou rapport ; quant à la contrainte, comp. *supra*, p. 22.

Spécialement de *la Prescription extinctive*; elle est un fait *externe* au droit qu'elle atteint : inaction, quant à l'exercice du droit, pendant un temps que la Loi fixe.

Distinction entre *la Prescription* et *la Déchéance* : celle-ci résulte d'une fixation légale de durée du droit lui-même (délai d'appel, de cassation, etc.); elle est donc *interne* à celui-ci ; elle tient, comme on dit, *au fond* du droit[1].

Observations générales.

Quant aux faits (ou actes) jurifiques (*negotia, causæ*) dont il vient d'être parlé pris en général :

Ou bien la Loi en a déterminé les conditions : *Rigor juris*. Ces faits ont alors des formes, des conditions nécessaires, une sorte de *Morphologie juridique*.

Ou bien ils sont abandonnés à la Nature, — ou à la liberté humaine : *Nuda voluntas*.

Cela s'applique non seulement aux faits licites, mais aussi à des faits illicites.

Exemples de ces deux catégories :

a) — Les conditions légales DE FOND qui régissent l'acquisition de la propriété sur un trésor découvert (licite). Art. 716, C. Napoléon.

Les conditions légalement requises pour constituer le crime d'empoisonnement (illicite). Art. 397, C. pénal belge.

En législation générale, les faits (ou actes) juridiques générateurs de droits, dont la loi règle les solennités, LA FORME, voulant que, pour produire leur

---

1. La prescription n'éteint que l'action judiciaire, l'élément *contrainte*; la déchéance éteint le droit entier. Ex. de déchéances en Droit français : l'usufruit, les servitudes qui périssent par le non-usage durant trente ans (art. 617 et 706 du Code Napoléon). En outre, l'extinction par déchéance opère de plein droit, tandis que la prescription doit, d'ordinaire, être invoquée.

effet créateur de droits, ils soient revêtus d'un vêtement spécial (exemple notamment en Droit français : contrat de mariage, donation, testament). C'est la *Toga civilis*, l'investiture.

Sur la forme des faits générateurs de droits, voy. Jhering, *Esp. Dr. Rom.*, t. III, p. 158 et s. : il analyse curieusement les avantages et les désavantages du *Formalisme* dans la vie juridique ;

b) — Dans d'autres hypothèses la Loi ne prescrit rien quant au fait jurigène lui-même : elle le prend dans sa nudité et son sens courant (*nudum factum*), et se borne à en faire sortir des droits comme conséquences.

Ainsi la naissance, la conception, la mort (licites).
Les coups ou blessures (illicites) ;

c) — Il y a également des cas *complexes* où la loi règle certains éléments et en abandonne d'autres à la liberté ou aux circonstances.

Exemple, le gage civil en Droit français : La détention nécessaire de la part du créancier ou du tiers n'est pas définie par la loi ; mais celle-ci prescrit l'écriture, l'enregistrement, etc. (Article 2074, C. Napoléon.)

d) — Le fait jurigène donne naissance tantôt à un droit parfaitement isolé, à un droit *simple* : exemple, propriété du chasseur sur le gibier ; tantôt à plusieurs droits formant un ensemble *combiné* : exemple, le contrat de vente, de bail, etc.

e) — Les faits jurigènes, sous leurs diverses formes, jouent un rôle important (cela va de soi) dans l'organisation des diverses institutions juridiques (comp. *supra*, p. 98). Tantôt ils sont spéciaux à une institution déterminée, et alors, dans la rédaction des Lois, on les expose en même temps que cette institution. (Exemple les servitudes, dans le Code Napoléon). Tantôt ils sont communs à plusieurs institutions, et alors on en forme un titre ou un chapitre à part (exemple, dans le même Code, les Preuves).

B. — Éléments intrinsèques de l'Activité des droits
isolés : *Status, Excercitus, Commodum.*

a. — L'Existence [1] et l'Exercice des droits isolés :
le Domaine éminent et le Domaine utile : *status et usus.*

Tout droit (jus) isolé produit par *le fait jurigène (negotium), existe* en principe, dans l'intégralité de ses éléments : le Sujet a sur l'Objet la disponibilité exprimée par le Rapport qui relie l'un à l'autre, et en peut retirer l'Avantage, l'*Émolument* [2] qu'il est destiné à procurer, *le commodum* ; le titulaire peut, le cas échéant, faire appel à la Protection-Contrainte ou Coercition sociale par l'autorité publique pour le protéger.

Mais cette disponibilité n'entre pas immédiatement en *exercice* : elle existe à l'état de simple possibilité, en puissance non encore en usage, en pratique elle est potentielle [3].

De là, la différence entre l'Existence, ou *pouvoir existant en droit*, et l'Exercice ou *pouvoir d'user en fait* : le droit nominal et le droit effectif — le domaine éminent (titre abstrait) et le domaine utile (titre concret).

L'Existence en est la statique (*Status*). C'est le *droit* proprement dit, le droit au repos, le *Nomen*.

---

1. On dit aussi « la Jouissance » : ce mot est équivoque, car il semble signifier plutôt l'exercice, l'usage (voy. art. 2226 du Code Napoléon). Mieux vaudrait réserver le mot Jouissance pour désigner Existence et Exercice réunis ; c'est ce que le Code Napoléon fait dans l'intitulé du Titre Ier de son Livre Ier : *De la jouissance et de la privation des droits civils.*

2. *Emolumentum*, la mouture, la farine.

3. Tel un instrument qui ne vibre que lorsqu'on en joue.

L'Exercice (*Exercitus*) en est la Dynamique, l'emploi, l'usage effectif, — et le résultat pratique de cet exercice est ce qu'on nomme l'*Omen* amenant l'avantage désiré, cherché.

L'exercice se manifeste dès que le Sujet agit pour retirer de l'Objet l'avantage exprimé et limité par le Rapport. Le droit est alors mis en *fonctionnement*. Il a, en effet, en lui, *une fonction*, spéciale d'après chaque droit, et dont la spécialité est surtout exprimée par la nature de l'élément *Rapport*. Chaque Cours universitaire d'un Droit particulier expose la nature et le fonctionnement de ceux des droits dont il se compose, comme il explique la nature et le fonctionnement des faits jurigènes, générateurs de chacun de ces droits. Exemple : le Cours dit *Principes généraux du Code civil*, ou petite encyclopédie du Droit civil (voy. *supra*, p. 6), complété par le Cours dit de Droit civil approfondi.

Autres exemples : pris au droit d'obligation ; — au droit de propriété réelle ; — au droit intellectuel d'exclusivité. — Dans la tutelle, dans l'interdiction, etc. le mineur, l'interdit conserve l'existence de ses droits patrimoniaux dont le tuteur prend momentanément l'exercice. Dans la *saisine* héréditaire (Code Napoléon, art. 1026), l'exécuteur testamentaire a l'*exercice* de la masse successorale (*supra*, p. 54), dont les héritiers légaux ont l'*existence* [1].

Importance de cette distinction, de cette dissociation, de cette Décomposition : l'insuffisance des droits dont, non l'existence, mais l'exercice est

---

1. Dans les sociétés ayant la personnification civile (*supra*, p. 49), l'être « moral » société a le domaine éminent de l'avoir social ; d'autre part, son Conseil d'administration en gère le domaine utile. — De même la Nation (l'Etat) et ses grands pouvoirs. De même encore les Provinces, les Communes et leurs Conseils, etc.

entravé par les faits ; notamment le droit de liberté.
Tout droit dont on n'a que l'existence sans l'exercice
effectif, par soi-même ou autrui, peut être un leurre :
Question Ouvrière ayant pour but de rendre effectifs
pour l'ouvrier quantité de droits purement platoniques.
— Inversement, l' « Occupation » de guerre par
l'envahisseur : jusqu'à l'annexion ou la retraite il a
l'exercice des pouvoirs du Droit public de la nation
vaincue, — non l'existence, le domaine éminent qui,
d'après la conception la plus récente du Droit de la
Guerre, demeure à la Nation envahie ; s'il y a retraite,
le vaincu libéré reprend sa souveraineté totale.

La Décomposition fonctionnelle que nous venons
d'exposer rend compte aussi de la distinction entre
droit et **possession** au sens scolastique. Tout droit,
disons-nous, comprend l'Existence et l'Exercice ; la
Possession, c'est l'exercice seulement, *quand il est
pratiqué par un autre que par le titulaire du droit
envisagé* avec la volonté (l'**Animus**) de s'attribuer
l'émolument du Rapport.. — Les législations positives
n'admettent, en général, le caractère de *possession*
proprement dite que dans certain cas, pour certains
droits et moyennant certaines conditions spéciales
(ex. : possession *ad usucapiendum* de l'art. 2229 du
Code Napoléon, — ou possession d'état des art. 340
et 341), quoique théoriquement elle soit possible pour
tous les droits : personnels, obligationnels, réels,
intellectuels, universels [1]. Motif de cette restriction :

1. On peut se demander dans laquelle des catégories de la
division quinquepartite des droits (*supra*, p. 67) rentre le DROIT
du *possesseur* (car il s'agit bien d'un droit, admis, réglé, protégé par la Loi, on le conteste à tort). Le contenu de ce droit
participe à la nature juridique du droit complet — réel pour un
droit réel, obligationnel pour un droit obligationnel, intellectuel pour un droit intellectuel, personnel pour un droit personnel, universel, pour un droit universel, — dont l'élément
rapport est toujours et essentiellement la possession *en fait*
et dont l'élément *objet* est le même objet que celui du droit

difficulté pratique quand il s'agit de constater les faits de possession [1].

———

La distinction entre l'*existence* d'un droit et l'*exercice* de ce droit ; ou entre l'exercice à l'état *potentiel* et l'exer ice *accompli* ; ou le *commodum* en *expectative* et le *commodum réalisé* ; — expressions équivalentes répondant à deux états juridiques différents, — résout aussi fort simplement les difficultés inextricables pour certains cas, dans l'Ecole, relatives à la règle de LA NON-RÉTROACTIVITÉ DES LOIS et à la doctrine des *droits acquis* qu'on y fait jouer un grand rôle. Un droit simplement acquis *comme existence* reste soumis à la puissance législative qui exerce la Souveraineté dans une collectivité sociale ; elle peut le modifier, en disposer comme elle croit à propos de le faire. Mais un droit déjà exercé doit, en principe, être respecté, dans *les Effets* réalisés par cet exercice. Ce n'est pas *droit acquis* qu'il faut dire en cette matière, mais *effet acquis* ; non *jura* « *quæsita* », mais « *effecta* » *quæsita*. Cette rectification suffit à tout résoudre, notamment en ce qui concerne *la durée* des droits : la durée n'est acquise *comme Effet* que pour le temps qu'elle a duré et non pour le temps qu'elle peut durer encore ; cette dernière appartient au Législateur, *elle n'est pas acquise*, mais espérée [2].

total ; la durée de ce « droit de possession » est égale à celle de la possession elle-même.

1. On peut être nu créancier comme on peut être nu propriétaire ; par exemple, en matière d'usufruit des créances. La « possession *d'état* » est l'exercice *en fait* de tous ou quelques-uns des droits personnels contenus dans « le plein » dit « la Capacité ».

2. Quoique inscrite dans l'article 2 du Code de Droit civil Napoléonien, c'est une règle de Droit Public, de confection des Lois. Cet article 2 l'impose absolument seulement au Juge, non au Législateur qui fera pourtant bien de la respecter sauf circonstances exceptionnelles.

L'Exercice que peut faire de son droit celui qui en est titulaire, tantôt est déterminé en certains points par la Loi (ex. : usufruit légal des père et mère sur les biens de leurs enfants, — limitations légales (voy. *Supra*, p. 56, note 2), — tantôt est abandonné à sa Liberté ; en ce dernier cas, il peut y avoir abus, égoïsme, sottise ; on sort du domaine du Droit pour entrer dans celui de la Morale.

Tout Droit, quelque étendu qu'il soit, s'accompagne, en effet, du devoir moral d'en user, de l'*exercer* modérément, *civiliter*, avec des tempéraments, avec des « civilités ». Importance historique (à Rome, d'après JHERING) de ce devoir.

La Pitié et la Sensibilité dans l'application du Droit positif : « La Justice sans la Bonté manque à sa mission » (une des devises de la Fédération des Avocats de Belgique). — Abus inévitables et insconscients quand le Droit d'une race est exercé par une autre race. Exemple : le Sémite se servant du Droit aryen [1].

C. — Spécialement des Actions en Justice.

(Mise en exercice de la Protection-Contrainte [2].)

L'INSTRUCTION ET L'EXÉCUTION.

Le quatrième élément essentiel à tout droit, la Protection-contrainte, entre en jeu dans la dynamique juridique interne des droits isolés.

---

1. Voy. EDMOND PICARD. *L'Aryano-Sémitisme*, chap. XVII, p. 119 et s. : contrats d'*entre-aide* dénaturés en contrats de *dépouillement* : prêt hypothécaire ou sur gage — sociétés, surtout celles par actions, — marchés à terme sur simples différences. — Ce point tient surtout à la Question Sociale.

2. Parfois, dans le Droit pratique, on voit avant tout la Con-

On peut la mettre en mouvement chaque fois que le droit est lésé soit dans son existence, soit dans son exercice. ·

Le titulaire du droit peut alors faire appel à la Coercition sociale.

Mais celle-ci n'entre en mouvement effectif et ne se déroule que moyennant certaines conditions et suivant certaines règles, variables d'après les époques et les nations.

L'ensemble de ces conditions et règles est ce qu'on nomme LA PROCÉDURE (civile ou pénale, comp. *supra*, p. 84) ; et l'élément-contrainte prend alors spécialement le nom d'ACTION en justice, d'action judiciaire, de procès.

Le Procès est donc l'usage, la mise en activité de la contrainte juridique, la manière de la faire marcher, agir, *procéder* [1], [2].

Le fonctionnement de l'Action judiciaire comporte deux phases :

1° Une série de mesures (un organisme) qui ont pour but de constater si le droit existe et quel est ce droit. c'est le procès proprement dit, *la procédure dite d'Instruction* (civile ou pénale), y compris le Jugement qui est son but final.

La base et la sauvegarde de cette instruction, dans

---

trainte, sous sa forme d'Action judiciaire : c'était le cas à Rome. — JHERING, *Esp. Dr. Rom.*, t. III, p. 337. — Voy. DARESTE, p. 37, ouvrage cité *infra*, p. 141, note.

1. Les conflits qui donnent lieu aux procès sont comme une *moisissure* des droits. — Comp. *supra*, p. 29, où je les compare aussi à des maladies des droits.

2. La Dynamique du Droit dans les Procès se complète par « le Combat pour le Droit ». Mais ce combat est surtout important comme dynamique législative. C'est pourquoi j'en déplace l'exposé. — Voy. *infra*, p. 133.

une législation bien organisée, est le *Débat contra-dictoire*, LE DROIT de DÉFENSE (spécialement l'Avocat) ;

2° Une série de mesures (un organisme) qui ont pour but de réaliser effectivement l'exercice du droit reconnu, en cas de résistance : *la procédure dite d'Exécution* (du Jugement). Elle doit, en principe, aboutir, *au civil*, à LA RÉPARATION, à la remise du droit *en son entier*, à un redressement intégral, ce qui, en fait, n'est pas toujours possible : alors on recourt à des équivalents ou des à peu près, le plus souvent pécuniaires (dommages-intérêts). — *Au pénal,* elle aboutit à LA PEINE, quand l'infraction est constatée.

C'est donc bien, d'une part, une *protection* pour la Prérogative du Sujet du droit, d'autre part, une *contrainte* contre celui ou ceux qui ne les respectent pas, contre les rebelles. — Comp. *supra*, p. 21.

Le motif pour lequel l'exercice de la Contrainte par la mise en mouvement de l'Action est entouré de ces formalités compliquées, c'est que la protection par la force sociale ne peut être accordée qu'à bon escient, *au profit d'un droit vraiment tenu pour existant*[1].

A remarquer que dans l'immense majorité des cas, surtout à notre époque, le recours à la contrainte est inutile, et que les droits sont exercés paisiblement par la bonne volonté universelle, par le sentiment immanent du Droit, intégré, structuré dans les consciences, ou par la crainte de la répression.

---

1. C'est pourquoi il n'appartient pas à un particulier de se faire justice soi-même, sauf le cas de légitime défense immédiate : *vim vi repellere licet.* — Résistance curieuse à cette règle par le DUEL privé. Son Histoire : voy. Résumé par EDMOND PICARD, *Journal des Tribunaux*, 1897, p. 219 et s.

Parfois la Contrainte n'existe pas en tant qu'*Action* judiciaire proprement dite ; elle produit alors quelques.effets restreints, par voie d'*Exception*, de défense contre l'Action.

Le droit, ainsi privé d'action, est dit, dans la terminologie juridique boiteuse : droit simplement naturel, *obligation naturelle*. (Comp. *supra*, p. 22 et surtout p. 87.) C'est une mauvaise appellation, mieux vaudrait dire : droit *mutilé*, infirme ; c'est, en effet, un de ses éléments, un de ses membres, la Contrainte, qui n'existe pas intégralement, qui n'est qu'un débris, un moignon.

D. — Théorie de la Preuve [1].

La nécessité, dans beaucoup de circonstances de la vie et dans toute action judiciaire, de commencer par établir l'existence de son droit, a, de tout temps, donné une importance considérable à la Preuve : on l'a, en raison de sa nécessité, appelée la *rançon* des droits.

Distinction entre un droit et sa preuve ; confusions usuelles à ce sujet. — Voy. *supra*, p. 117, planche.

La preuve se manifeste à deux moments :

1. — Quand le droit naît, se modifie, meurt (voy. *supra*, p. 99 et s.) : preuve *concommitante* du fait jurigène ;

2. — Quand, en cas de contestation, on doit démontrer l'événement qui a provoqué l'un de ces effets.

Premier cas. — La preuve accompagne le fait juridique (*negotium*) qui fait naître, changer ou

---

1. Curieux *Traité des Preuves*, par J. BENTHAM (1748-1832), t. II de ses œuvres, p. 237 et s., édition 1840, Bruxelles, Société belge de librairie Hauman et Cie. — Comp. EDMOND PICARD, *Journal des Tribunaux*, 1893, p. 622 et s.

mourir le droit (*jus*), c'est-à-dire le fait jurigène dont elle est la constatation.

Elle consiste dans l'accomplissement de *faits spéciaux*, étrangers, en principe, au fait générateur et au droit lui-même, dits *probants*, qui sont destinés à fixer dans la mémoire humaine, ou à y rappeler, l'événement qui a agi pour faire naître, s'éteindre, etc., le droit. Ils sont l'*ombre* (on pourrait dire la photographie), le miroir de cet événement (souvent combien déformés quand il s'agit de dépositions de témoins).

Tantôt la loi règle ces faits probants (*Rigor juris*), tantôt elle les abandonnne à la liberté (*Nuda voluntas*). — Voy. cas analogue, *supra*, p. 102.

Ce sont notamment les écrits (*instrumenta*, preuve littérale) ou la présence des témoins (*testes*, preuve testimoniale).

Telles sont aussi, surtout aux temps primitifs, les cérémonies qui remplissaient souvent *le double office* d'être légalement indispensables pour que l'effet juridique poursuivi se réalisât, et de servir ultérieurement de preuve.

Exemples de ces formalités représentatives ou symboliques : dans le mariage (*confareatio, coemptio,* élopement); — dans les ventes immobilières (la motte de gazon ou la marche sur le terrain) ; — dans les conventions en général, la rupture de la baguette ; — dans les conventions verbales (le frappement dans les mains ou paumées) ; — dans l'adoption (le simulacre de la mise au monde sous la jupe de la mère adoptive ou le pied du père adoptif posé sur le cou de l'adopté) ; — dans la filiation (le simulacre de l'accouchement, la couvade) ; dans le serment (la main levée vers le ciel); — dans la procédure en revendication (la marche vers l'immeuble) ; — dans les ventes immobilières par enchères (l'extinction des feux, des bougies ou le coup de marteau) ; — etc. [1].

Dans le Droit ultérieur, il reste parfois des traces vagues de ce symbolisme (produits résiduaires, voy. *infra*, p. 171) [2] qui, au début, n'était que l'opération réelle, le fait jurigène, le *negotium*, — puis s'évanouissant soit partiellement, soit totalement. — Le *formalisme* du Droit romain présente ce caractère évolutif extrêmement intéressant. — Voy. JHERING, *Esp. Dr. Rom.*, t. III, p. 243 et s. —

Lire sur le Symbolisme juridique le livre de Michelet [3].

Second cas. — La preuve fonctionne en justice, dans un procès, ultérieurement.

Elle consiste alors, en général, dans l'attestation, la démonstration *devant le juge*, de l'accomplissement des faits probants qui ont fonctionné lors de la créa-

---

1. Un cas intéressant du Droit ancien, quand la preuve écrite était impossible, est celui des soufflets donnés à un groupe d'enfants assistant à la cérémonie juridique, pour qu'ils s'en souvinssent mieux et pussent servir de témoins toute leur vie. — Un autre, celui des batailles après les fiançailles, si curieusement décrit par RABELAIS. *Pantagruel*, livre IV, chap. XIII et s. — Le professeur prussien IAHN ressuscitait ce rite quand, passant avec ses élèves sous la porte de Brandebourg à Berlin, il souffletait l'étudiant qui ne savait pas que c'était là que Napoléon avait passé après Iéna et avait fait enlever un char de la Victoire ; l'étudiant ne l'oubliait plus et pensait à la revanche. — Voy. aussi dans *La Querelle des d'Avesnes et des Dampierre*, par CH. DUVIVIER, Bruxelles, Muquardt ; Paris, Picard et fils t. I⁰ʳ, p. 60, l'admission du public dans la chambre nuptiale, où Bouchard d'Avesnes et Marguerite de Constantinople étaient couchés dans le même lit — *nudus cum nuda*, — pour attester, au besoin, la consommation du mariage.

2. C'est analogue au maintien, dans certains organismes corporels, d'organes atrophiés. Exemple : l'appendice iléo-cœcal de nos intestins.

3. MICHELET, *Origines du Droit français, cherchées dans les Symboles et Formules du Droit naturel*. Paris, Calmann-Lévy, 1896.

tion, de l'extinction, de la transformation du droit et qui établissent que le fait jurigène, le *negotium*, s'est réalisé, d'où, comme conséquence, dérive la preuve du droit, du *jus*, par voie d'enchaînement.

C'est, soit l'exhibition de l'*écrit* ou instrument (preuve littérale), — soit l'audition des *témoins* qui attestent l'accomplissement des faits ou des formalités prescrites, auxquels ils ont assisté (preuve testimoniale), — soit *la vue* par le juge lui-même (descente sur les lieux), ou par des gens compétents (expertise).

Si ces moyens *directs* font défaut, on admet, mais avec prudence, les moyens *indirects* : présomptions-indices, commune renommée, avis des gens compétents (autre face de l'expertise). — De même *l'aveu* du plaideur, qui devient, en quelque sorte, témoin *contre* soi-même (parfois sous forme de comparution personnelle), le *serment* où il devient témoin *pour* soi-même (parfois sous forme d'interrogatoire sur faits et articles). — Comp. p. 115, note 2[1].

Quand il y a impossibilité de reproduire devant le juge les faits probants qui furent contemporains, concommitants de la naissance ou de la mort du droit, ou de tel autre fait jurifique qui l'a influencé, on eut parfois recours à des moyens exceptionnels :

---

1. Toute preuve est la conclusion tirée d'un fait connu à un fait inconnu : le juge ne voit et ne doit connaître que ce qui se passe devant lui quand il siège, et en conclut ce qui s'est passé ailleurs. Dans les présomptions, cette opération est *à la seconde dilution*. Exemple : Quelqu'un dit avoir vu le voleur voler ; c'est une preuve *directe*, dit-on, quoique le juge qui décide n'ait, lui, rien vu ; ou bien personne n'a vu voler, mais quelqu'un dit avoir vu l'accusé dans le voisinage du lieu du vol peu avant ou peu après le vol ; c'est une preuve *indirecte*, un indice, une présomption ; ce n'est pas la preuve du vol lui-même, mais la preuve d'un fait d'où le vol peut être induit, *présumé*, quand il est joint à d'autres faits ayant aussi le caractère d'indices.

Oracles, — *Ordalies* (ou jugements de Dieu) [1] : — épreuve du fer rouge, de l'eau bouillante, du poison (la kasse des Congolais), — *duel judiciaire,* — *torture.*

Comme on le voit, tout le mécanisme de la Preuve rentre dans la dynamique juridique *externe,* car elle n'est pas le droit lui-même, elle n'est pas un de ses quatre éléments essentiels, — elle se rattache directement aux faits extérieurs qui le font surgir, mourir ou qui l'influencent, aux faits jurigènes ; ce sont ces faits qu'elle prouve, non le droit ; celui-ci n'en dérive que par voie de conséquence [2], [3].

---

1. Elie Reclus, « Les Ordalies », *Journal des Tribunaux,* 1900, p. 369 et s.

2. En Droit positif français actuel, on peut établir ainsi l'énumération des preuves : 1° preuve littérale (privée ou authentique, en originaux, en copies, en papiers domestiques); 2° preuve testimoniale (enquêtes); 3° présomptions ; 4° aveu; 5° serment; 6° commune renommée; 7° possession (art. 2279 et 321 du Code Napoléon); 8° comparution personnelle ; 9° interrogatoire sur faits et articles; 10° descente de lieux; 11° expertise. Les sept premières sont mentionnées au Code civil et complétées dans le Code de procédure où sont les quatre autres.

3. En Droit positif, on admet comme un principe indiscutable de la théorie de la Preuve, que c'est à celui qui allègue l'existence d'un droit, à le prouver : *Actori incumbit probatio,* et que, dès lors, tout doute dans le résultat de la preuve doit tourner contre le demandeur (*l'actor*). Cette règle est, en réalité, un préjugé juridique, une routine de romaniste, passé à l'état de *croyance,* d'article de Foi quasi-aveugle. Si elle est admissible en matière de contrat, où l'on peut se procurer une preuve au moment de la convention, elle est très discutable en matière de quasi-délit et de délit, où l'on est à la merci des circonstances. La vérité semble être que le juge devrait alors avoir un pouvoir d'appréciation pour décider à qui la preuve incombe. Exemples : une collision de navires où l'un des bâtiments périt *corps et biens*; une explosion de machine industrielle où tous les assistants sont tués; difficultés pour les héritiers des victimes de faire la preuve de la faute, et situation

E. — Résumé de la cinquième Partie.

En résumé, on peut dire, sous forme d'un *Schéma*, que tout droit marche accompagné du fait jurigène, — ledit fait muni, autant que possible, de sa preuve, — ce droit constitué de ses quatre éléments parmi lesquels son action ou contrainte qui enveloppe les trois autres; qu'il comporte donc sept Éléments. — Voy. Planche II ci-contre.

———

Ces sept éléments sont logiquement la base divisionnaire de l'exposé ou de la légifération de toute institution juridique; on les y retrouve forcément, sous forme explicite ou implicite [1]. En les dégageant, on augmente singulièrement la clarté [2].

———

inique qu'on leur inflige en faisant tourner *tout doute* contre eux. Actuellement on a, en Belgique, corrigé cette situation par la Loi du 24 décembre 1903, sur le Risque professionnel, qui partage transactionnellement le dommage par moitié entre l'ouvrier victime et son patron (situation atténuée par l'Assurance). — Ce point tient à la doctrine de la *Responsabilité sans faute* (cas, notamment, du fou causant inconsciemment à autrui un dommage : doit-on lui en imposer la réparation?) — Voy. art. 829 du nouveau Code civil allemand. Plus exactement, il faudrait dire : la responsabilité des irresponsables.

1. Le Droit Pénal en offre un exemple très clair dans les cas de peines corporelles. Le Sujet y est l'Etat, qui poursuit; — l'Objet, c'est le délinquant poursuivi; — le Rapport, c'est la peine qui, quand elle est corporelle, grève la « persona » du délinquant; — le Fait générateur, c'est l'infraction ; — La Preuve, ce sont tous les moyens admis par la Procédure pénale, — la Contrainte, c'est la poursuite et l'exécution de la peine.

2. Une bonne méthode devrait invariablement mettre ces sept éléments en relief dans toute Législation et dans tout Professorat; ils sont, au contraire, presque toujours confondus, sinon oubliés, intervertis dans leur ordre naturel, masqués, mutilés. Témoin : le Code Napoléon, malgré ses mérites. — Comp. *supra*, p. 97 et s.

PLANCHE II

Analyse des Éléments Normatifs de tout droit isolé.

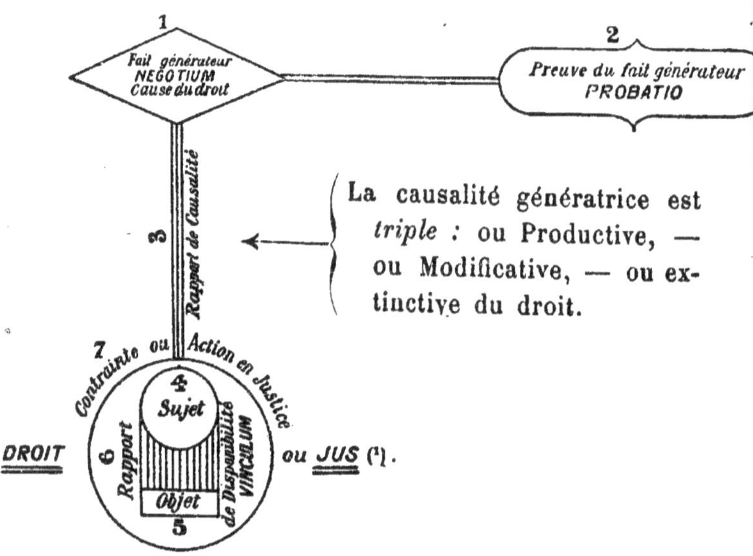

1. Le Jus intégral réunit l'*Existence* (en principe) et l'*Exercice* (en fait) du droit ; *Jouissance* semble le mot convenant à ce « dyptique ».

On voit dans ce schéma le lien qui unit le Fait jurifique au droit : c'est le Rapport de CAUSALITÉ, *vinculum
ex causa* (*supra*, p. 96 et s.), — et le lien qui unit
le Sujet à l'Objet : c'est le Rapport de DISPONIBILITÉ,
vinculum in promptu (*supra*, p. 55). Ne pas les confondre.

REMARQUE.

Si les droits isolés ont leur Dynamique, le Droit
total, la JURICITÉ (voir *supra*, p. 32) a la sienne, en ses
diverses branches qui viennent à leur place dans les
Parties suivantes : Dynamique Législative produc-
trice des Lois (VI⁰ Partie), — Dynamique Evolutive
(VII⁰) — Dynamique Philosophique inventant ou
découvrant des Systèmes expliquant soit la source primitive du Droit (VIII⁰), — soit son mécanisme social
(IX⁰), — Dynamique Politico-Economique (X⁰).

SIXIÈME PARTIE

ORIGINE DU DROIT POSITIF
LA LÉGISLATION

Précision et Complément des §§ CXX à CXXXIV du Droit Pur.

Les cinq premières Fresques ont, en général, servi à donner un aspect du Droit considéré *en soi*, comme force sociale d'une nature particulière, existante et agissante : c'est son *Ontologie*, sa substance telle qu'elle apparaît à l'observation immédiate des Faits dans l'ambiance sociale, c'est-à-dire « pragmatiquement. »

Mais les droits existant dans les collectivités humaines sont *la mise en Œuvre* d'organismes établis par les Législations de Droit positif en rapport avec les besoins sociaux. Elles sont le Provisoire du Droit, la face la plus immédiate de l'*Etiologie* du Droit.

Les Législations ont elles-mêmes une cause, plus lointaine, plus profonde, une CAUSE PRIMAIRE, ainsi qu'il sera exposé dans la huitième partie. Elles ne sont donc que SECONDAIRES.

La Dynamique de toute Législation comporte, en pratique, d'une part, les Organes « réalisateurs » du

Droit *positif*, considérés en eux-mêmes ; d'autre part, la lutte sociale, « le Combat pour le Droit », qui précède ou accompagne la mise en fonctionnement de ces organes, et qui, on le verra p. 134 et s., est un des spectacles les plus mouvementés et les plus pathétiques que puisse offrir la vie des collectivités humaines.

C'est L'HISTOIRE elle-même, envisagée au point de vue du Droit, c'est-à-dire au point de vue de ce qu'on peut nommer son Contenu principal. (Biologie du Droit.)

La prétention, le *But* (humain) du Droit, comme des autres forces ou fonctions sociales, est de contribuer à procurer à l'homme la satisfaction de ses besoins ou de ses désirs, dans les limites du *mieux-être* possible ; à obtenir le maximum de bien-être (ou le minimum de mal-être, si l'on préfère).

Je n'examine pas encore si le Droit ainsi poursuivi est le Droit légitime, le *Droit juste*, mais simplement le Droit tel quel, — même celui à contenu critiquable[1].

C'est la *puissance humaine d'invention* du Droit, LA SYNERGIE juridique, LA GÉNÉTIQUE, la faculté de *dire* le Droit pour une situation de fait déterminée. Ce sont « les volontés en marche vers un avenir juridique ». Les besoins du *Commerce* juridique sont, en général, en avance sur la *pensée* juridique, et celle-ci est en avance sur la *réalisation* juridique. De là l'effort,

---

1. Rien n'est plus certain que l'impossibilité de faire législativement du Droit tout à fait *droit*. Le *réel* juridique (le Droit positif) n'est jamais complètement le *rationnel* juridique (Droit idéal). — Voy. *supra*, p. 85. — Si l'on devait n'admettre dans la science du Droit que celui qui est juste, le palais idéologique du Droit serait un monument à peu près vide. En Droit, comme ailleurs, il ne faut pas se laisser aller à une « crise d'absolu ».

toujours tendu, pour découvrir le Droit le mieux approprié à l'époque et aux circonstances soit sociales, soit égoïstement individuelles.

Les hommes en société ont, sans relâche, été préoccupés de découvrir leur Droit, c'est-à-dire les rapports qu'il convenait de soumettre entre eux à la contrainte sociale, — puis de le réaliser positivement, de « l'en-législationner » dans des formules obligatoires sujettes à contrainte : ils veulent LE VENU DANS LE DEVENIR. L'Humanité (ou bien un groupe, quelquefois une individualité) apparaît ainsi comme « un Homme total » à la recherche du Droit, ou, plus exactement, *d'un Droit* approprié.

Je ne dégage pas pour le moment s'il est un *principe* qui peut servir de règle à cet égard ; ce point trouvera sa place dans la Neuvième Partie réservée à la Téléologie du Droit (la Justice, le JUSTE), qu'on ne pourra bien comprendre qu'après les notions exposées dans les parties précédentes.

I. — Modes (Moyens, Organes) de la Dynamique juridique législative.

a) EDIFICATION EMPIRIQUE DE LA LÉGISLATION. — La Coutume.

Produits de la Vie (Jus Moribus constitutum).

JHERING, *Esp. du Dr. Rom.*, t. Ier, p. 98, dit de la Coutume, qu'elle est la production inconsciente et *somnambulique* du Droit. C'est le Droit intuitif. Elle est ANONYME comme les chants populaires, ingénue, impersonnelle. Elle surgit en *des improvisations*. Elle formule le Verbe du peuple. Elle est l'expression du GÉNIE NATIONAL, le débouché des poussées juridiques élémentaires, agissant « à la dérobée » ; elle est con-

densatrice et évacuatrice de ses aspirations. Elle est
mue par l'âme collective, total des âmes individuelles
se dissolvant, en quelque sorte, dans LA FOULE, à qui
elle sert d'organe émissif, de cheminée d'évacuation ;
elle émane du puissant faisceau des milliers de
volontés instinctives. Elle est la force *transcendentale*
du Droit. C'est l'inconscience devinatoire, c'est le
permanent et puissant Inconscient. Le Droit y plonge
ses racines dans le tuf. Elle est une *révélation*, non
divine mais humaine. Ce sont les mœurs, les tendances populaires, la manifestation extérieure du
sentiment juridique qui est dans tout homme, dans
tout peuple (Psychologie sociale) à l'égal du sentiment
moral, artistique, religieux, linguistique, etc. ; qui
est chez lui à l'état *subjectif*, à l'état *non exprimé*.
Volitat per omnium ora. Chacun collabore au Droit.
Le peuple est à la fois *dépositaire et révélateur* de son
Droit. IL LE SUINTE [1].

A l'origine extrême du Droit, historiquement parlant, avant tout pouvoir législatif organisé, c'est
cette existence subjective du Droit, dans l'esprit
humain, combiné avec *la volonté*, le besoin de lui
donner une réalisation extérieure pratique, qui apparaît comme le premier organe législatif producteur
ou plutôt découvreur du Droit. — Voy. sur ce point
chez les Romains, JHERING, *loc. cit.*, p. 108 et s.

Habitude des Professeurs d'Encyclopédie en ce qui
concerne la Coutume : ils ne la rattachent guère à la

---

1. Lire sur la Coutume, le § 92 du *Droit Pur*. — Remarquer
que la Coutume ne suppose pas nécessairement qu'elle soit en
forme *réalisée*, OBJECTIVE, positive, *mores majorum*. Elle peut
être en forme SUBJECTIVE, simplement *conçue* dans les esprits,
attendant l'occasion de se réaliser pratiquement. Elle est alors
en état de raison. C'est encore actuellement le cas dans certaines parties du Droit international. Quand une telle règle est
exprimée dans des écrits de Jurisconsultes, c'est la *Raison
écrite*.

recherche du Droit, ils l'exposent en elle-même. Ils ne l'examinent pas suffisamment dans ses origines humaines. Ils en font un exposé *descriptif* plutôt que *génétique*[1].

Malentendu relatif à la Coutume : elle n'existe vraiment qu'aussi longtemps qu'elle n'est pas *officiellement* ÉCRITE et proclamée obligatoire ; dès qu'elle a subi cette rédaction, cette consolidation, elle n'a plus d'autre différence avec la *Loi* proprement dite que son origine plus rapprochée de la vie juridique pratique, moins théorique, moins professorale, plus *automatique*.

Si l'on a dit beaucoup de bien des Coutumes, on en a pu dire aussi, non sans raison, beaucoup de mal : un bon et amusant spécimen de ce dernier cas est dans les *Essais de Montaigne*, Livre 1er, *De la Coustume et de ne changer aysément une loi reçeue.*

b) — EDIFICATION DE LA LÉGISLATION PAR UN POUVOIR ORGANIQUE. — La Loi écrite, y compris la Coutume officiellement rédigée : LA RÈGLE DE DROIT.

Produits du Souverain (Jus Principe constitutum).

Par Souverain, il faut entendre ici LE POUVOIR national investi de la mission législative[2].

Avant, après, ou en même temps que la Coutume, les Divers *Organes émetteurs-rédacteurs de* Lois (les Législateurs), tels que l'Humanité les a conçus, orga-

---

1. Voy. ROUSSEL, p. 20 et s. ; NAMUR, p. 15 et s. ; ORBAN, p. 26 et s. — Voy., sur la formation et la pratique des Coutumes *en France,* le Syllabus du Cours d'*Evolution historique du Droit civil français,* par EDMOND PICARD, Deuxième période.

2. Voy. *supra,* p. 30, note 1, les caractères divers que peut prendre la Loi, c'est-à-dire l'œuvre de la puissance législative en activité.

nisés ou subis et dont on peut établir ainsi la série :

La Divinité, — le Souverain absolu, — l'Oligarchie (religieuse ou laïque), l'Aristocratie, la Caste, «l'Elite». Expression moderne : le Pays légal parlementaire. — La Nation, la Masse : le Régime parlementaire avec Suffrage universel, le *Referendum*[1], — a Législation directe par le peuple[2] (qui se réalise indirectement dans les Coutumes, *supra*, p. 121).

Il y a des combinaisons intermédiaires, des interpénétrations, des panachures, des transpositions ou inversions[3], des concomittances[4].

Ainsi, par exemple, la Coutume et un Pouvoir organisé agissent souvent, surtout aux périodes de début des législations, l'une à côté de l'autre, en se complétant[5].

La loi transforme, quand elle est bien comprise, le sentiment *naïf* de la Coutume, en sentiment *réfléchi*, en RÈGLE DE DROIT, suivant une expression usitée mais approximatixe. Sinon, elle n'est qu'une parade, un vain bavardage. « Assumer » le plus possible de l'Humanité de la Nation pour laquelle on légifère est

1. EMILE DE LAVELEYE, *Le Referendum.*

2. RITTINGHAUSEN, *La Législation directe par le peuple et ses adversaires.*

3. Remarquer que ces modalités d'organismes « confectionneurs de lois » ne sont pas la source *primaire* du Droit, laquelle est dans la nature humaine considérée en rapport avec ses nécessités et ses utilités en tant que celles-ci réclament le secours de la Contrainte sociale. Ces instruments législatifs ne sont que *secondaires* dans les origines du Droit. — Voy. *infra*, VIII° Partie.

4. Que valent, chacun considéré en soi, ces divers organismes légiférants? Ont-ils une vertu productive classable comme efficacité? Ce qu'on en peut dire de moins incertain, c'est qu'ils se produisent avec une puissance en quelque sorte impérieuse, à certaines époques de l'Histoire, dans des collectivités humaines.

5. La Loi Salique (produit du Pouvoir), était enveloppée d'un immense réseau coutumier. Le Droit international puise ses Règles dans les Traités, les *Coutumes* et la Raison, *supra*, p. 83.

la bonne formule pour la législation. Saisir les Coutumes en y faisant les retouches utiles au fond et dans la forme.

Les traités d'Encyclopédie procèdent ici pour LA LOI comme plus haut pour LA COUTUME ; ils entrent dans des détails concrets sur sa confection, sa sanction, sa promulgation, son exécution par l'autorité publique, sa mise en pratique par les particuliers, son application par les tribunaux, son abrogation, son interprétation [1]. Ces matières rentrent, en réalité, dans le Droit public.

c) — PRÉPARATION THÉORIQUE DE LA LÉGISLATION.

Produits de l'Etude, de « la Science » (Jus Prudentibus constitutum).

Les Jurisconsultes : Théoriciens, Penseurs, Philosophes, les *Prudentes. Conditores juris*, a-t-on dit en exagérant leur mission.

Souvent ils ont obéi à des élucubrations métaphysiques.

Actuellement ceux, dignes de leur nom, s'aident de toutes les sciences sociales pour découvrir le meilleur Droit suivant chaque époque : l'Ethnographie, la Géographie, l'Economie politique ou plutôt sociale, l'Hygiène, la Statistique, etc.

Eux aussi doivent surtout considérer les desiderata révélés par les mœurs, par la Coutume naissante, par la Nature intersociale et individuelle de l'Homme ; ils ont pour vraie mission de les dégager et de les systématiser, parfois de les « purger » [2].

1. Voy. ROUSSEL, p. 128 et s. ; NAMUR, p. 22 et s. ; ORBAN, p. 61 et s., spécialement sur l'interprétation, p. 181 et s.

2. A l'heure actuelle, le rôle des *Prudentes* et des *Interprétatores* peut être opportun surtout dans le Droit international

Danger et habitude de l'*Automorphisme* (les idées personnelles traduites en législation) dans la confection des Lois et l'élaboration du Droit, soit par les législateurs, soit par les juges, soit par les théoriciens se localisant dans leur effort individuel. « L'œuvre malsaine du juriste de cabinet. » (Jhering.)

d) — Edification de la Législation par la Doctrine et la Jurisprudence.

(*Jus Interpretatoribus constitutum.*)

La Doctrine (dans une de ses applications, celle qui n'est pas *préparatoire* de la Loi) met en clarté, surtout *à un point de vue général*, la législation positive *existante*.

La Jurisprudence met en clarté cette législation positive, *à l'occasion d'un conflit juridique particulier* (procès).

Action modificative *inconsciente* de la Doctrine et de la Jurisprudence sur la Loi positive par l'Interprétation. Elles obéissent aux transformations résultant des mœurs de leur temps et de l'évolution : elles font « *la guerre tranquille* » (et polie) *des juristes contre la Loi* », qu'ils croient mieux comprendre (car s'ils changeaient *consciemment* la loi, ils usurperaient les fonctions législatives). La Loi qui peut être appropriée au moment où on la fait, cesse bientôt de l'être par suite de l'évolution sociale [1]. — La Jurisprudence et la Doctrine sont donc (en fait) parfois

public où manque jusqu'ici un Organisme législatif supernational et où les Règles ayant caractère de règles de Droit ont, en grande partie, pour origine législative la raison, l'humanité, la justice, le bon sens, la nécessité, l'utilité dans les rapports internationaux, qui en font des Lois, c'est-à-dire du Droit, avant toute consécration par un accord exprès des nations, avant tout texte rédigé et admis. — Comp. *supra*, p. 83.

1. Curieux passage dans Gustave Le Bon, *Les Opinions et les Croyances*, p. 156.

PRODUCTIVES de Loi, ne fût-ce que d'une façon infinitésimale. Elles ne sont pas uniquement *réceptives*. — *Supra*, p. 89, note 1 [1].

e) — EDIFICATION SPONTANÉE PAR LA NATION.

(*Jus Voce populi constitutum.*)

Il arrive qu'une collectivité humaine établisse spontanément une législation pour régler ses rapports intersociaux. Cela s'est présenté à différentes reprises dans l'Histoire. Tantôt cela a lieu pacifiquement et tantôt par forme dite révolutionnaire. Dans ce dernier cas, c'est l'exercice de l'Insurrection, laquelle n'est pas un droit, quand elle va contre le Droit établi, mais bien une prérogative *morale*, un Devoir, d'où peut naître du droit quand on réussit à triompher. Ce phénomène débute d'ordinaire par l'établissement d'un Gouvernement provisoire et d'une législation sommaire et transitoire que l'on remplace à bref délai par des formations définitives.

Si, dans le cas où une Insurrection agit contre le Droit établi, elle n'est pas un Droit, il en serait autrement quand elle agit pour le maintien de ce droit contre ce qu'on nomme un coup d'Etat ; si, par exemple, en Belgique, il y avait violation de l'article 130 de la Constitution qui dispose que la Constitution ne peut être suspendue en tout ou en partie. En effet, le mouvement insurrectionnel agit alors en vertu du principe qui dit que tout droit existant peut réclamer

1. Lors de la période coutumière, les juges ont, vraisemblablement, beaucoup contribué, par leurs décisions, à la formation des coutumes. — Sur cette curieuse face du phénomène, cons. MAINZ, *Cours de Droit Romain*, quatrième édition, t. Ier, n°s 122 et s., où il examine l'action législative du PRÉTEUR. — Voy. aussi le Réquisitoire en Cassation de FAIDER, *Pasicrisie*, 1881, I, p. 241. — Exemple des transformations de la Loi par la Jurisprudence : la Puissance paternelle; les Donations déguisées en contrats onéreux, etc.

la protection-contrainte. — Comp. note 2, p. 138. — Exemple curieux en Belgique : la Nation acceptant, ratifiant tacitement les Lois décrétées par le Gouvernement du Havre, pendant la Guerre, et, depuis l'Armistice, celles votées par des Chambres Législatives constituées sans observation des Règles du Droit Public national.

f) — EDIFICATION PAR LA FORCE.

(*Jus Vi constitutum.*)

Rôle de la Force aux origines lointaines du Droit; lire dans le *Droit Pur* § 162, un pittoresque passage d'Elie Reclus.

Les formules : La Force c'est le Droit, — La Force prime le Droit ; — et par contre : La Force ne peut créer le Droit.

Dégageons ce qu'il s'y trouve de vrai et de faux.

Caractère odieux de l'emploi de **La Force**, quand elle n'a d'autre raison qu'elle-même[1].

Nous avons vu combien elle est pourtant essentielle et salutaire en tant que *contrainte* assurant le respect du Droit. — *Supra*, Première Partie.

De plus, les Législations positives utilisent, autorisent, organisent l'emploi de la Force pour faire naître certains droits particuliers : tels la chasse qui produit la propriété immédiate du gibier abattu dans le chef du chasseur; — la confiscation pénale ou politique; — tous les cas de saisie suivie de vente forcée, les prises de corps, les exécutions pénales.

De même encore, les Législations positives organisent des droits au profit même de l'auteur d'un acte de violence : les droits de défense des délin-

---

1. Le gaulois Brennus jetant son épée sur le plateau de la balance.

quants et des auteurs de voie de fait, du détenteur violent bénéficiant de l'action en réintégrande quand il est violenté lui-même, etc.

De même encore le droit des belligérants au Butin de guerre sur les armes, équipements, engins, munitions, approvisionnements militaires de l'ennemi : *la Praedia.*

Mais dans ces cas il s'agit de la Force dans un Droit positif *déjà législativement établi,* tandis qu'il s'agit ici de l'emploi de la Force *pour établir une règle législative* et imposer un *Droit positif* déterminé par un législateur qui n'a pour titre actuel que la disposition de cette Force.

Or, il est des circonstances sociales telles que tout autre titre que la détention de la Force manque pour établir la Règle (la Loi), — dût celle-ci être critiquable en son contenu au point de vue du Juste (ce qui peut arriver aussi dans tout autre procédé législatif, fût-ce le plus normal).

En effet, une collectivité humaine ne peut subsister sans la Discipline qui résulte de la mise en pratique d'un Droit organisé; le Droit est une nécessité primordiale[1].

1. Outre tout ce que j'ai déjà dit *supra* à ce sujet, voici un passage de Schopenhauer, qui fait un tableau saisissant de la situation d'une collectivité humaine qui serait sans Droit : « L'Etat, ce chef-d'œuvre de l'égoïsme intelligent et raisonné, ce total de tous les égoïsmes individuels, a remis les droits de chacun aux mains d'un pouvoir infiniment supérieur au pouvoir de l'individu, et qui le force à respecter le droit des autres. C'est ainsi que sont rejetés dans l'ombre l'égoïsme démesuré de presque tous, la méchanceté de beaucoup, la férocité de quelques-uns : *la contrainte les tient enchaînés,* il en résulte une apparence trompeuse. Mais que le pouvoir protecteur de l'Etat se trouve, comme il arrive parfois, éludé ou paralysé, on voit éclater au grand jour les appétits insatiables, la sordide avarice, la fausseté secrète, la méchanceté, la perfidie des hommes, et alors nous reculons, nous jetons les hauts cris, comme si nous nous heurtions à un monstre encore inconnu; pourtant, *sans*

Il est des cas (notamment dans les guerres civiles ou étrangères, dans les révolutions ou invasions) où le Pouvoir Législatif d'une nation est mis hors d'usage. Qui, alors, est efficacement en état de maintenir l'ordre, d'imposer l'observation des Lois existantes, ou de faire et d'imposer les lois nouvelles crues indispensables? CELUI QUI DISPOSE DE LA FORCE, indépendamment de tout autre titre, celui qui a L'AUTORITÉ DE FAIT.

C'est le cas des Gouvernements provisoires après Insurrection triomphante, de l'état de Siège, de la Dictature, de l'Occupation militaire (*occupatio bellica*) . (*le Maître de l'heure*). Dans l'anarchie, même un tyran peut paraître un sauveur.

Telle est la justification du Droit de la Guerre, notamment de sa partie dite : **Droit martial** applicable en cas de nécessité immédiate ou en cas de nécessité d'action exceptionnellement rigoureuse, considérés tels par les chefs pour la sauvegarde des armées ou de l'ordre social dans les territoires occupés. — Voy. *supra*, p. 83, note 2.

---

la contrainte des lois, sans le besoin qu'on a de l'honneur et de la considération, toutes ces passions triompheraient chaque jour. Il faut lire les causes célèbres, l'histoire des temps d'anarchie pour savoir ce qu'il y a au fond de l'homme, ce que vaut sa moralité! Ces milliers d'êtres qui sont là sous nos yeux, s'obligeant mutuellement à respecter la paix, au fond ce sont autant de tigres et de loups, qu'une forte muselière empêche seule de mordre. Supposez LA FORCE PUBLIQUE supprimée, la muselière enlevée, vous reculeriez d'effroi devant le spectacle qui s'offrirait à vos yeux, et que chacun imagine aisément; n'est-ce pas avouer combien vous faites peu de fond sur la religion, la conscience, la morale naturelle, quel qu'en soit le fondement? » — SCHOPENHAUER, *Die beiden Grundprobleme der Ethic*, deuxième édition, 1860, p. 194. — Est-ce exagéré? — En d'autres termes, le Droit serait inutile s'il n'y avait pas dans les hommes un ferment naturel malfaisant, qui les entraîne à se léser l'un l'autre.

Cela est, a été et est encore admis par des applications immémoriales; et, en cas de guerre avec l'étranger, par le Droit International, le plus primitif, comme le plus avancé.

Il peut y avoir des abus, évidemment. Il faudrait que l'on pût toujours reconnaître le point où doit s'arrêter l'exigence de la Force. Mais cela vaut mieux que l'anarchie, c'est-à-dire l'absence de tout Droit et de l'arbitraire sans merci, le chaos. Quand l'abus apparaît trop violent, il y a, pour le Peuple, l'Insurrection, pour le Pouvoir Judiciaire et les fonctionnaires qu'on veut faire coopérer à ce qui est une injustice, la démission.

Donc, la Force n'est certes pas l'Origine de *tout Droit*, elle n'est pas, à elle seule, *la mère du Droit*; mais elle produit et a produit du Droit, et même du bon Droit, dans les cas exceptionnels où *nécessité ou utilité fait loi*.

Donc, la Force ne prime pas le Droit, elle est à son service pour l'appliquer, mais aussi *parfois* pour l'établir. Le Droit lui est, dans la généralité des cas, antérieur; il lui est supérieur, comme le maître au serviteur, comme l'ouvrier à son instrument, comme le tout à la partie. Mais là, où un organisme législatif fait accidentellement défaut, *c'est celui qui la détient qui fait l'office de législateur. — Ex facto jus oritur* [1].

1. Cette formule fameuse a, dans le Droit, des applications diverses : 1º On a vu, *supra*, p. 96 et s., que le Fait jurigène le *Negotium*, produit les droits isolés dans la vie sociale courante; 2º les coutumes sortent des faits, des mœurs: 3º dans la législation positive ordinaire, les lois ont pour base les situations de fait qu'elles s'appliquent à régler; 4º on vient de voir que le Pouvoir législatif de celui qui détient la Force dérive, en cas d'anarchie. du fait (*ex facto*) de cette anarchie. Tout cela est clair, mais doit être limité au cas envisagé et non aveuglément généralisé.

— *Qui auctoritatum habet facit jus.* — *Salus populi suprema lex* [1].

L'emploi de la Force *par celui qui la détient,* comme titre de création législative, est relatif, limité : en l'excluant absolument on suppose gratuitement que ceux qui admettent ce principe le font *pour tous les cas,* alors qu'ils ne l'admettent qu'exceptionnellement [2].

g) — Edification par Convention, par Traité.

(*Jus Pacto constitutum.*)

C'est, principalement, le cas des Traités internationaux. La doctrine du Contrat social (comp. *infra,* p. 180) suppose l'existence de ce procédé législatif à l'origine de toute société humaine se constituant un Droit. Exagération de ce système.

Mais elle a une place considérable dans le Droit International et elle dérive de règles juridiques spéciales, notamment sur l'étendue de la force obligatoire des Traités : entre autres, quand sont-ils unilatéralement rescindables ?

h) — Droit établi par la Raison naturelle.

(*Jus Ratione naturali constitutum.*)

Enfin, il y a les droits indiqués *supra* p. 87, litt. *d,* composant le Droit Naturel au sens le plus usuel de l'expression, dérivant *ipso facto* de la nature de

1. La formule « La force ne peut créer le Droit » n'est donc, en somme, qu'un cri naïf de généreuse ignorance juridique.

2. Voy. *supra,* p. 37, note. — Edmond Picard, Introduction au t. CX des Pandectes Belges : *La Législation, la Juridiction, la Contrainte dans le Droit de la Guerre.* — A consulter : Hier et demain, Pensées brèves, par Gustave Le Bon, p. 196 et s., le chapitre intitulé *Le Droit et la Force,* où l'on trouve une énumération très subjective de 32 maximes.

l'Homme (les Institutes Justiniennes y ajoutent les animaux), si évidents que les législations positives ne croient pas utile, la plupart du temps, de les énoncer expressément ; *droits muets*, admis implicitement, faisant, en cet état, partie néanmoins du bloc, du Corpus, de la Législation positive et comme tels devant être respectés, notamment par les Tribunaux. Exemple d'application fréquente : les règles et conditions du droit de défense.

RAPPORT ENTRE LES HUIT ORGANES CI-DESSUS.

Observations générales.

La Loi écrite peut être la forme sinon la meilleure, du moins la plus nette d'une prescription de Droit.

Elle a cet avantage d'être (pour un temps) fixe et solide, alors que la Coutume laisse le Droit à l'état cartilagineux.

La meilleure Législation est dans le produit des organes ci-dessus opportunément combinés ou appliqués, tendant à *corporifier le vouloir* juridique intime d'un groupe d'hommes en société, à en être « les Greffiers » plutôt que les créateurs à la mode de Lycurgue ou de Solon ou de Platon. — Comp. JHERING, *Esp. Dr. Rom.*, t. II, p. 28 et s.

II. — Le Combat pour le Droit. (Plus exactement : la Lutte pour la Législation.)

JHERING a imaginé ce beau titre, et l'a développé dans un opuscule célèbre[1]. Le Glaive (Combat) est

------

1. LE COMBAT POUR LE DROIT, par le docteur RODOLPHE D'JHE-RING, conseiller aulique et intime, ci-devant professeur de Droit à l'Université de Vienne, — traduit de l'allemand par FRANÇOIS

un des attributs symboliques de la Justice au sens vulgaire. Minerve est armée de la lance.

Une fois qu'il croit avoir découvert une Règle de Droit *intellectuellement*, l'homme veut la mettre en pratique *réellement* : le Subjectif tend à devenir Objectif.

Si la découverte du Droit exige DES EFFORTS spirituels, sa réalisation et son maintien exigent presque toujours DES LUTTES, matérielles ou intellectuelles, contre la Nature ou entre les hommes, fréquemment violentes, voire sanglantes. Cela semble une Loi cosmique.

Le Combat pour le Droit et la Paix du Droit sont constamment à l'état alternant chez les Peuples, soit en ce qui concerne des institutions particulières, soit en ce qui concerne quelque ensemble, soit en ce qui concerne des droits isolés. Seulement ce phénomène n'a pas toujours la même visibilité et la même intensité. Cela dépend des époques. Quand il y a repos (Stase), ce n'est qu'une *Trève*. Le Droit est à l'état de *Révision* constante ; il y a toujours un EN-CAS du Droit, une matière juridique *diffuse*, prête à entrer en action, contenue dans le grand réservoir des Sociétés humaines ; on peut même dire : « de la mécanique supérieure de l'Univers », comme si toutes les formes présentes des choses et des êtres, notamment les juridiques, étaient déjà en puissance dans la nébuleuse primitive.

C'est un facteur qui, comme les luttes dans l'Industrie, le Commerce, l'Art, la Science, la Morale,

MEYDIEU, licencié en Droit, employé de l'Etat à l'ambassade de France à Vienne. VIENNE, chez Manz. Paris, Durand et Pedone Lauriel, 1885. — Traduit aussi sous le titre : LA LUTTE POUR LE DROIT, par O. DE MEULENAERE, conseiller à la Cour d'appel de Gand. Paris, MARESCQ, 1890, *avec une très intéressante notice biographique sur Jhering et ses œuvres.*

la Religion, le Langage, agit sans interruption. — *Struggle for Right* : LE DROIT PUR, n° 123.

Et ce travail morphologique ininterrompu, en avant ou en arrière, progrès ou réaction, n'est pas seulement celui de la puissance gouvernementale collective, mais aussi de chaque individu. Le Droit positif périt par défaut d'identification avec son temps.

Les plus énergiques de ces combattants sont ceux qui se croient le plus privés de leurs droits (dits Révolutionnaires, néophiles), — les moins énergiques, ceux qui, les ayant obtenus, voudraient le maintien de l'état des choses (dits Conservateurs, néophobes, mysonéistes, idolâtres du Droit existant, souvent rouillé, moisi, putréfié). — C'est la tête de Janus. — Ce sont DES ANTAGONISMES JURIDIQUES.

Exemples contemporains saisissants : la lutte des Ouvriers contre les Bourgeois [1].

En considérant le Passé de l'Histoire, presque tout fut *Lutte* pour des droits [2]. Le Droit a débuté partout par un *Age de Fer* : tâtonnements, essais, hésitations, querelles sans nombre, avant d'arriver à des idées avec formes précises, — et encore celles-ci, même quand elles sont acceptées, ne sont pas indiscutables. La vie des peuples *arrache* le Droit en l'imposant à la législation et à la jurisprudence. *Pro Jure vita prœlium*. Elle veut précipiter incessamment ce qu'elle croit l'injustice dans le gouffre où dispa-

---

1. On peut dire aussi qu'il y a toujours dans le Droit positif une partie *inflammable*, explosive.

2. Voy. la belle et tragique prosopopée d'ALFRED DE MUSSET, aux premières pages de *La Confession d'un Enfant du siècle* ! « O Peuples futurs, etc. » — JHERING, *Esp. Dr. Rom.*, t. Ier, p. 104, dit : « Pour établir que l'homme est un être libre, qu'il *a droit* à la Liberté, il a fallu plus d'efforts que pour établir que la terre tourne autour du soleil. » — Sous une autre face, MAINE dit « que les progrès de la race humaine consistent en grande partie à découvrir des remèdes contre la violence ».

raissent les faussetés publiques et particulières, — parfois elle y fait tomber des vérités.

Il y a combat pour le Droit, soit qu'on attaque celui des autres (INVASION dans le Droit d'autrui), soit qu'on défende ou qu'on veuille conquérir le sien. C'est, selon les cas, la guerre sainte ou la guerre impie[1]. — C'est une série de luttes juridiques plus ou moins tragiques.

Guerres de nation à nation pour cet objet. (Ex. : luttes mémorables pour l'indépendance, — ou, inversement, pour des conquêtes.)

Ou guerres civiles, généralement de classe à classe (Ex. : luttes mémorables à Rome entre la Plèbe et le Patriciat), — pour la liberté de conscience contre l'intolérance religieuse, — pour l'abolition ou le maintien de l'esclavage ou du servage, — pour des questions d'impôts, — pour la conquête des droits politiques, notamment pour le Suffrage Universel. Dans ces luttes les hommes d'une même classe *s'unissent* : phénomène de SYNGÉNISME, de Synergie juridique. — GUMPLOWICZ, p. 238 et s.

Le PROCÈS JUDICIAIRE n'est qu'une manifestation isolée, restreinte, de ce phénomène combatif : le soldat y est remplacé par l'avocat (*Advocatus miles*). — Comp. *supra*, p. 108 et s.

1. HENRI DROUHIN DE LA FLÉCHIÈRE, « Enfantement du Droit par la Guerre ». *Revue de Droit international et de Législation comparée*, t. Ier, p. 473, t. XII. p. 60, et 206. — Quand la guerre se fait vraiment pour la conquête ou la défense du Droit *juste* méconnu, elle est légitime et mérite, mais alors seulement, les éloges que lui ont donnés Proudhon et de Moltke dans les passages rappelés par BENOIT MALON, *Socialisme intégral*, p. 388, note 2. — Voy. aussi MARY EMERSON, dans *Le Droit Pur*, n° 184. — Mais comment savoir si c'est le Juste ? — Voy. *infra*, IXe Partie.

Analyse détaillée (avec exemples) au point de vue du procès civil et du procès pénal.

Voy. comment Jhering grandit cette lutte privée, *loc. cit.*, p. 12 et s.

Par ACTION RÉFLEXE, le droit particulier défendu dans un procès réagit sur la situation juridique tout entière. Même les tentatives avortées peuvent être des avancements. L'individu sert la Collectivité et soi-même. En général, l'homme doit lutter pour son droit, même quand l'intérêt est insignifiant ; — il lui faut le sentiment, instinctif ou conscient, qu'il combat alors pour le Droit en général, Poésie de ce sentiment (JHERING, *Le Combat pour le Droit*, p. 24. — Anecdote symbolique de l'Anglais séjournant deux ans à Vienne pour se faire rendre justice d'une livre sterling contre son hôtelier [1].

Le Combat pour le Droit, fait en dehors des procès, ne revêt pas toujours le caractère de la guerre *armée*.

Il se réalise aussi par la lutte des *partis* usant d'armes pacifiques : la propagande, la polémique (livres, journaux, discours), les luttes électorales, etc.).

[1]. JHERING profère humoristiquement à ce sujet cette boutade (*Combat pour le Droit*, trad. DE MEULENAERE, p. 133) :

« A celui qui ne sent pas, lorsque son droit est insolemment méconnu et foulé aux pieds, qu'il ne s'agit pas seulement de l'objet de son droit, mais de sa propre personne ; à celui qui, en pareille situation, n'éprouve point l'irrésistible besoin de défendre sa personne et son bon droit, il n'y a nulle aide à donner et je n'éprouve aucun intérêt à le convertir. C'est un type dont il faut simplement constater l'existence, en fait, *le Philistin du Droit*, comme on pourrait le nommer. Egoïsme et matérialisme incarnés sont les traits qui le caractérisent. Il ne serait pas le Sancho Pança du Droit s'il ne voyait un Don Quichotte dans tout homme qui poursuit, dans la défense de son droit, d'autres intérêts que ceux de sa caisse. Pour lui, je n'ai pas d'autres paroles que les mots de KANT : « Celui qui rampe ne doit pas se plaindre d'être foulé aux pieds ».

Selon les cas, on réclame le Droit « chapeau à la main, ou sabre à la main ». — Ces réclamations, pacifiques, ou processives, ou guerrières, sont des « rappels à l'ordre » juridiques.

———

Théorie de la Légalité : il faut, dit-on, *toujours* la respecter, même quand le sentiment du Juste proteste[1]. En principe, c'est vrai et vaut mieux qu'une désobéissance anarchique : le sentiment de la légalité est *la Droiture juridique.*

Théorie moins absolue[2] : *le droit à l'Insurrection,* la crise révolutionnaire *quand tous les moyens légaux sont impuissants,* quand on est dans une impasse *vim vi repellere licet ;* l'Histoire montre que les peuples y ont fréquemment recouru. On pourrait l'appeler alors : les catastrophes du Droit, l'ouragan juridique. C'est quand le Droit pratiqué, au lieu de maintenir la Paix, pousse, à tort ou à raison, aux bouleversements, — *les véritables perturbateurs sont ceux qui veulent le maintien d'un Droit positif qu'on n'accepte plus*[3].

Malentendus et reproches mutuels constants à ce sujet. Il faut parfois savoir déranger le jeu des injustices revêtues du travestissement de la Légalité,

1. Voy. Le Phédon de Platon, cité dans *Mon Oncle le Jurisconsulte* (Scènes de la vie judiciaire, par Edmond Picard, édit. Lacomblez, p. 298).

2. Vanderkindere, L., *Le siècle des Artevelde,* reprod. *J. des Trib.,* 1894, p. 81. — Giron, *Droit administratif,* reprod. *J. des Trib.,* 1894, p. 1399. — La Déclaration des Droits de l'Homme et du Citoyen range « la Résistance à l'oppression » (droit à l'Insurrection) parmi les quatre droits primordiaux de son article II ; les trois autres sont la Liberté, la Propriété, la Sûreté ». — Comp. *supra,* p. 87. — La Déclaration des Droits de l'Homme est, sur ce point, à la fois exacte et inexacte, selon les deux nuances établies aux pages 127 et s.

3. Edmond Picard, *Comment on devient socialiste,* p. 130 : Les Perturbateurs de l'Ordre Social.

savoir sortir du Droit cru injuste, pour rentrer dans le Droit cru « juste »; violer la Légalité impuissante, pour consacrer la Justice. C'est la révolte des forces juridiques contre les rapports juridiques incongrus, contre lesquels la Législation existante n'offre aucun recours. Ce que l'homme croit injuste est ce qu'il supporte avec le moins de patience ; cela lui est plus sensible que la souffrance et la misère [1].

Ce phénomène juridique du combat pour le Droit, l'un des plus intenses et des plus vastes [2], a une influence énorme sur la vie sociale. — Un Droit triomphe d'un autre Droit. C'est une substitution, un *remplacement* perpétuel, comme celui des molécules plastiques dans un corps organique vivant, tantôt par des éléments sains, tantôt par des éléments morbides (parfois se combattant, se dévorant comme font les microbes du sang).

C'est le côté le plus tragique, le plus remuant de la vie juridique.

Exemple célèbre : la Révolution française fut une lutte prolongée pour l'obtention de la gigantesque législation de Droit Public produite depuis 1789 jusqu'à l'Empire Napoléonien (1804). Elle fut un *cataclysme* juridique. Vue mesquine de ceux qui l'étudient

1. Habituellement la Légalité est soutenue, dans les sociétés, par *un formidable appareil* dont il faut rompre les résistances quand il s'agit de modifier, par la force, la Législation existante. Quelques-unes des plus odieuses iniquités de l'Histoire ont été commises au nom du Droit et par des magistratures. — Voy., *comme exemple typique* de pareille tyrannie, ce que fut et ce que fit en France la Chambre. Ardente de Valence au XVIIIᵉ siècle, FUNCK-BRENTANO, *Mandrin*, p. 266 et s., description la plus récente de cet épisode historique (1911), Paris, chez Hachette.

2. Quand il s'exaspère, on pourrait l'appeler : *la Fureur génésique* du Droit.

surtout dans les personnes et les faits anecdotiques pittoresques.

Quand on se place au point de vue d'un Droit cru juste, mener ce combat pour la conquête et la défense du Droit, qu'on soit homme public ou homme privé, constitue LE DEVOIR JURIDIQUE [1]. — Il faut se colleter avec l'injustice. Il faut promouvoir le Droit. Il faut constamment *s'efforcer* vers le Droit. Mais que de fois on fut injuste ou maladroit en croyant être juste et avisé !

---

1. C'est la condamnation de l'attitude de l'homme restant simple *spectateur* de l'agitation juridique, ce qu'on a nommé « la politique de fauteuil d'orchestre ».

SEPTIÈME PARTIE

ÉVOLUTION DU DROIT [1]
FACTEURS TRANSFORMATEURS
DE LA LÉGISLATION

Précision et Complément des §§ CXXXV à CLVII du Droit Pur.

---

*Genèse, — Métamorphoses, — Palyngénésie, — Déploie-
ment historique, — Cursus, — Parturition, — Devenir du Droit, — Cinématique, — Création juri-*

---

1. G. Tarde, *Les Transformations du Droit*, Paris, Félix
Alcan, 1893. Etude extrêmement intéressante. — Dr Letour-
neau, *L'Evolution juridique dans les diverses races humaines*,
1892. — Rodolphe Dareste, *Etudes d'histoire du Droit*, Paris,
Larose et Forcel, 1889. — César De Paepe, *La Théorie de l'His-
toire*, reproduite dans l'*Avenir social*, janvier 1807, p. 3 et s.
Bruxelles, impr. de la Presse socialiste. — Jhering, *Histoire du
Développement du Droit Romain*. Paris, A. Marescq aîné, 1900.
Voy. l'introduction, intitulée : *Du But et de la Méthode de l'His-
toire du Droit*. Trad. par de Meulenaere. — Le même, *Zweck im
Recht, L'Evolution du Droit*. Cités *supra*, p. 11. — Comp. aussi
Cruet, J., *La Vie du Droit et l'Impuissance des Lois*. Paris,
Flammarion, 1908. — Enfin et *surtout* au point de vue général
de la génération des pensées et des actions humaines lire Gus-
tave Le Bon, *Les Opinions et les Croyances, Genèse, Evolution*,
Paris, 1911, Flammarion, Bibliothèque de Philosophie scientifique.

dique continue, — *Mise au point,* — *Transformisme.*
— JURIFICATION [1].

Le Droit, comme toute la Nature physique et intellectuelle, se mue, s'écoule incessamment. La Nature est à l'état de transformisme spontané constant. Le Droit est protéique, essentiellement muable. C'est *un flux ininterrompu,* un bouillonnement de phénomènes. C'est le *Processus* juridique. Les Droits meurent, le Droit ne meurt pas. *Jus mutatur, non tollitur.* — *Stat Jus dum volvitur orbis.* — C'est une force tumultuaire indestructible [2]. Le Droit existe et VA de soi-même avec une obstination inexorable. C'est une FORCE ÉLÉMENTAIRE. C'est une nécessité inhérente à la réalité. Et, au point de vue de l'activité humaine, c'est UNE ŒUVRE COLLECTIVE.

Les *apparitions* successives du Droit dans l'Histoire. *Les Stades* du Droit correspondant aux grands changements de civilisation. — C'est l'extériorisation de L'ENERGIE COSMIQUE du Droit. — Dans cette évolution,

1. Comme la plupart du temps, les désignations linguistiques abondent éparses dans les écrits, chac n exp.iman. une vision de l'auteur : de leur ensemble résulte une lumière formée de ces rayons divers; c'est à cette fin que e les réunis.

2. L'aspect le plus évident de l'univers est *le devenir,* le *Perpetuum mobile.* automatique, le constant changement. La surrection puis la chute à l'ABÎME. Les doutes et les controverses naissent quand il s'agit de savoir si les divers moments de ces changements sont une série organique progressive, ou régressive, ou mixte — ou s'ils sont simplement kaléidoscopiques (comme dans le rêve). — Théorie des déviations et des rebroussements. — Théorie des périodes alternatives d'intégration et de dissociation. — Voy. G. DE GREEF, professeur à l'Université Nouvelle de Bruxelles. *Le Transformisme social,* Paris, Alcan, 1895, p. 503 et s. ; *Régressions juridiques apparentes* — GUMPLOWICZ, *La Lutte des Races.* Paris, Guillaumin, 1893, p. 155 et s., spécialement, p. 102, et plus spécialement encore, p. 345 et s. — GUSTAVE LE BON, *Psychologie des Foules,* chap. IV. — LÉON HENNEBICQ, *L'Histoire et les Lois,* Journal des Tribunaux, 1896, p. 1073 et s. — JHERING, *Esp. Dr. Rom.,* t. Ier, p. 63 et 70.

il y a des affaiblissements, des lassitudes. Haltes nombreuses, paliers. Parfois atonie, accalmies, parfois aussi brusquerie, catastrophe (révolution), mais jamais de mort, toujours un enchaînement par des degrés intermédiaires [1]. — Loi de la CONTINUITÉ HISTORIQUE [2]. Le Droit est toujours provisoire.

Donc, fausse idée de la fixité, de la stabilité du Droit, soit pour certaines époques, soit pour un avenir idéal (Droit naturel, suivant certaine routine, voy. *supra*, p. 86). Tout n'est qu'épisodes.

L'histoire du Droit exige une mesure, une chronométrie, parfois plus étendue que l'histoire politique. Exemple : Le Droit civil privé.

Toutefois, il y a, dans le Droit, une partie *fixe* à côté de la partie *mobile*, de la partie en remous. — Comp. *supra*, p. 2 et s. — L'ESSENCE (immuable) et la FORCE (toujours changeante). *Eadem sed aliter* (Statique et dynamique). Lois foncières qui apparaissent sous l'ondoyant des événements historiques, LES CONSTANTES.

La partie fixe est d'abord dans la structure du Droit

1. Le Droit a une étonnante puissance de *renouvellement* et se prête, en bien et en mal, en réussites et en imperfections, à toutes les métamorphoses de la vie sociale. Il est doué d'une éternelle jeunesse luttant contre une éternelle décrépitude. Il subit *une mise au point* constante. Il est éternel et contingent. C'est un chapelet de néoformations ou plutôt UN SEUL FAIT, une seule ligne se déroulant, un seul arbre poussant. On peut aussi comparer son évolution aux ondes concentriques à la surface des eaux après une chute d'objet, ou aux ondes concentriques du son dans l'atmosphère, alors qu'elles se prolongent avec des soubresauts quand les premières sont déjà éteintes.

2. Darwin nomme ce phénomène *Transformisme*, Bossuet *Loi du Changement*, Héraclite *Loi du Mobile*, Schopenhauer *le Vouloir du Monde*, Gœthe *l'Esprit de la Terre*. C'est un fragment du Devenir universel conscient ou inconscient s'accomplissant en « Devenu » constamment apparaissant et s'évanouissant, fût-ce dans la plus minime parcelle du temps, en une seconde, en un millionième de seconde !

et des droits, ensuite dans les grands instincts (le Génie) juridiques caractéristiques de chaque race humaine. En cela on peut dire que le Droit est affranchi du temps; qu'il est UN TOTAL permanent, roc invariable que les flots battent en vain.

La partie mobile consiste dans les variations des institutions juridiques positives. Le Droit fugitif.

Comparaison : le courant profond d'un fleuve et les vaguelettes à la surface ; la cascade, aux mêmes ondulations, d'une eau qui est toujours autre.

Le Droit est donc permanent dans ses principes (identité de l'essence c'est sa partie encyclopédique), divers dans ses successifs apports.

Mais le Droit évolue-t-il toujours dans le sens du PROGRÈS ? *Sa ligne de développement* est-elle une constante ascension? La Nature y a-t-elle « le goût du mieux » ?

Question de solution au moins douteuse : la ligne est plutôt ondulante, brisée (*Progressus et Regressus*) que constamment ascendante, — ou, peut-être, cycloïde (périple), — ou parabolique, plongeant au départ et à l'arrivée dans le mystère. — Goethe la représente par UNE SPIRALE, montant en s'élargissant. — Voir un schéma de ces diverses conceptions dans *Le Droit Pur*, n° 138.

ALLURE LA PLUS USUELLE DU MOUVEMENT de transformation du Droit[1] : La Sauvagerie, la Barbarie, la Civilisation. — Exemples : la Communauté de *Famille*; la Communauté de *Village* γενος, *gens*, horde, clan, tribu, trioste); la Communauté de *Nation* (collectivisme moderne)[2].

---

1. Comp. G. DE GREEF, aux passages cités dans la Bibliographie, *supra*, p. 13.

2. Ces trois états de communauté se transforment l'un dans l'autre, avec, comme forme latérale ou intermédiaire, la propriété *individuelle* préparant, peut-être, la Communauté d'Etat,

Les diverses phases intellectuelles du Droit (religieuse, — métaphysique, — positiviste (ou pragmatique).

Le Droit doit évoluer en accord avec l'époque ; il est alors un des éléments de la santé d'une Nation. PLASTICITÉ du Droit.

Différence entre la TRANSFORMATION DU DROIT et L'HISTOIRE DU DROIT.

La Transformation est *synthétique* : elle expose les lois *abstraites du* changement juridique. On pourrait l'appeler la Philosophie de l'Histoire du Droit ; c'est la structure générale, *encyclopédique*, du mouvement juridique *dans le temps*.

L'Histoire est *descriptive* : elle expose les faits dans lesquels la transformation s'est matérialisée selon les époques et les différents peuples. En ceci l'œuvre juridique est *œuvre de vie concrète*.

Pour ne pas saisir cette différence, on introduit d'ordinaire dans les cours d'Encyclopédie des notions plus ou moins étendues sur les histoires concrètes du Droit, par exemple celle du Droit romain ou du Droit germanique [2].

L'Histoire du Droit recherche aussi les formes primitives et la succession des institutions juridiques. — Cons. MAINE, *Etudes sur l'Histoire des Institutions primitives*, chap. VII, p. 255 et suivantes.

Fausse notion de la toute-puissance du Législateur (*Automorphisme* juridique). Les lois doivent être le miroir de la Psychologie d'un peuple : celui-ci est

---

notamment par la concentration capitaliste excessive, soit chez quelques individus, soit dans les sociétés d'industrie ou de finance, les trusts, syndicats, etc.

2. Voy. tout le second volume du livre d'AHRENS, cité *supra*, p. 11.

vraiment à l'état permanent de *révélation* de son DROIT. Il a une intelligence juridique collective. Il est inconsciemment *unanime* dans son effort juridique. SPENCER (né en 1820 † 1903) appelle le Droit : *le produit naturel du caractère d'une nation.* — SPONTANÉITÉ, Fermentation du Droit. — *Plus populo resonant, quam arte canant, jura* [1].

Le Droit ne devient quelque chose de respectable, que lorsque, cessant d'y voir un recueil de règles arbitraires, on y reconnaît le travail souvent douloureux mais fécond de la vie de tout un peuple. Il est une production organique dans l'Histoire (SAVIGNY) [2]. Le Droit n'est pas un produit *libre* de l'homme considéré isolément, il appartient toujours à la Nation entière. Un peuple *forge* son Droit [3].

Analogie remarquable entre la formation évolutive des Droits nationaux et la formation des Langues (SAVIGNY, TARDE). Même fond autochtone, mêmes infiltrations étrangères par des causes variées, même évolution constante ; folie de ceux qui prétendent fixer soit le Droit (Juristes scolastiques), soit la Langue (Académiciens),

Les rapports juridiques sont, au moins pour quelques groupes humains (les Aryens, Américano-Européens), de plus en plus *multiples*.

Entre groupes différents, mais de nature foncière (de race) analogue, ils vont de la diversité à une certaine *unification* (Cosmopolitisme, Internationalisme).

---

1. Cicéron a dit : « C'est de la nature de l'Homme qu'il faut apprendre la nature du Droit. » — Mais « le pays de l'homme » est difficile à découvrir. — Voy. *infra*, l'Hominisme, p. 185 et 243.

2. Voy. dans AGUILÉRA, p. 173 et s., quelques belles pages sur ces conceptions de Savigny. — ID., p. 188 et s., et *infra*, p. 185.

3. L'Homme fait constamment *des choses profondes* sans se douter de leur profondeur.

Perpétuel processus de fusionnement et d'amalgamation d'éléments primitivement hétérogènes (GUMPLOWICZ, *La Lutte des Races*, p. 183) ; mais toujours des nuances nationales subsistent, en maintenant une diversité relative qui est un charme et une harmonie. Folie des unificateurs, des niveleurs, des égalitaires absolus du Droit. (Simplisme... et laideur).

L'Unification s'efforce vers la *Socialisation*, c'est-à-dire vers l'égalité et la fraternité dans la Justice, le Juste, Téléologie du Droit. — Voy. *infra*, Neuvième Partie.

Enfin, le mouvement de transformation *semble*, en général, de plus en plus *accéléré*, pour ensuite se ralentir.

Moteurs, mobiles générateurs, ressorts transformateurs du Droit.

Le Moteur, LE FACTEUR le plus immédiat de l'activité juridique, est la FACULTÉ ORIGINAIRE (*antécédente*) de « faire du Droit », que tout individu humain et toute collectivité humaine a en soi (l'homme est un animal juridique, dit JHERING), et qu'il éprouve *le besoin* d'exercer pour vivre sa vie sociale, comme il éprouve LE BESOIN (la nécessité) du langage, dès qu'il est en société. Tout homme et toute collectivité d'hommes ont en eux « primairement » *un Esprit législatif* [1].

Ce mobile central et *primordial* est influencé secondairement par des facteurs « opérants » variés ; ils lui donnent en quelque sorte, des teintes, et font

---

1. Le besoin de signifier au dehors ses instincts, ses pensées et ses sentiments est naturel à l'homme, a dit RENAN (*Origine du Langage*, p. 90 à 92). C'est le *penchant* de l'homme à s'extérioriser. — Quand l'homme a conscience de cette fin et désire la réaliser, l'Ecole dit *fin subjective* la *fin objective* est la réalisation effectuée.

varier ses allures[1]. Quelques-uns demeurent apparemment cachés[2].

Pour mieux les comprendre, on peut grouper en quatre catégories les principaux de ceux qui sont visibles[3].

A. — *Facteurs agissant dans tout homme individuellement.*

1. — La Race.
2. — L'atavisme.
3. — Le Progénisme.
4. — Le Libre Arbitre.

B. — *Facteurs agissant dans la Collectivité sociale.*

5. — L'Unité sociale.
6. — Le Commercium.
7. — La Densité de la population.
8. — Les Forces sociales autres que le Droit.

C. — *Facteurs communs à l'Individu et à la Collectivité.*

9. — L'Individu et la Collectivité.
10. — L'Imitation, l'Expérience.
11. — Les Idéaux juridiques.
12. — Les grands Hommes de Droit.
13. — La Technique juridique.
14. — La Mésologie morale.

D. — *Facteurs ambiants de l'Individu et de la Collectivité.*

15. — La Mésologie physique.
16. — L'Intrusion étrangère.

1. Ces facteurs, quand l'un ou l'autre est accepté par une école philosophique du Droit comme sa base principale, servent à la qualifier : Ecole individualiste, Ecole utilitaire, etc. — Comp. *infra*, p. 203 et s. — Le faible de la plupart des systèmes est de s'attacher exclusivement à l'un de ces facteurs, en négligeant les autres, au lieu de faire la part de chacun. Dans l'Univers archi-compliqué où nous a jetés le Sort, il n'est rien qui ne soit réglé et régi par plusieurs facteurs.

2. Les hommes ont conscience qu'ils agissent, mais presque toujours ils sont inconscients du moteur qui les fait agir ; girouettes qui tournent au souffle des vents, mais ignorent les vents. — La subconscience juridique.

3. GUSTAVE LE BON, dans *Opinions et Croyances* (*Supra*, p. 141, note 1), parlant des *Mobiles générateurs* des actions humaines (en général), qu'il qualifie des *Logiques* (?) chap. III), les groupe en cinq catégories : logique biologique, logique affective, logique collective, logique mystique, logique rationnelle. Au point de vue des actions humaines juridiques, il me semble que mon groupement est plus pratique.

Ces Facteurs ou Moteurs n'ont pour ainsi dire jamais agi *isolément* : synergie, synchronisme. Le plus souvent ils s'entr'aident, se fusionnent, parfois ils se combattent. Il y a toujours pauvreté à expliquer les phénomènes par un facteur unique.

Ils n'ont pas non plus agi avec une *intensité* égale : coefficients différents.

Ils n'ont pas non plus agi irréprochablement : ils subissent, en effet, les imperfections de la nature « hoministe » imparfaite par essence.

L'ensemble de leur action a produit les Droits nationaux divers.

L'originalité d'une nation s'exprime notamment dans son Droit [1].

I. — La Race (le sang, l'apport racique, le caractère (l'âme) racique), Ethnologie juridique [2].

Concept de l'Unité absolue de l'Humanité : Monogénisme, Humanitarisme.

Son caractère extrêmement douteux : doctrine anémique.

Il est plus vraisemblable que, sous l'action *morphologique* (ou morphogénique) qui règne dans l'Univers et agit avec une prodigieuse lenteur et une immense

1. L'esprit du peuple combiné avec l'esprit de l'époque constitue l'*Esprit du Droit*. Jhering, *Esp. Dr. Rom.*, t. Ier, p. 45. — Il dit, p. 46 : « Comme la plante qui, en apparence, n'absorbe rien du dehors, prend cependant toute sa nourriture dans la terre et dans l'atmosphère, de même tout Droit emprunte imperceptiblement les éléments de sa vie au monde où il a ses racines et à l'atmosphère au milieu de laquelle il grandit. »

2. Dr Gustave Le Bon, *La Sociologie d'après l'Ethnographie*. Paris, Rothschild, 1881, — et surtout *Lois psychologiques de l'Evolution des Peuples*. Paris, Alcan, 1895. — Edmond Picard, *Synthèse de l'Anti Sémitisme*, p. 9 et s. et *passim*, et aussi l'*Aryano-Sémitisme*, chap. Ier à XI. — Léon Hennebicq. *La Race et le Droit*, J. des Trib., 1896, p. 745. — Il est faux de croire que « le Droit n'a pas de Patrie ».

variété (peut-être sans direction systématique), des groupes d'êtres qui évoluèrent pour devenir les humains des temps actuels, ayant des différences foncières physiques, *et surtout* cérébrales, cervicales, apparurent sur la terre en des temps et des lieux et sous des influences variés : Polygénisme [1].

Il en est résulté des ensembles raciques, des groupes ethniques, ayant un fond humain commun, mais essentiellement et, peut-être, *irréductiblement* différents sur quantité de détails physiologiques et de conceptions intellectuelles, notamment sur le Droit. Ils ne s'empruntent pas l'un à l'autre ce qu'ils ont d'essentiel. Ces collectivités sont des flores diverses, dissemblables, qui évoluent sur des types originaux en rapport étroit avec leur nature.

D'où la conclusion que l'UNIFICATION de l'Humanité en un seul tout identique, soit corporel, soit religieux, soit artistique, soit *juridique*, etc., paraît utopique, et, si on réussissait à y contraindre, serait arbitraire, fragile et probablement peu séduisant.

Les grandes races traditionnelles : Les Aryens, les Sémites, les Indous, les Mongòls (ou Touraniens), les Nègres ou Chamites [2]. — LAZARUS, *La Psychologie des Peuples*, bien résumés par C. BOUGLÉ dans *Les Sciences sociales en Allemagne*, p. 18 et suivantes. — Sont-elles irrévocablement *fixées* ?

Une race agit comme un seul homme ; l'individu, en ce sens, est un peuple en petit. Une race n'a, abstractivement, qu'une entéléchie (voy. *supra*, p. 47, la note 1), qu'un agent vital, et n'a qu'un corps. Cette entéléchie est une concentration obscure de toutes les idées d'une race. Il y a aimantation.

1. Lire de beaux développements dans GUMPLOWICZ, *La Lutte des Races* (*passim*).

2. On y ajoute d'ordinaire un certain nombre de groupes beaucoup moins importants : Peaux rouges, Esquimaudiens, etc.

Les races sont caractérisées vulgairement par la couleur de la peau et certains détails de construction physique — mais plus exactement *par leurs natures psychiques*, qui varient sur la généralité des grandes forces sociales : Langue, Religion, Art, Morale, Droit, etc., et surtout par l'ensemble de la civilisation. Les races ont des concepts, des morales, des esthétiques, des croyances différentes. Les caractères psychiques peuvent être aussi *fixes* que les caractères physiques. — Races supérieures, moyennes, inférieures, primitives. Classement hiérarchique. — Le Bon, *Lois psych.*, etc., (*cit.* page 149, note 2).

Pour juger ces graves questions, il faut opérer sur des *séries* et non sur des cas *individuels* ; l'individu est souvent trompeur. Et rien n'est plus fréquent que de combattre une doctrine en lui opposant une exception. Les poissons volants de Herzen.

Spécialement la race aryenne (les Européo-Américains) [1] : *essentiellement éducable, indéfiniment progressive, inépuisablement inventive, irrésistiblement colonisatrice, foncièrement idéaliste.* On en a dit : « Avant-garde de l'Humanité ». Douée puissamment de force *créatrice* ; les autres ont plutôt, dans leur activité psychique, une force de maintien, de stagnation, ou d'imitation, d'emprunt, d'assimilation (Mimétisme).

Cette diversité de races influe invinciblement sur

1. Meilleure expression, semble-t-il, que Indo-Européens qui prête à croire que la race aryenne est originaire de l'Indoustan et y est encore largement représentée, alors que les Aryens qu'on y trouve sont vraisemblablement les trois cent mille Anglais qui y dominent environ trois cent millions d'hommes d'autres races. — Voy. *L'Origine des Aryens*, par Isaac Taylor, traduction de l'anglais par Henry de Varigny. Vigot Frères, Paris, 1895. — Actuellement, la race aryenne comporte environ 900.000.000 d'humains soit la moitié de la population du globe, quand on tient compte des infiltrations dans les autres races. Ne pas oublier l'Australie.

la génération du Droit : le Droit n'est pas comme le feu qui brûle de la même façon chez les Perses et chez les Grecs (Aristote) [1].

Si le Droit est, dans ses extériorisations variées, un instinct ethnique, cet instinct agit-il en nous donnant l'illusion, la duperie de la volonté libre? Au lieu de dire : « je pense juridiquement », ne faudrait-il pas dire : « il pense juridiquement en moi », comme on dit : « il pleut sur la ville » ? — Une nation suinte, sue son Droit, l'émane comme une fleur son parfum. La vie juridique d'une nation est un reflet de sa nature. Le principal de l'essence du Droit est dans les âmes ou, plus exactement, dans la *Biologie humaine*, corps et âmes, avec toutes ses perfections et ses imperfections [2]. Une race manifeste son Droit comme elle grandit. Il n'y a pas de Droit mondial. « L'âme immuable des races tisse elle-même son propre destin » (Gustave Le Bon). — Les Nations sont faites par les événements, les Races sont faites par la Nature. — Voy. Gumplowicz, p. 232, note 1.

Entre les Races, le Droit diffère, tantôt sur de grandes entités, tantôt sur les détails. Il a une *Physionomie* à lui.

Il y a pourtant toujours des ressemblances dérivant de l'action des facteurs autres que la race, du fonds *humain* (hoministe) commun : une seule Espèce l'espèce humaine, comprenant des *races* différentes et, dans les races, des *variétés*.

De même, *la Structure* de certaines opérations

---

1. Sur ce phénomène des *grands courants* qui traversent les races, cons. Gustave Le Bon, *Psychologie des Foules*, spécialement l'introduction et le chapitre III, Paris, Alcan, 1895 ; — Du même, *Les Lois psychologiques de l'Evolution des Peuples*. *Supra*, p. 149, note 2.

2. Il faut, dans le Droit, avoir et chercher le cœur de sa race, l'écouter battre.

juridiques est immuable comme celle des opérations arithmétiques. — Voy. *supra*, les quatre premières parties.

Mouvement caractérisé de toutes les Nations de race aryenne (ou européenne) vers une unification, une synthèse juridique relative. Traités, Congrès, Droit international. — Les *commensaux* du Droit. Même unité aussi dans leur Droit primitif, malgré les distances et les longs intervalles de temps. — Voy. Dareste, *loc. cit.* (p. 141, note 1) p. X et *passim*.

Spécialement pour les matières juridiques nouvelles, non emprisonnées dans les traditions et l'atavisme (par exemple tout ce qui rentre dans les droits intellectuels : les brevets d'invention, le droit d'auteur artistique et littéraire, les marques de fabrique, etc.).

Les Latins, les Germains, les Slaves ne sont que des *variétés* (des sous-âmes) d'une même race, quoiqu'on ait la mauvaise habitude de les qualifier *races* différentes (ainsi dans les fleurs, les variétés obtenues par la culture) ; ce sont moins des variétés naturelles que des variétés *historiquement* formées par les événements, les milieux, les accidents : preuve qui résulte de leur Droit privé très analogue dans ses institutions foncières ; il s'est diversifié en évoluant et présente des nuances qui dérivent de la Psychologie des Nations et qui sont plutôt des manières différentes d'utiliser les mêmes instruments juridiques. — Exemple : Droit *brehon* en Irlande, analogue au Droit *ossète* dans le Caucase (Kovalewski). — En d'autres termes, le Droit, dans une même race, est *faiblement national* ; il est *surtout racique*.

II. — L'Atavisme juridique.

L'Habitude, — le Mal héréditaire, — les Ancêtres, — les Préjugés, — les Croyances, — les Traditions,

— les Survivances, — les Virtualités d'autrefois, — les Mensonges collectifs, — les Superstitions (on dit aussi *le Mysticisme*), *— l'indestructible Passé, — le Legs historique, — la Subconscience, — les Produits résiduaires* [1].

Il ne s'agit pas ici de l'influence de la Race, examinée plus haut, qui concerne le fond juridique propre et invariable du Droit pour chacun des grands groupements humains irréductibles.

Mais de l'apport, de l'acquêt, de l'effort collectif antérieur, de l'alluvion *historique*, des « calculs », des « dépôts lithoformes », des traditions en lesquelles ce fond s'est matérialisé, s'est incrusté, cristallisé dans le passé, et des pratiques juridiques du dehors, acceptées ou subies. L'Accommodance. L'Accumulat. Ce sont, parfois, des richesses juridiques *thésaurisées*, parfois des tares.

Ces traditions, devenues *habitudes*, laissent des traces qui influent avec plus ou moins d'intensité sur les nouvelles manifestations qui se produisent en vertu de la force évolutive du Droit [2]. « Ce ne sont pas les vivants, mais les morts (les Fantômes), qui ouent le rôle prépondérant dans l'existence d'un peuple. » LE BON, *Lois psychologiques. etc.*, p. 175. — *Multa quæ cecidere renascuntur.* — Le Droit est, à ce point de vue, *bi-frons* : les résidus du passé, les puissances de l'avenir. — Voy. ci-après le Progénisme — L'enchaînement de chacun à la pensée des Morts et des Vivants.

1. L'Humanité traîne avec elle un tronçon de son cordon ombilical. Le présent est chargé d'une odeur cadavérique du passé. — Nous avons aux bottes les boues d'autrefois (LE BON).

2. Voy. dans TARDE, *La Logique sociale*, p. 110-112, un ingénieux passage sur la formation du Droit par l'Habitude. Reprod. J. des Trib., 1895, p. 606. — Voy. aussi EDMOND PICARD, *Syllabus du Cours d'Evolution historique du Droit civil français* ; Première période : *Les Composantes originaires.*

Les traditions, tantôt visibles, tantôt agissant sourdement dans le grand réservoir de l'Inconnu, enlèvent à l'évolution du Droit une partie de sa liberté en la rattachant au passé. Nous pensons tous avec un cerveau qui n'est pas complètement libéré (loin de là) de ce qui est déjà arrivé (*res effecta*). On peut dire du Droit qu'il a toujours un large fonds patrimonial et héréditaire, qu'il en est grevé, hypothéqué, chargé. « Nos ancêtres ont mangé des pommes vertes : nous avons encore les dents agacées. »

Cette influence peut être néfaste (conservatisme **exagéré**) ou salutaire (répugnance aux transformations trop brusques).

Les nations européennes subissent un atavisme juridique général très intense (tantôt fâcheux, tantôt favorable), provenant de l'étude assidue et de la pratique séculaire du Droit romain, d'un Droit *mort* (comme on dit : langue morte), et aussi de leur communauté de race avec la Nation romaine qui fit ce Droit en avance sur elles. — Peut-être des atavismes multiples.

Les nations des nouveaux mondes (Etats-Unis, Australie, etc.) en sont plus dégagées (voy. notamment le système hypothécaire australien, loi Torrens) [1], mais pas autant qu'on l'eût pu présumer ou espérer après un tel changement d'habitat.

On le retrouve aussi dans les détails juridiques d'institutions actuelles, dans des formes *résiduaires* (ou résiduelles), dans des déchets, des détritus : par exemple, la clause pénale et l'amende, dernières expressions du Wergeld (comme la circoncision paraît

---

1. TROISFONTAINES, F., avocat près la Cour de Liége, *Les Livres fonciers*, spécialement d'après l'acte Torrens. — Bruxelles, Larcier, 1889 ; *J. des Trib.*, 1889, p. 369 et s.

la dernière expression du sacrifice charnel des nouveau-nés). — Voyez aussi EDMOND PICARD, *L'Instinct de la Répression dans les corps judiciaires, J. des Trib.*, 1892, p. 705 et s. : il est, peut-être, un écho lointain de la loi du talion.

L'atavisme, s'exerce sur le Droit en général et sur des institutions particulières telles que la propriété, les successions, la créance, le droit de famille, etc.

C'est l'atavisme qui donne lieu aux périodes de *résistance* et de *contournement*, — et au PONCIF dans la science juridique. Le présent ne serait plein que de l'avenir (progénisme), si le passé n'y projetait ses restes.

L'atavisme juridique est corrigé, entre autres, par LA SÉLECTION juridique, c'est-à-dire par le rejet successif, la chute, des institutions vieillies (bois mort).

III. — Le Progénisme.

Ce que je nomme Progénisme (mot nouveau) est l'influence, sur les événements présents, de ce qui doit survenir ; futur qui est déjà dans la nature humaine, dans les hommes, mais à l'état non encore réalisé. C'est comme une ombre anticipée et avant-courière de ce qui peut arriver. Des sons ou des germes précurseurs, des pressentiments.

C'est la contre-partie de l'Atavisme. Celui-ci est *régressif*, le Progénisme est *progressif*. — Voy. le développement de cette idée dans *Le Droit Pur*, n° 151 : « Puisque le Droit a en lui les restes de ce qui fut, au même titre il a en lui les germes de ce qui sera. Tels une graine, une semence, un germe. Et si *ces restes* sont des facteurs relatifs de son sort, comment *ces germes* ne le seraient-ils pas également ? Dans le creuset de la vie, où ces deux courants aboutissent, bouillonne une alchimie dans laquelle travaillent simultanément et mystérieusement les uns et les autres. Pour un résultat composite. »

IV. — Le Libre Arbitre humain.

Quelle est la part du Libre Arbitre humain dans la formation évolutive du Droit ?

Certes, elle apparaît tout au plus *relative* quand on considère la diversité et la puissance des facteurs qui influencent cette formation. Mais cela ne semble pas aller jusqu'à pouvoir dire que tout, dans le Droit, est fatalement *préétabli*.

Une part semble laissée à la Liberté, difficile à préciser. Les collectivités humaines *font croyance* à cette liberté et agissent en conséquence. C'est un embarrassant amalgame de fatalité et d'indépendance auquel se rattache notamment la doctrine juridique de la Responsabilité.

Ne sommes-nous, en Droit — (et ailleurs) — que des échos du Génie de la Nature, de la mystérieuse « Intelligence Universelle » ? Cette Intelligence cosmique agit-elle, en nos qualités et nos imperfections, nos méthodes et nos allures de vie, avec leurs tâtonnements, leurs changements évolutifs ou brusques, leurs faux pas et leurs réussites, juridiques et autres ? Ceci est, jusqu'à nouvel ordre, de la métaphysique, c'est-à-dire de l'obscurité.

V. — La Satisfaction des besoins, l'Utilité, l'Intérêt [1]; Égoïsme et Altruisme [2].

Dans l'établissement du Droit et des droits, l'Utilité surtout *la nécessité* (nécessité fait loi) jouent un

---

1. On a généralisé ce facteur pour toute l'activité humaine, en cette formule : *La Recherche du Bonheur*, ou encore *Le Plai-*

premier rôle. Ce sont elles qui suscitent et inspirent habituellement les lois, qu'il s'agisse de l'individu isolé, ou d'un groupe, d'une caste, de la Collectivité (Ecole anglaise). L'Intérêt défigure parfois la Beauté généreuse du Droit (Ecole française).

Les Collectivités humaines ont constamment des besoins nouveaux, surgissant en petites ou en grandes doses selon la race et l'époque : presque toujours ces apparitions nécessitent un Droit nouveau. Tels notamment dans les temps contemporains ces deux phénomènes capitaux : le *Machinisme* (l'Industrie), et les *Transports* (la circulation); ils ont provoqué une législation spéciale considérable.

JHERING, dans son dernier livre (*Zweck im Recht*, voy. *supra*, p. 11) curieux, ingénieux, instructif mélange de Droit, d'Economie politique, de Morale, le considère comme le facteur, le moteur principal, et en fait le But du Droit.

Il assimile l'Intérêt à l'*Egoïsme* et développe sa thèse avec force (nᵒˢ 15 et s.).

Cet égoïsme juridique (tendance centripète), tempéré toutefois par l'Altruisme (tendance centrifuge), par la Fraternité qui ne perd jamais toute influence, s'aide de tous les autres facteurs ou les subit. Dans l'établissement de toute prescription juridique, le législateur se pose, consciemment ou inconsciemment, cette question : « Y a-t-il *nécessité*, ou tout au moins *utilité* pour moi (si c'est un tyran), ou pour la collecti-

sir et la *Souffrance*, celle-ci à éviter, celui-là à se procurer. Mais la conception, même du Bonheur, est très variable au point de vue de ses réalisations concrètes. — Voy, *infra*. p. 198, le Tétragramme du Juste.

2. Consulter FÉLIX LE DANTEC. *L'Egoïsme, seule base de toute société*, Paris, Flammarion, 1911, Bibliothèque de Philosophie scientifique. L'auteur emploie le mot *Egoïsme* dans le sens d'*Instinct de conservation*.

vité, à ce que telle règle sociale soit munie de la Contrainte du Pouvoir ? »

JHERING nomme HEURISTIQUE la législation *opportune* pour l'heure présente.

VI. — Le Commercium juridique.

Le *Commercium* (le Commerce juridique) désigne l'emploi continu que, dans un groupe social, les membres qui le composent font entre eux de toutes les formations juridiques mises à leur disposition pour leurs besoins.

C'est un mobile considérable, sans cesse en fonction et en changement, représentant l'activité générale de la Juricité.

Il se conçoit qu'il agisse sur l'Evolution, la transformation du Droit, les hommes cherchant constamment à adapter le mieux possible les formes juridiques à leurs utilités changeantes.

La constatation de ces changements est l'Histoire de chacune des institutions résultant de ce besoin d'adaptation. Exemples : Mariages, Successions, Contrats, Propriété et ses démembrements, Pénalité, etc., etc.

VII. — La Densité de la Population.

Kovalewski attache à ce facteur une grande importance ; il en fait une clef[1].

L'étude de l'évolution historique du Droit montre qu'en effet ce facteur a amené des modifications parfois profondes ; on peut dire, au point de vue pratique, qu'il a considérablement influé, entre

---

1. KOVALEWSKI, Maxime, *L'Evolution économique des peuples*. Cours donné en 1894-95 à l'Université Nouvelle de Bruxelles.

autres, sur les institutions juridiques où s'affirme spécialement la vie côte à côte, *la connivance* : le voisinage, les servitudes, etc.

Les pays à population très dense ont, en général, une physionomie juridique plus empreinte de solidarité et de fraternité, soit dans les faits, soit dans les aspirations (Exemple : la Belgique charitable) [1].

VIII. — La Solidarité (la Collaboration, les Interférences) des Forces sociales.

Dans l'évolution sociale, tout marche avec *ensemble* pendant que tout obéit à un *enchaînement*.

Simultanéité et éclosion successives, mais non également intenses dans toutes les parties : influence, sur le Droit, des autres grandes forces collectives ; mouvement général de la cérébralité et de l'activité humaines. L'Evolution du Droit n'est qu'une partie de l'Histoire Universelle. Elle est à la fois *autonome* et *influencée*.

IX. — L'Individu et la Collectivité.

Dès que les hommes se groupent en un concert social, ils font naître une entité vivante nouvelle, leur Collectivité, qui ajoute une unité à la collection de leurs individus ; tels, dans les sociétés à personnification civile par sept associés au moins (sociétés anonymes belges), les associés, plus la société elle-même, font *huit* sujets de droits. — Comp. *supra* p. 49.

Cette collectivité (le Léviathan de Hobbes, 1588-1679), surtout quand elle a la dimension d'une nation,

---

1. Par contre la population, pour son influence sur le Droit, peut aussi être envisagée dans ses rapports avec les subsistances. Ex. : le parricide, l'infanticide, le macrobicide, autorisés là où les bouches inutiles sont une calamité permanente.

a ses besoins juridiques et son Droit, comme chacun des individus qui en font partie.

Ce point de vue est très important ; il est à la base notamment du Droit public, sans lequel une société humaine ne peut vivre.

L'Individu et la Collectivité-Etat sont donc des *associés*, vivant l'un avec l'autre, devant *s'ajuster* l'un à l'autre comme tout être à son milieu. Il importe que chacun des membres du Corps social ait le sentiment de *cette solidarité* juridique où on agit *ut singulus* et *ut universi*. Nous ne sommes jamais absolument isolés.

Dans la vie courante, on le perd trop souvent de vue ; les préoccupations égoïstes y dominent, et alors, par une répercussion, les parties et le total en souffrent. (Analogie avec le corps humain. — Ménénius Agrippa : les membres et l'estomac.) L'Individu se pose en antagoniste contre la Collectivité. Il lutte contre son associé ou le néglige [1]. C'est un des phénomènes usuels les plus incohérents de l'activité juridique. (Les Profiteurs de la Guerre).

X. — L'Imitation (Mimique juridique, Hypnotisme, Contagion, Pastiche). — L'Expérience.

TARDE, dans son livre cité p. 141, note 1, attache à l'Imitation une importance prépondérante (exagérée). — La même idée dans MAINE, *Études sur l'ancien Droit*, p. 383 et s. — Dans LE BON, *L'Homme et les Sociétés*, t. II, p. 146.

Il faut reconnaître que l'Imitation d'institutions juridiques, existant ailleurs, crues plus opportunes, est un facteur sérieux et très utile.

---

1. Comme le chimérique Kataubléfas, qui se ronge les pattes sans s'en apercevoir.

Au fond, elle n'est peut-être qu'une reconnaissance instinctive d'institutions conformes au sens juridique du peuple imitateur, déjà réalisées par un peuple de même variété racique plus avancé [1].

Ce sont, dans ce cas, des facteurs qui éclairent un peuple sur sa conscience, sur sa mission juridique ou autre. — Analogie avec la première instruction des *enfants*, si étonnamment rapide pour certaines choses.

Entre races différentes, l'imitation est très rare, et le plus souvent ne réussit qu'imparfaitement (Exemple : le Code Napoléon au Japon). C'est alors le vrai pastiche, en général malheureux. Ce sont des « mésalliances » juridiques.

Dans les législations aryennes contemporaines, on fait un considérable usage du Droit comparé (voy. *supra*, p. 85) comme base d'imitation, chaque fois qu'il s'agit d'améliorer, de changer la législation : c'est l'Imitation scientifique, méthodique. — Il y a alors souvent simple *transplantation*.

A l'Imitation se rattache l'Expérience pour imiter ou pour éviter, prise sur autrui ou sur soi-même, et qui peut guider dans le phénomène de la confection ou de l'amélioration du Droit.

1. Telle, selon JHERING, la tendance irrésistible, pendant des siècles, des peuples européens à imiter le Droit romain, lequel ne serait, d'après lui, que le Développement du Droit racique primitif de ces peuples influencé par des circonstances historiques spéciales variées. — Comp. *supra*, p. 153, l'Atavisme. — Tel aussi peut-être, dans le domaine linguistique, un des facteurs de leur manie de maintenir dans l'Enseignement une place excessive au latin et au grec. — Comp. *infra*, p. 233. — Les Européens d'aujourd'hui ne sont que très partiellement descendants par le sang des anciens Grecs et des anciens Latins ; mais ceux-ci sont, avec eux, de la même race aryenne et tous ont, par conséquent, le même sang racique et la même âme foncière, produisant, sauf certains accrocs passagers, la même psychologie faisant surgir de mêmes sympathies durables d'idées et de sentiments.

XI. — Les Idéaux juridiques.

L'Esprit humain ne se contente pas des réalités présentes et atteignables, notamment dans le domaine du Droit. Il va au delà et pénètre dans le domaine des *Chimères*, d'un Idéal lointain (tendance française). Il ne faut pas dédaigner les produits de ce penchant quasi poétique, mais le prendre comme un instrument d'exaltation du sens juridique, élément passionnel qui peut faire mieux approcher de la réalité positive possible. A prétendre réaliser ces idéalités « ludificatoires » (tendance allemande fréquemment métaphysique), on court le risque d'aboutir à des législations fantasmagoriques.

XII. — Les grands Jurisconsultes [1] (Juris Conditores), les Dictateurs du Droit, les grands Acteurs juridiques, les Maîtres, les « Efficients », l'Élite.

Les grandes forces sociales s'incarnent, par intervalles, en des individualités marquantes : Grands despotes, — grands artistes, — grands religieux, — grands JURISCONSULTES. — (Conquérants des âmes, Prédestinés, Piliers du monde social.) — Parfois aussi dans des nations : Athènes (l'Art), Jérusalem (la Religion), Rome (le Droit), etc. — JHERING, *Esp. Dr. Rom.*, t. Ier, p. 324.

Ce sont ou des Précurseurs prophétiques, ou des Analystes pénétrants, ou des Généralisateurs puissants : ils préparent, ou déplient, ou concentrent ; — les uns facilitent les voies, d'autres augmentent la

1. Jurisconsultes, — Légistes, — Juristes : Vcy., pour le sens correct de ces mots, *supra*, p. 34, note 1.

lumière et la force. Ils sont tous quelque peu des Prométhée. Ils sont des forces de la Nature : tout ce qui est vraiment grand en eux jaillit des profondeurs populaires (Carlyle). On peut dire « qu'ils bâtissent avec des pierres que d'autres ont lentement taillées » (GUSTAVE LE BON). — Ce ne sont des créateurs qu'en apparence. Ils ont, par leur génie, la compréhension instinctive des besoins de toute une société et des remèdes : erreur de la doctrine de l'*Effort individuel* exclusif. Ils subissent des phénomènes illuminatifs. Ce sont des « cheminées d'évacuation ». Les plus grands d'entre eux sont ceux qui furent l'Incarnation de leur race : l'aryen Jésus, le sémite Mahomet, le mongol Confucius, l'indou Boudha. — Ceux qui comprennent bien leur mission se bornent à donner une formule aux aspirations de « ceux qui ne parlent pas ». — Ils sont doués de « Voyance », de « Divination ». — Ils *accouchent* la Vérité. — Ils sont des Révélateurs, des fascinateurs, de grands Initiés. — Des éveilleurs d'esprit, des rédempteurs, des annonciateurs, des collaborateurs des masses, des modeleurs, des *meneurs* ! — Des dépositaires de puissance. Des Sur-Hommes. Ils sont plus ou moins Hypnotiseurs. — Ils sont comme des Tabernacles d'idées neuves, ou concentrées, ou prophétiques. — Un patriciat.

C'est la théorie de l'influence des grands hommes, des Egrégores [1].

Ces remarques s'appliquent au Droit.

Il y eut, dans la suite des âges, des séries de juris-

---

1. Voy., dans les *Sur-Humains*, d'EMERSON (*Representative-men*), le chapitre : *A quoi servent les grands hommes ?* — QUINET, *La Révolution française, passim.* — GUSTAVE LE BON, *Lois psychologiques*, etc., p. 152 et s. — CARLYLE, *Les Héros, le Culte des Héros et l'Héroïsme dans l'Histoire*, trad. et introd. par IZOULET-LOUBATIÈRES. Paris, Armand Colin et Cᶦᵉ, 1888.

consultes célèbres, peu connus des profanes, un état-major. — On pourrait les nommer « les Archevêques du Droit ». Les lois sont parfois la fusion des besoins juridiques d'un peuple avec le génie d'un grand homme de Droit[1].

Quand le *Jurisconsulte*, même un simple juriste, apparaît dans l'histoire, le Droit a dépassé la période de l'enfance et de l'existence naïve. — JHERING, *Esp. Dr. Rom.*, t. III, p. 6.

Dans une partie de l'Histoire *concrète* du Droit, on donne l'énumération et on examine le caractère, les travaux, l'influence des plus éminents d'entre eux.

D'habitude on s'occupe, avec plus ou moins de détail, de quelques-uns de ceux-ci dans les cours d'Encyclopédie, mais c'est sortir du cadre de cette science synthétique purement *abstraite*. De plus, il faut attacher plus d'importance aux *idées* juridiques qu'aux *noms* humains.

Mon cours d'Évolution historique du Droit civil français en donne une série, entre autres, Du Moulin, XVIᵉ siècle; — Domat, XVIIᵉ siècle; — Pothier, XVIIIᵉ siècle[2].

Influence parfois néfaste de ces hautes personnalités : elles éloignent des réalités juridiques, exagèrent l'abstraction, diminuent et parfois anéantissent par leur génie l'influence directe du peuple sur la formation du Droit.

Les jurisconsultes, surtout les juristes, forment trop souvent un *Cénacle* qui a l'antipathie du Droit populaire et humain; spécialement les philosophes (Platon, Hegel, etc.). Ils subissent une *Déformation*

______

1. Ce n'est pas toujours un *jurisconsulte*, mais un économiste, un historien, un philosophe. — Comp. p. 167, note 2.

2. EDMOND PICARD. *Syllabus du Cours d'Évolution historique du Droit civil français*, p. 56 et s.

professionnelle. Ils perdent le contact avec l'âme générale [1]. Les Praticiens judiciaires n'aiment pas *le Droit nouveau* parce qu'il dérange leurs habitudes. Le juriste proprement dit est souvent un *conservateur* du Droit existant.

XIII. — La Technique (la Grammaire, la Syntaxe, la Didactique) Juridique, le Souci de la Logique rationnelle

Il faut, avec mesure, tenir compte, avoir le souci, de la *Logique juridique* FORMELLE (dite aussi rationnelle), de la Technique.

C'est la force de développement *rationnel*, ingénieux, ordonné, des institutions, des opérations juridiques (allant au besoin jusqu'au rigorisme), telle que l'implique leur structure théorique; elle donne à ces institutions une auréole de raison raisonnable, même quand elles sont critiquables; car parfois, comme le dit Bridoie dans Rabelais, la *Formalité* mange la *Réalité.*

La technique adopte les solutions dictées par les principes du raisonnement juridique (l'Art de raisonner Droit) : c'est LE DROIT STRICT. C'est la suite dans les déductions, une rectitude quasi mathématique. C'est la discipline étroite, le mécanisme raide, au risque de devenir artificiel et de tomber dans les subtilités [2]. Telle « *la pénétration extraordinaire* et

---

1. L'éblouissement que leur cause la prétendue vertu du Raisonnement leur fait perdre de vue les réalités et la puissance saine de l'Instinct. Il faut les étudier et ne pas les imiter; il faut étudier le Droit tel qu'on le voit et non pas tel que d'autres l'ont vu. — Place à donner au SENTIMENT dans le Droit : il peut corriger les imperfections d'un positivisme trop étroit comme d'un idéal théorique raisonné et doctrinaire. Quantité de juristes aiment le rôle restreint d'*interprète des lois* et de *commentateur.* Le rôle de créateur les gêne ou les effraie.

2. Un cas caractéristique d'intransigeance technique, qui

les conséquences inflexibles » de Labéon sous Auguste [1]. Mieux vaut quelquefois suivre l'*Utilité pratique*, l'ECONOMIE JURIDIQUE, et suspendre ou entraver la force logique : c'est ce que le Droit romain nommait le *Jus singulare* par opposition à la *Ratio vel Regula Juris*. — JHERING, *Esp. Dr. Rom*, t. Ier, p. 48-50. — Manie funeste des juristes de profession entraînés par cette illusion, par ce mirage qui détourne des vraies sources du Droit : la dialectique et ses créations artificielles, la technique intransigeante et scolastique, la casuistique. Le Droit n'est pas une scolastique : c'est une face de la Vie sociale. — *Ib.*, p. 307 et s.

La *Technique adaptatrice* sert à ajouter aux institutions juridiques existantes des compléments en rapport avec les besoins de l'époque. Exemple : L'Invention du Crédit (du terme) pour le paiement du prix dans la vente, plus tard ingénieusement complété par la Lettre de change : JHERING, *Zweck im Recht*, n° 89.

Le but pratique (téléologique), l'Economie sociale du Droit, est avant tout à considérer dans la formation du Droit, il doit primer la Logique juridique, ce que beaucoup de juristes de profession ont peine à admettre. L'homme n'est pas fait pour les principes, les principes sont faits pour l'homme. — Cons. JHERING, *Etudes complémentaires de l'Esprit du Droit Romain*. III. *Du rôle de la Volonté dans la Possession*. Paris, Marescq, 1891, p. 403 et s.

déparait le Droit pénal, a été le refus d'imputer la détention préventive sur la durée de l'emprisonnement, sous prétexte qu'elle n'était pas une peine, mais une mesure de simple procédure !

1. Son école rigide (les Sabiniens) s'opposait à celle de Capiton (les Proculéens). — Voy. MAINZ, *Cours de Droit Romain*, quatrième édition, Bruxelles, 1876, Bruylant-Christophe, tome Ier, p. 290. — La réalité, dans la vie, est rarement rigoureusement logique, rationnellement.

Le Romain s'est adonné avec une rigueur, une sagacité, *un Art juridique*, une ingéniosité étonnants, tant à la Technique qu'à l'Economie du Droit; il y a eu des coups de génie. Jhering, *Esp. Dr. Rom.*, t. IV, p. 234 et s., et *infra*, p. 233 [1]. C'est en raison de ce trait qu'on peut dire : Le Droit Romain est fascinateur. Mais son Droit fut, en général, dur comme les nécessités du temps où il a successivement surgi. Il a traité, entre autres, le débiteur qui ne paye pas, aussi durement que le voleur; à l'origine, le créancier pouvait le vendre, le couper, dit-on, en morceaux! etc. [2].

XIV et XV. — Le Milieu, l'Ambiance, la Mésologie.

C'est d'abord le milieu géologique ou physique [3].

Il se caractérise par quelques facteurs principaux qui influent sur l'habitus corporel et l'habitus psychique, et, par conséquent, sur le Droit, toujours en rapport étroit avec ce double *habitus* et, en partie, produit par lui.

Ces facteurs principaux, qui retentissent dans les institutions juridiques, au moins pour les détails, sont :

1. Nous en avons encore la lumière, comme celle des astres éteints très lointains.

2. Il est curieux que les hommes de Droit sont, en général, très peu versés dans la Technique juridique, de même que dans la Philosophie juridique ; ils se contentent, d'ordinaire, du Droit positif et empirique. On peut pourtant se rendre compte, par les premières parties du présent ouvrage, combien la technique est importante pour la clarté du Droit et pour son application positive. On n'est vraiment un jurisconsulte qu'à la condition d'être versé dans ces trois aspects essentiels : Philosophie, Technique, Positivité juridiques.

3. Consultez Montesquieu, *Esprit des Lois*, Livres XIV, XV, XVI, XVII, XIX. Le Climat est une des dominantes de son système.

a) — Milieu physique.

Le Climat froid, chaud, tempéré, qui dépend surtout de la latitude (Ex. : Le Canada, le Brésil, la Belgique);

La plaine ou la montagne (la Russie, la Suisse);

L'intérieur des continents ou les pays maritimes (l'Autriche, l'Angleterre);

Les pays forestiers ou découverts;

Les pays cultivés ou stériles (le Brabant, la Campine, pour certains usages);

Pourtant ce facteur est relatif : « Les Turcs, observait Hegel (1770-1831), habitent là où les Grecs habitaient, et combien ils diffèrent des Grecs! » C'est la race, en ceci, qui s'affirme. — Voy. *supra*, p. 149.

b) — Milieu humain ou social.

Il se constitue des mœurs, résultat complexe de tout ce qui influe sur l'homme soit du dehors, soit du dedans : les Psychologies nationales (science récente en tant qu'organisée à part); les Ethopées, l'influence des groupes, leurs croyances, leurs opinions, leurs passions. — Voy. Le Bon, livre cité *supra*, p. 141, note 1.

De telle sorte qu'indirectement on retrouve ici les autres facteurs, s'entremêlant dans l'organisme des civilisations diverses.

Nombre d'institutions juridiques différentes sont imposées par la diversité de ces deux milieux.

On ne peut, pourtant, dire qu'elles amènent des différences radicales; ces institutions ont plutôt, *pour les peuples d'une même race*, des efflorescences très analogues quand ces peuples sont placés ou transportés dans un milieu identique.

Ces différences juridiques consistent d'abord dans les *Usages* dérivant du milieu, lesquels insensiblement se muent en Coutumes, puis en Lois (le cartilage passant à l'ossification).

Quant le milieu se transforme, les Usages et les Lois se transforment aussi, mais en laissant des traces ataviques des habitudes anciennes, tares ou qualités : *produits résiduaires*. — Voy. *infra*, p. 175.

XVI. — L'Intrusion étrangère.

En cas de conquête ou d'infiltration, l'envahisseur, directement ou sournoisement (« la Pénétration pacifique », le Protectorat) impose ou insinue aux envahis, avec plus ou moins de généralité, ses mœurs, son art, sa religion, parfois sa langue, etc. [1]

Cette tendance s'applique aussi au Droit.

Même quand le conquérant, l'intrus, respecte le Droit des vaincus (principe de *Personnalité* [2], l'influence du Droit étranger s'exerce fatalement.

Exemple : l'invasion et la colonisation romaine dans les Gaules, et plus tard, les invasions barbares, l'influence du Droit germanique sur l'Occident de l'Europe.

1. « La présence d'étrangers, *même en petit nombre*, suffit à altérer l'âme d'un peuple. Elle lui fait perdre l'aptitude à défendre les caractères de sa race. » Gustave Le Bon, *Lois psychologiques*, etc., p. 118. — « C'est un instinct très sûr que celui qui enseignait aux peuples anciens à redouter l'étranger. » *Ibid.*, p. 125. — Cela est surtout vrai s'il s'agit d'étrangers appartenant à une autre race. Les Métèques. Le danger des naturalisations, surtout de celles qui accordent des droits politiques. — Rome a perdu sa vraie nationalité latine dès qu'elle se fut annexé le monde impérial : les conquis conquirent les conquérants et il y eut écroulement : ce fut, peut-être, la vraie cause de sa décadence.

2. Pour le sens de ce principe, voy. Edmond Picard, *Syllabus du Cours d'Évolution historique du Droit Civil français*, Première Période, le Droit germanique.

Mais il y a toujours une réaction plus ou moins intense du Droit national.

Et cela finit le plus souvent par un mélange transactionnel (homogénéité d'éléments hétérogènes), un amalgame [1].

Le Droit qui domine dans ce mélange est, en général, celui qui était le plus perfectionné.

A moins qu'il ne s'agisse de peuples de races opposées : en pareil cas, celui qui l'emporte est, en général, le Droit que pratique le grand nombre. Exemple : L'influence du Droit romain, d'une part sur les peuples européens (considérable), d'autre part sur les peuples asiatiques ou africains (insignifiante).

Exemple d'un Droit imposé d'une seule pièce à un peuple de même race et facilement accepté : le Code Napoléon en Belgique et en Prusse rhénane.

Observations complémentaires sur l'Évolution du Droit.

A) — La multiplicité des facteurs examinés montre l'erreur de ceux qui veulent tirer une législation toute faite uniquement de leur cerveau (la Constitution pour la Corse ou la Pologne, rédigée par J.-J. Rousseau). — Aussi les théoriciens du Socialisme : Saint-Simon, Fournier, Cabet, etc., auteurs de préfigurations utopiques du Droit futur [2].

---

1. Voy. sur ce phénomène, mais étendu à toutes les forces sociales, GUMPLOWICZ, *La Lutte des Races*. Pour lui, cette amalgamation est une loi fatale, une loi philosophique de l'histoire. Lire spécialement p. 251 et s.

2. Cette multiplicité explique également combien Pascal se trompait quand il trouvait anormales les différences des Droits, dans ce passage célèbre des PENSÉES : « On ne voit presque rien de juste ou d'injuste qui ne change de qualité en changeant de climat. Trois degrés d'élévation du pôle renversent toute la jurisprudence. Un méridien décide de la vérité. Les lois fondamentales changent. Le Droit a ses époques. Plaisante justice qu'une rivière ou une montagne borne : Vérités en deçà des Pyrénées, erreurs au delà ! »

Préjugés analogues sur les législations de Minos, de Solon, de Lycurgue, de Moïse, etc. ; ils ont apparemment, simplement codifié, avec quelques modifications, des mœurs juridiques antérieures, comme l'ont fait Justinien et Napoléon.

La doctrine contraire serait une *interversion* des origines du Droit positif : au lieu de le faire *suinter* du peuple, subissant l'action des divers facteurs étudiés ci-dessus, ce serait le faire jaillir d'une seule tête, métaphysiquement, pour l'injecter au peuple, — et en faire « le produit malsain du juriste (ou du philosophe) de cabinet » (JHERING). Un peuple devient alors ingouvernable. — On n'improvise pas plus un Droit qu'une Langue.

B) — Impossibilité de changer brusquement (à grands coups) le Droit d'un peuple arrivé à un moment de son évolution. — **Danger de changer** du tout au tout, même un ensemble juridique particulier, par exemple un Code civil ou commercial, etc. — Deux écoles en présence. C'est une question de doigté juridique.

Impossibilité (en sens inverse) d'arrêter, de boucler le Droit. Illusions historiques à cet égard : Justinien et son *Corpus juris*, Napoléon et son Code civil.

L'arrêt n'est possible que s'il s'agit du Droit d'un Etat disparu : par exemple, le Droit romain Justinien ; ou d'un Droit devenu stagnant.

Spécimen célèbre d'un récit de l'influence des Epoques sur le degré de retard ou d'avancement d'un Droit : l'Évolution historique du Droit civil français, autrement (et erronément) dit *Introduction historique au Droit civil*[1].

1. Voy. le *Syllabus du Cours d'Evolution historique du Droit civil français*, donné à l'Université Nouvelle, par EDMOND PI-

C) — Il y a, dans l'homme, une faculté juridique innée distincte de tous les droits concrets, une force qui le domine et le contraint à parcourir son orbite juridique. Le Droit est *une fonction naturelle* et nécessaire de l'Humanité. Nous concourons tous à l'œuvre immense du Droit sans bien connaître notre rôle. Analogie avec l'activité instinctive des abeilles, des fourmis, où des milliers d'êtres agissent pour le même objet, le même but, sans projet préconçu et concerté entre eux, par l'effet d'une morphologie naturelle spontanée.

D) — Le Droit ne se répète guère au cours du temps : ses phases, ses étapes, s'enchaînent en variant toujours sur un grand fonds immuable. *Les différents âges du Droit.* L'aube, le midi, le crépuscule du Droit.

Les Droits se transforment avec les intérêts de la vie, mais rarement du tout au tout, même pour des institutions isolées ; c'est plutôt une poussée ininterrompue, un *emboîtement* du neuf sur le vieux, avec conservation de quelques éléments résiduaires. — Voy. p. 112 [1].

Parfois, comme en géologie, les phases intermédiaires nous manquent ; il y a des HIATUS : à la Science d'y suppléer par ses hypothèses.

E) — La Postérité comprend mieux, ou autrement que les contemporains, les raisons d'être du Droit d'une époque.

CARD. — Autre exemple, l'histoire du Droit romain : Voir tout le beau livre de JHERING, *Esprit du Droit Romain*, cité *supra*, p. 11.

1. Eléments surannés, réadaptés tant bien que mal, qu'on pourrait nommer « Droits en retard » (de disparition), analogues à des êtres hétéroclites qui survivent à l'abolition de leur espèce.

Belles remarques de Jhering à ce sujet, t. Ier, *Esp.
Dr. Rom..* p. 36.

C'est, du reste, applicable à tous les événements
historiques : Ex. Les Croisades, l'expulsion des
Maures d'Espagne, etc.

Application au Droit : LA PEINE, comprise à l'origine comme une satisfaction de *vengeance*, un talion,
— puis comme un *châtiment*, — puis comme une
expiation garantissant au coupable la paix pendant
la vie ou après la mort, — puis comme un moyen
d'*amender* le coupable, — aujourd'hui comme une
menace, un frein (un moyen de défense) destiné à
influencer, à réprimer anticipativement les impul-
sions criminelles, — finalement elle disparaîtra peut-
être pour être remplacée par d'autres moyens de
défense (le Droit pénal travaille à sa propre destruc-
tion).

F) — A toute phase de son développement le Droit
est imprégné d'un esprit identique, dans toutes ses
institutions, sauf que l'intensité n'en est pas la même
partout. Loi de corrélation organique, de liaison.
L'ensemble crée le détail. Il y a aussi les *Répercussions*
des parties les unes sur les autres et sur le total. C'est
une *qualification* réciproque. Ici encore, analogie
avec l'art, la religion, la langue, etc. JHERING, *Esp.
Dr. Rom.*, t. Ier, p. 69, et LE BON, *Lois psychologiques*,
etc., *loc. cit.*, p. 83, note 2, chap. III. — C'est la loi
de l'*Unité dynamique* du Droit.

Les hommes d'une époque, et d'une même race,
ont une commune manière de *juriférer* comme une
de se vêtir. Le Droit d'une époque ou d'une race a
son STYLE.

G) — Aux diverses Epoques (aux divers « Siècles »,
comme on dit) se rattache l'Histoire concrète du
Droit. C'est l'expression (anecdotique), à divers

moments du temps, de l'évolution juridique intime. Différence (concrète) entre l'Homme juridique du passé et l'Homme juridique d'aujourd'hui. PRÉHISTORISME [1].

Elle s'affirme avec une grande évidence dans l'histoire *externe* (allure générale du Droit), et dans l'histoire *interne* (allure de chaque institution juridique spéciale : mariage, propriété, succession, puissance paternelle, liberté, etc.).

L'Epoque influe sur le Droit pour le pousser en avant, mais aussi pour le retenir : c'est le fouet et c'est le sabot de la diligence.

H) — Importance capitale de l'Evolution du Droit pour l'appréciation, pour la *Critique* du Droit actuel et la préparation de ses transformations. — *Produits résiduaires* du passé dans le Droit présent (voy. *supra*, p. 169). Maison démolie et rebâtie avec conservation de certains matériaux. Façade schématique du Palais de Justice de Bruxelles à l'Exposition Universelle de 1900 (Code Napoléon). — Il faut avoir *le sens historique* du Droit : sans cela on ne sait rien de net, on ne fonde rien juridiquement durable, si ce n'est par hasard, par chance [2].

I) — Les divers Droits sont, comme les langues, pleins d'*accidents* qui semblent en déformer la logique et l'évolution naturelle. Ils sont soumis à la loi naturelle de l'*A-peu-près* à laquelle il faut se résigner. — Comp. *supra*, p. 120, la note.

---

1. JHERING dit, t. 1er, p. 48 (*Esprit du Droit romain*) : « Chaque époque (juridique) doit être un *original* et non la *copie* d'une autre époque. »

2. Puérilité, par exemple, de ceux qui jugent actuellement du Droit de la Guerre sans rien savoir de l'évolution historique de ce Droit et de la lenteur de ses progrès, organique pourtant, logique, imposée par les circonstances.

HUITIÈME PARTIE

ORIGINE PRIMAIRE, SOURCE INITIALE
DU DROIT

Précision et Complément des §§ CLVIII à CLXVIII du Droit Pur.

Les deux fresques précédentes sont consacrées au Droit dans son existence la plus proche de nous.

Mais n'a-t-il pas, en outre, une existence plus lointaine? *Fons ultima Juris.* Le Droit en puissance ne précède-t-il pas le Droit vivant?

A elles deux, ces existences forment son Etiologie, cette dernière PRIMAIRE, l'autre SECONDAIRE, dans leur ordre de succession chronologique.

En d'autres termes, d'où sort le Droit (*unde*), quel est son réceptacle, son réservoir, sa source originaire, sa racine, son substratum? C'est son *Etiologie* de première main.

Cette question est connue sous les dénominations ambiguës de FONDEMENT du Droit, — BASE du Droit, — PRINCIPE du Droit, — IDÉE du Droit, etc.

Ces expressions sont vagues, amphibologiques : mieux vaut dire, semble-t-il, CAUSE PREMIÈRE, ou ORIGINAIRE, ou INITIALE (*radicale*)[1], — comme la téléo-

---

1. On dit encore « cause EFFICIENTE »; mais ce terme vise aussi bien la force génératrice que le résultat engendré en tant

logie est CAUSE DERNIÈRE OU FINALE. — Point de départ et point d'arrivée. — Commencement et aboutissement. -- Causalité et Finalité. — Origine et But.

En général, on confond, on entremèle, dans les livres relatifs à cette Typologie philosophique du Droit, l'*Origine* et le *But*.

Le problème de l'*Origine du Droit* se présente donc sous deux aspects : le Droit à l'état cosmique, *apriorique*, — le Droit à l'état positif, réalisé « *postériorique* »[1] qui a pour origine *immédiate* les organismes législatifs sociaux établis par le Droit public des nations.

Ce dernier point a été exposé pages 123 et suivantes, VI° Partie. — Nous allons, ici, examiner l'autre.

Cette dualité n'est pas toujours aperçue ; vulgairement on ne va guère au delà de l'origine positive, on s'arrête aux institutions sociales exerçant la fonction de produire le Droit pratique obligatoire dans les collectivités humaines.

Vision imparfaite, cause de graves malentendus et d'obscurité.

Demandons-nous donc si le Droit n'est pas antérieur à toute conception et à toute réalisation humaines ?

Ce problème, cette ENIGME, a divisé les Ecoles philosophiques (« aïeules et régentes » du Droit). Je vais en indiquer *les concepts*, les échafaudages les plus saillants. C'est l'arrière-plan, l'ARRIÈRE-MONDE du Droit,

---

que celui-ci est le but poursuivi ; mieux vaut donc : *initial* et *final*. — Le phénomène juridique comporte trois éléments en ordre successif : l'organe générateur, la chose engendrée, l'effet de la chose engendrée : Etiologie, Ontologie, Téléologie. — Comp. *supra*, p. 7 et s.

1. Une action humaine est à juger au point de vue des règles du Droit positif, — mais les règles du Droit positif sont à juger au point de vue supérieur du Droit cosmique.

le nec plus ultra. L'*imagination spéculative* y tient souvent trop de place et fatigue le lecteur et le penseur. *Discrimen obscurum.* Chacune de ces Ecoles a, en quelque sorte, son Pôle sur lequel elle gravite. Et chacune a aussi (sauf peut-être la dernière) son bagage de Notions, de Légendes qui l'infectent d'erreurs et de préjugés tenaces, notamment dans l'Enseignement.

A. — Les Écoles de la formation libre du Droit ou du Droit arbitraire.

Les uns ont soutenu que le Droit n'avait pas d'existence absolue : « la Nature ne connaît pas le Droit » ; qu'il n'est pas *inné* ; qu'il n'est *pas préexistant*, qu'il est *devenu* ; qu'il est dérivé des *événements*, qui en font un véritable *produit* d'une volonté libre, voire capricieuse, en mesure de le modifier indéfiniment et à sa guise ; qu'il faut le regarder comme une affaire de pure convention, établie *arbitrairement* et dépourvue de toute réalité dès qu'on le sépare du droit positif (Hobbes, 1588†1679). — Ce serait, en quelque sorte, une création *ex nihilo*, en ce sens que la distinction entre le Droit primaire et le Droit secondaire serait donc factice : il n'y aurait que le Droit positif, la Législation réalisée.

La Volonté qui déterminerait ainsi le Droit en lois positives serait soit la volonté *divine*, — soit la volonté *humaine*, unilatérale ou bilatérale.

De là les Ecoles suivantes :

a) **Ecole du Droit divin**, ou théiste, ou théosophique, ou théologique, ou Jéhovique (ouranique, céleste), ou traditionnaliste [1] (DE BONALD, 1754†1840).

---

1. Les dénominations diverses d'une même doctrine proviennent tantôt de partisans, tantôt d'adversaires ; de là leur

Le Droit émane de Dieu, de sa volonté ; œuvre divine omnipotente, critérium du bien et du mal, du juste et de l'injuste, des cas où il faut contrainte et où il n'en faut pas. Il est communiqué aux hommes par la Révélation directe (Moïse, par exemple), ou indirecte, intuitive (l'évidence intérieure, les Prophéties, les Oracles, les Songes, les Apparitions) [1].

b) **Ecole du Droit autocratique**, ou césarique, ou dictatorial, ou tyrannique (Joseph de Maistre), 1788† 1821). Le Droit émane du Souverain (Despote, Vainqueur, Conquérant, etc.) détenteur de la Force, agissant à sa guise (en bien ou en mal). *Quod principi placuit, legis habet vigorem. — Nos jura condidimus* et *auctoritatem damus juribus, non jura nobis. — Legibus vivimus, sed supra leges sumus.* — Il Est par la Force du Prince : sous forme de Capitulaires, Ordonnances, Edits, Décrets, Arrêtés-Lois, Ukases, etc., à contenu (substance) juste ou injuste, mais obligatoire, imposé. C'est une simple affaire de politique gouvernementale [2].

c) **Ecole du Droit contractuel, dite du Contrat social.** Le Droit émane du Libre Consentement des hommes en société (J.-J. Rousseau, 1712†1778). Le Droit est une œuvre de la volonté humaine collective.

---

tendance soit approbative ou laudative, soit dénigrante. Chacune apporte, au reste, son capital de visions et de réflexions utiles.

1. Idée répandue dans l'Orient grec avant Socrate. Voy. le livre (très documenté) de Hennebicq, cité *infra*, p. 191, en note. — Quoi d'étonnant à voir consacrer dans les législations ayant un tel fondement, la matière des atteintes sacrilèges contre la Divinité.

2. Voy. dans *Les Primitifs*, d'Elie Reclus (livre fécond en renseignements sur les premières formes juridiques), p. 321, un curieux passage sur la formation du Droit positif par la Force brutale, reproduit dans *Le Droit Pur*, § 162, — et, *supra*, p 128 et s.

Il n'y a de droit que lorsqu'il y a *contrat* (*pactus legis*) entre les membres d'un groupe humain pour admettre ses prescriptions[1]. Telle était la conception romaine originaire. — Voy. JHERING, *Espr. Dr. Rom.*, t. Ier, p. 217 (spécialement p. 224, où il généralise puissamment cette idée). — Conséquences, en Droit romain, en ce qui concerne l'ennemi, l'exilé, l'étranger, *ib.*, p. 226 et s. : ils sont des *individus sans contrat* avec la Cité romaine, ou rejetés de la communauté sociale contractuelle, donc sans droits, *hors la Loi*. C'est ce consentement réciproque qui donnerait au Droit son caractère respectable. — Cette conception a encore actuellement un lointain retentissement dans les contrats, spécialement dans le contrat envisagé comme source *purificatrice, ratificatrice* des droits imparfaits. Cons. MAINE. *Etudes sur l'ancien Droit*, p. 437, et *supra*, p. 100 : la Ratification. — Elle est la base des Traités Internationaux.

B. — Les Écoles du Droit existant dans la Nature, au moins dans la Nature humaine. Le Droit à l'état primaire (cosmique).

D'autres soutiennent que le Droit existe, en puissance, en immanence *dans la Nature*, dès avant toute société humaine, comme le rapport arithmétique du diamètre à la circonférence avant qu'on ait tracé un cercle, comme le total des trois angles d'un triangle avant qu'on ait réalisé un triangle ; que les sociétés humaines ne sont qu'une occasion de le réaliser ; qu'il fait partie des lois du monde[2]. — *Juris mater*

---

1. Exemple célèbre : La Loi Salique qui porte pour titre *Pactus Legis Salicae.*

2. On a pu dire que le Droit existait déjà potentiellement, dans la nébuleuse primitive, matrice d'où tout est sorti sous l'action de la force morphologique évolutive et spontanée de l'Univers.

ipsa Natura (Grotius, 1583†1645). — *Juris initium a Natura ductum.* — Le Droit fait partie du plan universel. — Le Droit vit et agit *dans l'homme* comme l'électricité dans un accumulateur. L'Homme n'est qu'un des creusets d'évolution du Droit. — *Le Droit touche ici à la Cosmogonie.*

Mais, alors même que le Droit n'existerait pas *a priori* dans le Cosmos [1] à l'état *naturique*, il existe, dit-on, tout au moins *a priori* dans l'Homme. — Le Droit est une nécessité innée de l'homme en société. — En ses formes positives, il est un besoin humain comme le manger et le boire. Le Droit est latent en nous. Tout homme a le droit en soi (la plupart du temps sans le savoir), comme la circulation du sang. C'est une *pression* intérieure. Le Droit est l'expression d'un ordre *nécessaire* dans une société composée d'êtres humains, qui ne pourraient, sans lui, vivre en discipline, et qui le contiennent implicitement. Chacun, en naissant, apporte son Droit avec soi. Jhering, *Esp. Dr. Rom.*, t. II, p. 230. — C'est une incarnation, une hypostase. — L'Homme est un animal juridique. — Le Droit est une *res communis omnium*, etc., etc. [2]. — *Le Droit touche ici à l'Anthropologie.*

1. *Cosmos* est le titre du célèbre ouvrage dans lequel Alexandre de Humbold (1845-58, 4 vol.) a élevé un monument qui marque la hauteur à laquelle étaient parvenues les sciences naturelles à la fin du XIXe siècle (analogie avec *De natura rerum de Lucrèce*.) — D'autre part, je dis « naturique » pour ne pas confondre avec le Droit « naturel », au sens usuel. — Voy. *supra*, p. 85.

2. En d'autres termes, parmi toutes les *possibilités*, d'une variété indéfinie, contenues dans l'immense réservoir de l'Univers et pouvant se réaliser dans son évolution *morphologique*, il y a le Droit. Pour s'exprimer autrement : il y a des Etres, tel l'Homme, qui ne peuvent vivre en groupe sans Droit, au moins dans l'état actuel de leur physiologie mentale et corporelle. — Cela pouvait-il être autrement? Tout, peut-être, pouvait être autrement et pourra devenir autrement dans les transformations futures de l'Univers, spécialement parmi les collectivités humaines.

Dès lors, on ne crée pas, mais on exprime le Droit par les lois : celui-ci étant préexistant dans la Nature (*naturalité* du Droit), spécialement dans l'homme (*humanité*, INSTINCT du Droit), se réfléchissant alors dans l'esprit humain (*subjectivité* du Droit, le Souverain (individuel ou collectif) le formulant ensuite en coutumes et lois (*objectivité* du Droit), finalement, imposant la pratique de ces lois par la contrainte sociale (*positivité* du Droit). C'est une étape en CINQ (tout au moins en quatre) stades. Le Droit passe du cosmique externe *inconscient* au cérébral interne *conscient*, de la Nature dans l'Homme, lequel s'efforce de le réaliser et de le pratiquer (comme une nécessité) dès qu'il est en société. — En matière juridique, l'homme est un acteur dont la Nature (tout au moins « sa nature » d'homme) est le souffleur. — Une chose n'est pas juridique parce que l'Humanité la dit telle, mais l'Humanité la dit telle parce qu'elle est juridique [1].

Dans ce système, le Droit serait donc bien nommé *naturel* (comp. *supra*, p. 88 litt. *e*), préexistant, et vraiment COSMIQUE, en ce sens que les diverses conditions en lesquelles les hommes en société se présentent, *commandent*, suivant les époques, l'établissement de rapports juridiques déterminés. *Ex facto Jus oritur.* Pas d'arbitraire dans la nécessité ou l'utilité aprioriques des prescriptions juridiques, mais

---

1. On exprime parfois les deux conceptions, l'une qui dit que le Droit est antérieur à ses réalisations positives, l'autre qui dit qu'il n'existe que dans ces réalisations, par l'image dite « du caillou ». D'un caillou isolé, il ne sort pas d'étincelles. Mais s'il est heurté par un autre caillou, il en sort. Ces étincelles sont-elles en lui? Ou sont-elles un produit spécial? Mêmes questions en ce qui concerne l'Homme isolé (pas de Droit à réaliser) et l'homme en collectivité (nécessité de réaliser du Droit). Les hommes ont en eux les éléments et les propriétés d'où résulte cette réalisation dès qu'ils sont groupés en société : *Ubi societas, ibi jus.*

seulement dans leur conception et dans leur réalisation positive à cause de l'infirmité de la mentalité humaine. La Nature est la cause *primaire* du Droit : les Lois n'en sont qu'une cause ultérieure, *secondaire*[1].

Dans sa *recherche du Droit* ainsi compris, l'esprit humain emploie deux procédés : la Raison ou l'Observation.

De là les écoles suivantes :

d) **Ecole du Droit rationnel**, ou rationaliste, ou **spiritualiste**, ou idéaliste (gnosticisme), ou mystique, ou transcendentale (Kant, 1724†1804) : le Droit existe et se découvre dans l'intimité de la Conscience et surtout par la Raison, par une introspection (la Raison pure); il est un système de règles logiques. — Le procédé de recherches de cette école est LA RAISON. Au lieu de se demander si un système de Droit s'adapte à notre nature et donne satisfaction à nos légitimes besoins, cette école se demande s'il est conforme aux lois de la Raison (de la Logique formelle pouvant se passer de l'expérience), crue un instrument irréprochable pour qui le manie bien. Elle procède, en général « par raison démonstrative », discursive ainsi que dit la scolastique, la syllogistique, la dialectique. Elle met la Psychologie à la base de toute recherche. — Ses adeptes sont trop logiciens et trop peu naturalistes. Ils font des œuvres

----

1. Qu'on ne croie pas qu'on pourrait trouver dans n'importe quel auteur isolé la condensation de ces idées telles que je les présente ici après un travail assidu et vraiment difficile. Partout des hésitations, des tâtonnements, des jaillissements épars, nuageux, des confusions entre le *Droit* et le *Juste*, entre le *Moral* et le *Juridique*. C'est un casse-tête, un imbroglio souvent déconcertant.

de *dialectique*, souvent terriblement fastidieuses. En résumé, ils recourent à « l'intelligible » et font moindre cas du « visible ».

Viennent les Ecoles où le procédé de recherche du Droit est surtout l'OBSERVATION.

e) **Ecole du Droit historique** (SAVIGNY, 1779†1861) ou empirique. Le Droit se découvre dans l'Histoire et la vie de l'Homme en société, spécialement *en nation*, et évoluant au cours du temps ; la mise au jour du Droit est un travail sans relâche, non pas seulement de la puissance publique, mais du peuple tout entier et de chaque individu, agissant soit consciemment, soit inconsciemment[1]. Toute doctrine incapable d'expliquer le Droit par l'Histoire de l'Humanité passée, présente, future, est frappée de stérilité et marche à faux pas.

f) **Ecole du Droit positiviste** (COMTE, 1798†1857)[2], ou réaliste, ou naturaliste, ou matérialiste, ou sensualiste, ou empirique, ou sociologique, ou socialiste, ou pragmatique ; c'est une extension de la précédente ; elle recherche et rattache le Droit non seulement à l'Histoire, mais à toute la *réalité*. Elle fait de la « philosophie expérimentale ».

g) **Ecole du Droit hoministe**. C'est la plus moderne. Elle semble l'aboutissement actuel des précédentes et l'épanouissement surtout du Positivisme en ce sens qu'elle le met en plus puissante lumière dans le Droit (sans préjudice à application plus ample).

1. Comp. EDMOND PICARD, *La Vulgarisation du Droit, Journal des Trib.*, 1894, p. 1427 et s.
2. Et plus anciennement par FRANÇOIS BACON (1561-1626), le célèbre chancelier prévaricateur d'Elisabeth d'Angleterre, à qui on a attribué parfois d'être le véritable auteur des œuvres de Shakespeare.

C'est sur l'Homme, sur la connaissance approfondie de ce qu'il est psychiquement et corporellement, individuellement et socialement, isolé ou groupé (voy. *supra*, p. 48), c'est-à-dire comme être **psycho-corporel** (autrement dit **idéo-physiologique**) et **individuo-social** (Dyptique humain), dans le présent et dans le passé, dans son intimité et dans son ambiance, en repos et en activité, dans ce qu'il a de bon et dans ce qu'il a de mauvais (l'homme vicié dès sa naissance (péché originel) dit saint Augustin, qu'elle concentre, *par l'Observation* la plus rigoureuse possible, ses investigations, ses constatations, ses opinions, ses règles. Elle considère que le Droit a son origine DANS L'HOMME tel que l'a formé méthodiquement ou capricieusement la Nature : Γνωθι ςεαυτον.

C'est cette Ecole que j'ai essayé de décrire, *de compléter* dans le présent ouvrage, et pour laquelle je propose cette appellation nouvelle, l'Hominisme. Voy. *infra*, p. 243 [1].

Son mot d'ordre est que le Droit est dans l'homme (consubstantiel), avant d'être dans n'importe quelle institution juridique extérieure ; qu'il y est en pensée claire ou confuse et en essence ; qu'ainsi, par exemple, le mariage, la propriété, le contrat sont pratiqués instinctivement, même chez les primitifs, avant que n'importe quel législateur ou jurisconsulte en ait découvert, prescrit ou décrit les éléments juridiques ; qu'ils y sont en opérations psychologiques résultant de conditions organiques et physiologiques naturelles, inhérentes à l'individu ou à la collectivité et qui ne

---

1. C'est dans cette Ecole que trouve sa base et sa justification la fameuse formule âme du Droit public actuel : Tous les pouvoirs émanent de LA NATION (c'est-à-dire de la Collectivité *humaine*).

sont fautives que par l'infirmité de ceux qui les réalisent en Règles de Droit.

Il faut se garder de croire que les sept Ecoles énumérées ci-dessus sont toujours nettement séparées.

Presque invariablement, elles s'interpénètrent, elles s'influencent, tantôt peu, tantôt plus ; mais chacune a *une dominante* (une culminante) qui sert à la caractériser et à la classer [1].

Il faut aussi se garder de croire que ce nombre *sept* clôture la série des possibilités ; l'évolution ne perd jamais ses droits, le système qui semble le plus complet n'en est pas moins, par quelque côté, une hypothèse.

On peut grouper des noms célèbres dans chacune de ces écoles et cela tout au long de l'Histoire depuis l'antiquité jusqu'à nos jours [2]. Cette œuvre d'étique-

---

1. Cette série d'efforts, s'échelonnant sur les siècles, a été magnifiquement typée par ces vers :

« Problèmes immortels, astres d'éternité, — tendant leurs « faits vers notre étude et nos chimères, — a-t-on lancé vers « eux pour les capter, — de merveilleux filets, — a-t-on noué, « a-t-on serré, — maille à maille les faits après les faits, — « a-t-on levé les échelles fragiles, — dont la raison affermissait « chaque échelon, — avec ses doigts agiles, — a-t-on construit « pour les atteindre, — de siècle en siècle et d'âge en âge, — « sans se lasser jamais et sans se plaindre, — de blancs et « merveilleux échafaudages ! » — Emile Verhaeren, *Les Visages de la Vie, l'Attente.*

2. En général, ce sont des Philosophes ou des Sociologues, non des Jurisconsultes ; mais dans leur conception de l'Univers, et surtout des sociétés humaines, force leur fut de s'occuper du Droit et de lui accorder une place plus ou moins considérable. — Comp. les ouvrages cités note 1, p. 191, spécialement Aguiléra, qui donne des aperçus intéressants sur nombre de personnalités allemandes contemporaines, au point de vue de leur Idée du Droit : Kant, Fichte, Schelling, Hegel, Lasson, Krause, Schopenhauer, Herbert, Savigny, Stahl, Puchta, Schäffle, Blunt-

tage rentre dans l'Histoire de la Philosophie du Droit et est fort délicate. Tout étiqueter de grands noms est un danger de classification trop absolue. Je viens de le risquer pour ceux qu'on peut considérer chacun comme l'un des *chefs* les plus visibles, *parmi les plus récents* et les plus habituellement nommés (sans préjudice à faire mieux). Chacun d'eux a eu des antécédents plus ou moins nets, des racines plus ou moins lointaines.

Quand on met en rapport ces écoles, où l'on tente de caractériser le Droit à l'état primaire, avec le Droit à l'état positif, c'est-à-dire secondaire, on peut dire que *celui-ci n'est que la traduction en fait de celui-là.* Les hommes n'y échappent point; on comprend, dès lors, combien il est grave pour le législateur (ou pour une nation) d'adopter l'une ou l'autre de ces conceptions philosophiques originaires. On a dit, non sans raison, que la guerre mondiale de 1914 avait eu pour facteur principal la conception philosophique allemande de la vocation des Germains à la direction impériale du monde.

Observation finale.

Résumant les trois dernières Parties, dont l'ensemble est consacré à L'ETIOLOGIE, à l'Origine du Droit (comp. *supra*, p. 177), nous pouvons dire :

Du vaste *réservoir* naturel où repose le Droit à l'état *potentiel* comme un des éléments organiques de l'Univers, sortent constamment comme un flot les

schli (Suisse), Kunze, Jhering, Post, Knapp, Marx, Lassalle, Wundt. Bierling, Dahn, Thon, Schuppe. — Beaucoup de déchets, de parties effondrées, de décombres, de mers desséchées, dans les œuvres de ces déchiffreurs.

droits à l'état positif changeant, à l'état historique. Il y a là une réserve inépuisable, une énergie juridique indestructible qui fournit, sans tarir, à toute l'alimentation juridique (subjective puis objective) de *l'Homme en société* dans la diversité de l'Espace et du Temps. *C'est un foyer d'émission* d'une merveilleuse puissance : le Droit s'en épanche, par l'intermédiaire des cerveaux humains, se dilue dans des réalisations législatives historiques, se distribue en quantités et qualités variables en vertu d'une force propre qui l'anime comme font ailleurs les autres grandes forces de la Nature. Le Droit, spécialement dans la race aryenne, a toujours de nouvelles profondeurs, de nouvelles apparitions : quand il n'y en a plus, il y en a encore. Séduction de ce grand phénomène.

NEUVIÈME PARTIE

FINALITÉS (TÉLÉOLOGIE) DU DROIT
1er ASPECT : LE JUSTE ET L'INJUSTE[1]
(LE DROIT ET LE TORD (sic)[2])

Précision et Complément des §§ CLXIX à CXCVII du Droit Pur.

Tout ce que j'ai décrit du Droit, dans les cinq premières Fresques, concerne **sa Forme**, son Ontologie,
ses normes techniques, et le fait apparaître immense,
méthodiquement organisé, prêt à recevoir ses hôtes.
A peine quelques allusions à ce que ces hôtes
doivent être, par l'inévitable des rapprochements et
pour la clarté. Le mot « Justice » est parfois intervenu, mais seulement avec l'idée vague qu'il suscite
dans les Ames, et peut-être l'impression dérisoire
qui s'attache, même aux plus grands mots, quand ils

1. Cons. Fouillée, A., *L'Idée moderne du Droit en Allemagne,
en Angleterre et en France.* Paris, Hachette et Cie, 1878. —
Aguiléra, *L'Idée du Droit en Allemagne depuis Kant jusqu'à
nos jours,* Paris, Alcan, 1893. — Lagorgette, J., *Le Fondement
du Droit et de la Morale,* Gérard, 1907. — Hennebicq, L.,
L'Idée du Juste dans l'Orient Grec avant Socrate. Bruxelles,
Larcier, 1914.

2. Dans le vieux langage : tort équivaut à injuste. Ce qui est
droit s'opposant à ce qui est *tortu,* tordu.

ont trop servi et ont plusieurs sens. A force d'en répéter la lettre, l'esprit nous en échappe.

A quoi de spécial appliquer la mécanique législative[1] ? *Que mettre dans les Lois ?* De quoi alimenter ces formes prêtes à fonctionner? Quel grain introduire entre les meules? A quoi faire servir cet appareil colossal et compliqué dont on voit maintenant l'ensemble, dont on connaît les rouages et l'agencement général? Quels Moyens employer pour découvrir ce contenu, quels Produits espérer de leur emploi, quels Résultats sociaux en obtenir?.

Ceci est donc la question du **Contenu**, du Fond des Institutions juridiques, au triple point de vue de leur *essence*, de leur *recherche*, de leurs *effets* sociaux[2]

Ces Aspects, ces Normes éthiques, ont leurs lignes encyclopédiques, c'est-à-dire générales et constantes.

Le caractère de cette partie Téléologique (d'ordre dominant, puisqu'elle est le But final vers lequel tout converge) est qu'il s'agit d'un Mélange, d'une panachure de prescriptions sociales tantôt réussies, tantôt manquées : le Droit que réalise chacune des fractions de l'Humanité est comme un beau visage grevé des traces d'une petite vérole. *Jurium concordia discors.* C'est l'Injuste à côté du Juste. Le Droit total comprend l'un et l'autre dans la vie et les institutions humaines. L'imperfection est un état *naturel* du Droit positif. Rien ne sert de nier, de grimer, de travestir cette infirmité, cette fatalité. — Comp. *supra*, p. 36.

1. C'est à la question « Pourquoi » (quia), la réponse « Afin que » (ut).

2. En Droit Public, la distinction entre la Forme et le Contenu des Actes Législatifs, fait nommer Lois *formelles* (Droit formel), les actes revêtus des formalités légales prescrites, et Lois *matérielles* (Droit matériel) (il serait plus exact de dire *substantiel*), le contenu de ces actes. En d'autres termes, le formel et le substantiel des Lois, de la Législation, au sens large, total, de ces derniers mots.

La tâche à remplir implique donc *une double vision* correspondant, du reste, au double caractère de l'Homme ; le bien et le mal, qui rendait ce dyptique inévitable : *A*) des Anomalies (aberrations, injustices) ; *B*) des Normalités (des « justices »). — Toujours L'A- peu-près, auquel, en toutes choses, l'Homme semble condamné par sa nature.

Le Droit pénètre ici dans l'immense domaine de la Sociologie et confine à la Morale. Il ne s'agit pas de confondre ces matières, mais de les classer et de les distinguer. C'est un carrefour où il y a rencontre et où s'inaugure une fonction commune, à laquelle Droit, Morale, Sociologie (au sens restreint complémentaire) collaborent, chacune de ces forces laissant à ses voisines sa spécialité de destination.

A. — LES NORMALITÉS, LES HARMONISATIONS JURIDIQUES, LE JUSTE

Eurythmie. — Concert juridique. — Ars Juris.

C'est la combinaison rêvée, ou, plutôt, approchée autant que possible, de tous les organes juridiques ; non pas l'exclusion de l'un ou de l'autre : l'Harmonie, but supposé de l'activité[1], de l'Energétique : le Bonheur, ou en termes plus concrets et plus mesurés : LE Mieux-être social[2].

Tout doit être ramené, autant qu'on le peut, au principe de ce mieux-être humain, mental et corporel, individuel et social. Doctrine d'Epicure (341-270 av. J.-C.), au sens élevé.

---

1. Τὸ καλον και αγαθον.

2. Je dis *mieux*-être plutôt que bien-être, celui-ci exprimant un absolu qui ne paraît pas plus atteignable que le « Bonheur ».

Dès lors, toutes les exagérations, en plus et en moins, dans la considération impersonnelle de la Contrainte, du Rapport, de l'Objet (simples fragments du droit) devraient disparaître.

Exemples : dans l'exercice de la propriété (conditionnement et Collectivisme relatif), — dans les successions (limitation des héritances), — dans l'accumulation des biens sur une même tête (interdiction des fortunes excessives), — dans les créances (poursuites atténuées, recherche de la légitimité de la cause juridique (le motif) et de la proportion entre la chose ou le service et son prix), etc., etc.

Le Droit harmonisé constitue une grande œuvre nationale. C'est un salubre prodige. Une grande hygiène sociale. Il exprime à un degré élevé la Solidarité, la Fraternité, la Convivance, l'Humanité. Platon disait déjà : l'objet essentiel du bon Législateur est de découvrir ce qui importe le plus pour le bonheur des citoyens et de la Cité. — Sinon, il devient une hypocrisie sociale et suscite des désordres.

Il faut donc découvrir la Justice ; ou, avec plus de précision, pour ne pas confondre avec celle des Tribunaux (des procès), découvrir le Juste, comme on dit le Bon, le Beau, le Vrai.

Mais il est à considérer que le Juste au sens large (*lato sensu*) dépasse et surplombe le Juste au sens juridique (*stricto sensu*) : il comprend, en effet, même le juste *moral*[1]. Il est utile, pour bien le comprendre dans le Droit, de ne pas, d'abord, se restreindre rigoureusement à son sens limité, celui de prescrip-

---

1. Quand on se reporte à l'étymologie du mot « Juste », l'expression « Justice » (étymologie : *Jus sistere*, établir, fixer *ce qui est commandé*) s'applique mal aux prescriptions morales ; en effet, les devoirs de la Morale sont libres. — Voy. *supra*, p. 18. — Mais l'usage prévaut : dire d'un homme qu'il est juste, embrasse à la foi ses actions morales et ses actions juridiques.

tions sociales à munir de la Contrainte gouvernementale.

La première difficulté qui se pose, c'est donc :

La recherche de ce qui est le Juste. — Procédés et Opinions. — Écoles diverses.

Par quoi se diriger pour tenter d'éviter les aberrations? Ou plutôt pour en avoir la moindre dose possible, car on n'y échappe jamais complètement,
quelque effort qu'on fasse. Y a-t-il, pour résoudre
cette question, *des Idées mères* fondamentales, faits
dominateurs qui entraînent dans leurs orbites, qui
sont des propulseurs? C'est la question des **Moyens
de recherche** et de l'**Essence du Juste**. Je traiterai,
dans la Partie suivante (10me), la question des **Effets
sociaux** du Droit réalisé (moins tel qu'on le voudrait
que tel qu'on l'établit), but définitif, téléologique, de
toute la matière. Dans le DROIT PUR, j'avais réuni ces
trois points en une seule partie. Plus de clarté est
obtenue en les séparant.

a). — **Le Juste** « **lato sensu** » (**Moral et Juridique**).

Qu'est-ce que la Justice, LE JUSTE, et comment
procéder pour le découvrir? Que représente ce mot,
à la fois superbe et touchant, qui exerce sur les
âmes une fascination instinctive? Qu'est-il, tout au
moins dans ses caractères abstraits, permanents,
encyclopédiques, dans ses Constantes?

Diversité extrême, Ecoles nombreuses (expression
élastique, encore un mot caoutchouc).

Controverses, Conjectures, Systèmes, Philosophies,
Imaginations spéculatives, raisonnables, déraison-
nables, extravagantes. — Echafaudages, ayant chacun
un objectif, un but différents. (tour de Babel), qu'on
peut grouper ainsi :

1) — **Le Théisme** (politiquement: Théocratie). — Organisation ayant pour But dominant la (ou les) Divinité. Le Divin l'emporte sur l'Humain.

2) — **L'Oligoïsme** (Ὀλίγος, petit nombre) (politiquement : Oligocratie ou Oligarchie). — Organisation ayant pour but dominant le Monarque, ou les Chefs, ou les Prêtres, les Aristocrates, les castes, les classes, les capitalistes, etc. Chacun de ces intéressés tend à UNE CONCENTRATION des forces ou des richesses sociales à son profit : actuellement on assiste à une persistante et formidable concentration capitaliste, phénomène social qui souvent régit tous les autres en s'accompagnant pourtant d'un certain NIVELLEMENT DES JOUISSANCES, plus automatique que consenti [1]. L'Egoïsme l'emporte sur l'Altruisme.

3) — **Le Domoïsme** (politiquement : Démocratie) ou avec plus de précision, le « Nationisme », le « Populisme », le « Socialisme ». — Organisation pour tous, pour la masse, *la Nation*, en son total et en ses individualités, y compris la partie presque oubliée jusqu'au XIXe siècle, la Plèbe ouvrière, ce que Hubert Wells a nommé « le peuple de l'Abîme » [2], Egalité dans le droit au Droit. L'Humain l'emporte enfin. — Cette doctrine se manifeste en variétés nombreuses dont voici les principales :

L'Etatisme (PLATON, 429-347 av. J.-C.), (HEGEL,

1. Voy. GEORGES D'AVENEL, *Le Nivellement des Jouissances.* Paris, Flammarion, 1913.

2. Voy. le curieux livre de cet auteur, dont William Archer a proposé de faire « le *Prophète-Lauréat* de l'Angleterre » : ANTICIPATIONS, *ou de l'influence du Progrès mécanique et scientifique sur la vie et la pensée humaines*, traduit par Davray et Kosakiewicz. Paris, 1903, Société du Mercure de France. — A chacun de ces trois premiers états *sociaux* correspond, en général, un état *intellectuel* différent dans la partie de l'Humanité qui les traverse, savoir : 1) Superstition, — 2) Idéologie, — 3) Science. — Autrement dit : Théologie, — Métaphysique, — Positivisme. (AUGUSTE COMTE et sa *Loi des Trois États*.)

1770-1821), etc. *Ecole communautaire* (le « Communisme » en ses variétés. — Cette Ecole prend pour principe dominant, base directrice, la considération de l'ETAT (par exemple : la Sparte de Lycurgue), de l'être ORGANIQUE général et abstrait, être synthétique global auquel tout devrait être ramené, auquel les individus sont *subordonnés* : absorption, asservissement de l'individu au profit de la collectivité. Quelques-uns ajoutent qu'en favorisant l'Etat, même si l'on semble sacrifier les individus, on arrive à la plus grande somme de bien-être possible pour le plus grand nombre de ceux-ci.

L'Individualisme (ARISTOTE, 384-322 av. J.-C.), (BASTIAT, 1801-1850). *Ecole particulariste.* — Cette Ecole veut que l'on considère avant tout l'INDIVIDU (cellule sociale), prétendant que l'Etat n'a de raison d'être que le bien de celui-ci.

L'Eclectisme. *In toto et in qualibet parte.* — *Ecole « répartiviste ».* — (SPENCER, 1820-1903).

Cette tendance préfère une combinaison, une répartition aussi équilibrée, aussi pratique que possible de prérogatives entre l'Etat et l'Individu[1]. La base de cette doctrine est dans la notion même de l'Homme qui est à la fois *individualiste et social*, égoïste et altruiste ; il ne peut se développer qu'en collectivité et il ne peut se passer d'activité individuelle. Donc la conciliation des deux tendances s'impose : SPONTANÉITÉ et SOLIDARITÉ — LIBERTÉ et FRATERNITÉ.

---

1. La *piste* à suivre est indiquée par les faits sociaux euxmêmes ; dans tous les cas où, soit un individu, soit un groupe, est actuellement en possession d'un service ou *d'un instrument d'une utilité publique*, c'est un indice pour rechercher s'il faut substituer l'Etat à cet individu, à ce groupe (grands domaines, grandes banques, grandes industries, grands transports, etc.). — Sur les rapports juridiques entre l'Etat et l'Individu, voy. JHERING, *Esp. Dr. Rom.*, t. II, p. 82 à 127, spécialement p. 119 et s. et p. 256, et dans *Zweck im Recht*, n° 220.

Le Collectivisme[1]. — Cette doctrine du Juste, qui est la plus moderne, se résume en ces termes : A CHACUN SELON SES BESOINS (vitaux), — DE CHACUN SELON SES FACULTÉS (productives) — PAR LES EFFORTS DE TOUS, — ET PAR LES EFFORTS DE CHACUN [2].

Donc, une solution moyenne (Middelmaet), de manière à constituer une devise harmonique, un mot d'ordre social, « a golden rule » en un **Tétragramme du Juste** — (un accord avec l'**Utile**), applicable au Droit, (et à la Morale), résumant et agglomérant un grand nombre de systèmes et de philosophies sociales fractionnaires et dont la réalisation, si elle est possible, amènerait ce qu'on peut nommer *la Sécurité*[3].

Voir dans *Le Droit Pur*, des exemples et des applications de ce Tétragramme (n°ˢ 187 et s.). — Voy. aussi JHERING, *Zweck im Recht*, chap. VI.

Cette quadruple formule est théorique ; elle n'est, dans une certaine mesure, *qu'une aide* pour la recherche du Juste, ce qu'on nomme *solution de Principe* ; elle recule le problème plutôt qu'elle ne le résoud. Mais elle l'éclaire singulièrement. Elle ne fait

---

1. Sur le Collectivisme, cons. B. MALON, *Le Socialisme intégral* (on a dit aussi, depuis peu, « le Maximalisme »), p. 298 et s. ; spécialement aux p. 318 et s., il énumère les significations nombreuses et variées données au mot « Collectivisme ». — DE PAEPE, *De la propriété collective. De l'organisation des services publics dans la société future*. Rapports présentés au troisième et au sixième Congrès de l'Association internationale des travailleurs, 1868 et 1874. — EMILE VANDERVELDE, *Le Collectivisme*. Bibliothèque de Propagande du Parti Ouvrier, rue des Sables, 35, à Bruxelles. — LE MÊME, *Lettre collectiviste*. Même éditeur. — A. SCHAFFLE. *La Quintessence du Socialisme*, 1877. — **En sens contraire** : LEROY-BEAULIEU, *Le Collectivisme, Critique du nouveau Socialisme*.

2. Tous pour un, Un pour tous. Ces formules sont maximaires, c'est-à-dire ont un caractère absolu qui est invariablement moindre dans la réalisation.

3. Dans l'organisation actuelle des sociétés humaines, ce tétragramme est, en général, remplacé par celui-ci : *A chacun*

pas atteindre du coup le But, mais engage la réflexion dans un chemin qui la guide et y peut mener d'un pas plus ferme et plus constant ; elle indique, elle jalonne ; elle forme poteau-indicateur [1].

———

Les tendances et les méthodes que je viens d'indiquer empiètent d'ordinaire plus ou moins l'une sur l'autre et sont à des stades divers selon les lieux, les temps et les peuples.

A chaque époque les organisateurs de systèmes ont dit : **Voici le Juste.** Ce qu'ils se sont trompés ! *La Justice (complète) est toujours future.*

b). — Le Juste « stricto sensu », les Lois équitables. Le Juste « juridique », proprement dit.

Le Juste n'est pas, *dans ses réalisations concrètes,* un élément « essentiel » du Droit. Il y a le *Jus bonum* et le *Jus malum,* voy. *supra,* p. 36. Dans l'histoire du

ce qu'il produit ou acquiert ; — De chacun ce qu'on peut en tirer, — Par l'action de qui détient le pouvoir, — Et par l'action de qui détient la richesse, l'habileté, la force, — La jouissance obtenue sans l'effort, — L'Effort imposé sans la jouissance, — Chacun pour soi, — Personne pour tous ! — ED- MOND PICARD, *La Vie simple.* Bruxelles, Lacomblez, 1894. — Notre compatriote Ernest Solvay, au lieu de : « A chacun selon ses besoins », dit : « A chacun selon sa productivité sociale ». Il maintient ainsi l'idée bourgeoise : « A chacun les produits de son travail. » — Voy. *infra,* p. 204, note 2. — Voy. *Ernest Solvay réformateur social,* par LOUIS BERTRAND. Bruxelles, 1918, chez Dechenne, p. 86 et s. — La formule Solvay est moins *juste* ; elle est plus pratique parce qu'elle tient compte de l'égoïsme humain et de la satisfaction de s'enrichir. C'est *plus réalisable,* c'est davantage du **Possibilisme,** au moins au temps présent.

1. Comme les *Besoins* et les *Facultés* sont très variables selon les unités, les individualités humaines que l'on considère, il y a là une difficulté que l'on a essayé d'écarter en disant que c'est l'HOMME MOYEN (de l'époque et de la Nation considérée) qu'il faut envisager « législativement ». — Comp. *infra,* p. 209.

Droit, le *Jus malum* abonde comme la maladie dans la physiologie humaine. Ce serait mal connaître l'homme, que de ne le considérer qu'à l'état de santé.

En ce qui concerne la matière, la substance a mettre en législation :

1) Les uns veulent que ce soit ce qu'ils imaginent être l'Absolu, le parfait, l'irréprochable, l'Intégral ; ce sont les Idéalistes (les dangereux rêveurs utopistes) qui font du Droit une préparation chimérique.

2) Les autres veulent que ce soit la réalité possible ; ce sont les Positivistes, les Possibilistes, les Pragmatiques, ceux que, dans le Droit, je nomme les Hoministes. — Voy. *supra*, p. 185 et *infra*, p. 243.

On pourrait dire « le dosage » de la matière juridique. *La Justice juridique*, c'est-à-dire *les relations à soumettre à la contrainte*, plus exactement le Droit, c'est-à-dire le Juste correctement dit.

Problème de la limite entre l'*Autorité et la Liberté*, entre le Droit et la Morale. Encore une fois diversité, obscurité dans les opinions.

Danger et inconvénient de transformer un devoir moral en un devoir juridique, et *vice versa*. Le Droit est à la Morale comme chacun des récipients d'un sablier ou d'une clepsydre est à l'autre : quand l'un se vide, l'autre se remplit d'autant ; le partage des devoirs humains, en libres, et forcés, oscille entre eux ; la ligne de démarcation est flottante et fut toujours flottante. C'est un état d'équilibre instable. Pas de cloison étanche.

La partie du Juste (le Bien juridique) dont le Droit doit s'occuper, qu'il doit soumettre à la Contrainte sociale, c'est celui que n'accomplit pas toujours *spontanément* l'activité humaine et dont, pourtant, l'accomplissement est cru importer plus au bien *commun* que l'inaccomplissement.

En réalité, quand il s'agit de savoir si une relation sociale doit être soumise à la Contrainte, c'est-à-dire sortir de la Morale pour entrer dans le domaine du Droit et devenir ainsi *un objet de législation* pour le bon gouvernement d'une nation, dans n'importe quel domaine social, économique ou autre, chaque cas particulier doit être apprécié à part, en tenant compte de toutes les circonstances, de ceux des facteurs énumérés comme facteurs de Législation dans la Huitième Partie, qui sont ici utilisables. C'est *une opération de tact, de Sagesse, de clairvoyance, de Bon Goût législatif*, souvent délicate, dépendant de facteurs divers, échappant à tout procédé absolu. Science, et souvent inspiration, du véritable Homme d'État[1], LA POLITIQUE (au sens élevé, la *Ratio recta*, l'*Ars juris*, comme a dit Cicéron)[2] ; la Sociologie juridique *partiaire*, c'est-à-dire de chaque institution juridique en particulier ; dégagement de *son Idée inspiratrice, de son Idée-mère.* Science du Jurisconsulte qui prépare la loi, plutôt que du JURISTE qui l'interprète et l'applique. — Quelle merveille que l'application incessante des collecti-

---

1. Je signale ici, de nouveau, comme une sorte de bréviaire à consulter et à méditer par tout législateur, le livre de GUSTAVE LE BON, indiqué *supra*, note 2, p. 132 : HIER ET DEMAIN, PENSÉES BRÈVES ; il contient environ 1.200 maximes d'une substance politique supérieure ; y voir notamment, p. 216 et s., *Les Réformes et les Lois.* — Voir complémentairement supra, p. 23.

2. L'Opportunisme, dont le représentant principal fut Victor Cousin (1792-1867), école dite aussi *du Sens commun*, à tendance généralement trop doctrinaire et trop bourgeoise : les mesures législatives moyennes et utiles. (en accord avec le caractère belge, avec le Middelmatisme : Voy. mon *Essai d'une Psychologie de la Nation belge*, Introduction au tome LXXXII des PANDECTES BELGES, 1906.

vités humaines à ce travail de recherche et d'adaptation[1].

———

En réalité on n'est point parvenu à des formules nettes. Le Droit (au moins le Droit positif) reste divers comme le Bien social lui-même. Souvent conjectural comme lui. Toujours approximatif, *taliter qualiter*. Voici quelques indications. Je résume ce qu'on peut en dire au temps présent :

I.) — Il y a primordialement la mise en œuvre, *dans le compartiment du Droit*, du Tétragramme mentionné *supra*, p. 198, utilisé ici non plus pour découvrir le Juste, mais, en sous-ordre, pour découvrir ce qu'on peut nommer « la matière à contrainte »[2]. Chaque fois que, pour obtenir l'accomplissement d'un des termes de ce Tétragramme, l'initiative individuelle ne suffit pas, on peut dire, en principe, qu'il convient, non pas de recourir immédiatement et aveuglément à la contrainte, mais d'examiner s'il faut en faire un devoir juridique en y attachant la contrainte,

———

1. C'est une difficulté analogue à celle que présente la détermination du Bien social (*supra*, p. 197). L'ESPRIT DES LOIS, de Montesquieu, y est consacré; mais cette œuvre célèbre est surannée, contient beaucoup d'erreurs et, même, des niaiseries au sens de nos connaissances actuelles (600 chapitres). Il n'y a pas de CRITÉRIUM du Juste juridique ayant la netteté, *la constance* qu'a l'élément « contrainte » pour reconnaître le Droit. C'est un problème analogue aussi à celui de la recherche *de la caractéristique du* BEAU dans l'Art. — Remarquer qu'une « sous-difficulté » du même genre se présente quand il s'agit de discerner quels rapports juridiques doivent être investis d'une contrainte *pénale* ou quelle peine ou dose de peine il convient d'instituer. — Voy. comme exemple d'un tel travail pour le Droit civil, R. DE LA GRASSERIE, *Principes sociologiques du Droit civil*. Paris, Giard et Brière, 1906.

2. Comme complément de ce *Tétragramme*, comme développement de l'un ou l'autre de ses deux premiers termes

ou se confier à la fortune des événements et se résoudre à tolérer un à-peu-près.

II.) — Au point de vue de la Méthode à suivre pour opérer le départage entre Droit et Morale :

a) **École disciplinaire ou autoritaire.** — Les uns croient que le moyen le plus sûr est de soumettre les hommes en société à une **Réglementation** AVEC CONTRAINTE, à un asservissement collectif aussi minutieux que possible[1].

On a reproché au Socialisme de vouloir transformer toute la vie sociale en devoirs juridiques, c'est-à-dire en devoirs soumis à contrainte. C'est confondre certaines conceptions de cette doctrine (Collectivisme *Absolu*, très semblable au Communisme, au Jacobinisme) avec d'autres (Collectivisme *Relatif* ou *Réformiste*, ou *Positiviste,* ou *Pragmatique*, seul admis par la généralité des penseurs et des hommes d'action du parti).

b) **École libertaire.** — D'autres pensent, au contraire, qu'il faut faire à la **Liberté** *individuelle* la part la plus large possible et réduire la contrainte juridique au strict nécessaire. Dans le Commerce et l'Industrie, c'est l'école dite de Manchester, celle du *laisser-faire, laisser-passer*, du CHACUN POUR SOI.

(Besoins vitaux et Facultés productives), on peut, sous forme diagrammatique, rattacher soit la formule en sept termes (heptogramme) : nourrir, vêtir. loger, instruire, distraire, circuler, protéger, — soit la formule connue, sur les heures quotidiennes, les *trois huit*, ou plus raisonnablement : neuf (travail), huit (loisirs), sept (sommeil).

1. Exemple dans l'histoire humaine, cette même Sparte citée *supra*, p. 196, qui non contente de ramener toute l'activité sociale à l'Etat (Etatisme), y ramenait par la contrainte. — Exemple dans le monde animal : les sociétés de fourmis, d'abeilles; les individus y sont pour la collectivité, presque pas pour eux-mêmes.

Egoïsme déguisé sous le nom de Liberté[1]. Le mot Liberté n'a plus la sonorité d'autrefois.

Cette Ecole, quand elle s'exagère, en mettant le faible en présence du fort (sans les *handicaper*), renforce le salariat et le despotisme de la richesse : Doctrinarisme financier, écrasement du pauvre et son exploitation.

c) — **École médiaire** (*mitoyenne, intermédiaire, harmonique, équilibrée, Opportuniste.* — Diagonale du parallélogramme des Forces). — C'est la doctrine d'une répartition, d'un partage, d'un **Equilibre** entre la Réglementation et la Liberté. Combien difficile à réaliser ; toujours des approximations [2].

---

1. Le riche n'a besoin que de liberté pour croître, tandis qu'avec cette même liberté le pauvre est opprimé. Exemples dans le monde animal : les grands fauves, tigres, lions, etc. ; ils sont tout pour eux-mêmes, rien pour la collectivité.

2. Parmi les règles directoires par lesquelles on a tenté de discerner une des relations sociales auxquelles il convient d'attacher la contrainte publique, il en est peu d'aussi généralement admises que celle-ci : *A chacun la propriété des produits de son travail.* Cette règle, classée parmi les droits naturels primordiaux et incontestables de l'homme, méconnaît le membre du Tétragramme du **Juste** : *A chacun* SELON SES BESOINS. Elle est la cause des fortunes excessives, de la disproportion de la richesse des uns et de la misère des autres, principale et criante anomalie de la situation économique des nations. Mais ce qu'il y a de curieux, c'est qu'en la comprenant et l'appliquant exactement, on détruit le résultat qu'on lui fait produire, le travail de chaque producteur n'étant qu'un élément infime du travail *total* d'où résulte la production. C'est le travail antérieur et le travail actuel de la collectivité humaine qui en sont le facteur principal, de telle sorte que, pour respecter ladite Règle, c'est à la Collectivité que la propriété devrait être attribuée, au moins pour la plus grosse part. C'est elle qui est le principal producteur. N'est-ce pas ce qu'on fait dans le domaine des droits intellectuels, en limitant la durée des droits d'auteur ou d'inventeur. — Voy. cette idée développée dans le **Droit Pur**, n° 190.

Envisageant le problème au point de vue spécial de la part d'intervention juridique à allouer à l'État, on a pu dire : « Jusqu'à présent, l'Etat n'a eu d'autres devoirs que de garantir à chacun la paisible jouissance de ce qu'il a. Désormais le devoir de l'Etat sera de mettre chacun en possession de ce à quoi ses besoins et ses facultés lui donnent droit ». (FICHTE, 1763-1816). — En d'autres termes, de spectateur et conservateur (simple veilleur de nuit), l'Etat, sans supprimer la libre action des individus, sans non plus prétendre à réformer les mœurs naturelles d'une nation, devrait devenir acteur et perfectionneur législativement et administrativement, en vue d'une harmonisation générale, d'une garantie à tous des conditions d'une vie simple et bonne, la vie de l'homme *moyen*. (C'est le Tétragramme, *supra*, p. 198).

III.) — D'autres placent leur espoir politique et social dans un moyen moins absolu et plus simple : faire confiance à l'organisation gouvernementale qui a leurs préférences qu'ils recommandent de choisir et qui se résume dans l'une des trois formes principales indiquées, *supra*, p. 196, savoir : Théocratie, oligocratie ,démocratie. C'est à cette dernière que, au moins dans les nations de race Européo-Américo-Australienne vont les esprits de l'époque actuelle par une poussée historique qui semble irrésistible.

———

Voir aussi ce qui a été dit, *supra*, p. 177 et s., dans la Huitième Partie relative à l'Origine du Droit, sur les organes de découverte du Droit : a) *Révélation*, — b) *Raison*, — c) *Observation*.

———

En résumé : une large part demeure dans le domaine de l'*Empirisme*. Le préférable n'est-il pas de faire mouvoir *cumulativement* plusieurs de ces procédés selon les circonstances, les opportunités, pour autant qu'ils soient compatibles ? Une entr'aide méthodique.

———

Au lieu des dénominations que j'ai employées plus haut, d'une part (Etatisme, Individualisme, Eclectisme ; — d'autre part, Réglementation, Liberté, Equilibre), on dit aussi Centralisation, Décentralisation, Socialisation, termes usités pour désigner les trois aspects *de l'un et de l'autre* des deux groupes. Cette terminologie est moins précise : l'unité de qualification fait croire inexactement à l'unité de leur essence, alors que le premier groupe a, pour base de division, l'*Objet* à découvrir, et le second, le *Procédé* à employer.

B. — LES ABERRATIONS DU DROIT, L'INJUSTE, LE TORD [1]

Les Anachronismes, les Déviations, les Sophistications, les Prostitutions, les Incongruités, les Nuisances, les Incohérences du Droit dans les Collectivités humaines [2]. Pathologie juridique.

Chose à remarquer, ces principes *morbides* dont l'Histoire de l'Humanité foisonne (et dont je ne donne que quelques spécimens), amenant une *dépravation* de la vie juridique (individuelle ou sociale), ces *duperies* juridiques, ces blasphèmes juridiques, ces faux billets de banque mis en circulation, proviennent la plupart, soit d'une importance exagérée (d'une *hypertrophie*, d'une pléthore), soit d'une insuffisance (d'une *atrophie*) de l'un ou l'autre des éléments normatifs qu'on rencontre dans tout droit : fait jurifique, preuve de ce fait, sujet, objet, rapport, contrainte. — Voy. le schéma, p. 60.

1. Comp. *supra*, p. 192, note 2.
2. Les Soufflets à Thémis.

1° — Aberrations relatives à la Contrainte juridique.

Telle la théorie qui a posé l'axiome : Le Droit c'est la Force (*Macht ist Recht*), sans restriction (voy. *supra*, p. 128 et s.), poussée jusqu'à cet axiome : La Force prime le Droit [1].

Quand cette doctrine s'applique à des prescriptions *injustes*, c'est le Droit-brigand, le Droit saturé de violence.

Elle aboutit à croire que partout où la force parvient à imposer ses volontés, il y a non seulement droit, *mais droit juste*. « Le Droit est, alors, ce qu'un homme investi de la force entend être le Droit », *sans autre considération* sur la valeur intrinsèque de l'institution [2].

C'est le Despotisme, — la Tyrannie, — le Bon Plaisir de l'autocrate (despote isolé) ou du pays légal (despote collectif) s'appuyant sur l'armée, recourant au besoin au « coup d'Etat ».

L'aberration dans la contrainte se manifeste aussi quand on transforme un devoir moral en devoir juridique, ou un devoir civil en devoir pénal. — Inversement quand on n'attache pas de contrainte à un rapport juridique véritable, ou pas de peine là où il en faudrait; c'est le moins après le trop, l'Impunité. — Voy. G. Tarde, *Les Transformations de l'Impunité* (Archives d'Anthropologie criminelle, 1898, p. 615).

Un autre cas d'aberration notable c'est celui des peines barbares, de la Torture, par exemple (on tente

1. Ailleurs la Force joue, dans le Droit, un rôle salutaire. — Voy. *supra*, p. 128 litt. *f*.
2. Lire quelques curieuses pages à ce sujet dans *L'Expansion de l'Allemagne et de la France*, par Henri Andrillon (Angoulême, 1909), p. 44 et s. ; la Guerre conçue comme une fatalité organique de la Nature humaine, *ibid.*, p. 112 et s.,

de les justifier en disant que l'époque les rendait nécessaires [1].

2° — *Aberrations relatives au Rapport entre le Sujet et l'Objet* (du droit).

Ici on donne trop (ou trop peu) d'importance dans la législation à l'élément Rapport, spécialement dans quelques-unes de ses expressions les plus significatives.

Par exemple, le rapport juridique qui constitue la Propriété, ou le rapport qui constitue la Créance, ou le rapport qui constitue la Puissance, etc. — Voy. *supra*, p. 71 et s.

On respecte ces rapports et on les protège *en eux-mêmes*, indépendamment de leur utilité sociale véritable dans un cas déterminé, indépendamment aussi des personnes qui en ont l'exercice et de leur moralité, comme quelque chose de fondamental et de sacré.

Cela s'est produit à diverses époques et se manifeste encore fortement dans l'organisation capitaliste actuelle et dans l'intellect des juristes de profession.

Exemples : Les avantages juridiques spéciaux et rigoureux accordés à la propriété — et à la créance [2],

---

1. Au début des civilisations, la Contrainte a une sorte de primauté dans le Droit, mais elle va décroissant. Il y a encore un résidu de cette tendance dans l'importance parfois excessive maintenue aujourd'hui aux institutions qui la représentent : Palais de Justice, Magistrature, Armée, Gendarmerie, etc., et à la crainte révérentielle qu'ils suscitent. — Cons. MAINE, *Hist. des Inst. prim.*, chap. XI. — Le Droit juste armé de la Force est l'idéal juridique des sociétés humaines. Le Droit, même juste, sans la Force, *est une quasi-inutilité*. La Force contre le Droit juste est une monstruosité. (Adresse de la Fédération des Avocats belges à la Grèce, *Journal des Tribunaux*, 1897, p. 292 et 293.)

2. Le propriétaire, le créancier, ces privilégiés, ces favoris des lois courantes actuelles.

notamment à la créance hypothécaire, — la situation
sociale inférieure du non-propriétaire et du débiteur,
— le préjugé d'humiliation attaché à l'insolvable et
au pauvre, — le despotisme des grandes fortunes,
abstraction faite des personnalités qui les détiennent
et qui, souvent, en font un inutile ou mauvais emploi,
— la liberté juridique, même extravagante, dans les
testaments, etc.

3° — *Aberrations relatives à l'Objet.*

Quelles restrictions ou quelles additions faut-il faire
au catalogue des objets que l'homme peut utiliser
comme objets juridiques de son ambiance [2]? Il y eut
le refus millénaire d'admettre les inventions intellectuelles comme objets de droits. — Comp. *supra*, p. 66.
— Inversement il y eut l'Esclavage (blanc ou noir)
qui appliqua et qui applique encore chez certains
peuples, le régime de la propriété, spécial aux objets
des droits dits « réels » à l'être humain assimilé aux
animaux.

4° — *Aberrations relatives au Sujet.*

Le Sujet dominant du Droit, c'est l'Homme (isolé
ou groupé). Il en est le véritable intéressé.
Il est le point qu'en ce qui concerne la légitimité
du Droit, il faudrait envisager toujours de préférence
à la Contrainte, au Rapport, à l'Objet, lesquels ne
devraient toujours apparaître qu'en MOYENS ; or, il y
a aberration à transformer les *moyens* en *but*, et
réciproquement.
Il arrive qu'on exagère certains attributs du Sujet,
de manière à produire un droit anormal.
Ainsi la théorie de la Liberté excessive : le laisser-

---

1. Dont il peut faire des *Biens*, mettre *in bonis*.

faire, laisser-passer, assurant l'écrasement des faibles par les puissants ; c'est, en réalité, l'*anarchie* doctrinaire, le droit pour le riche d'agir occasionnellement, de façon arbitraire : « Rien n'e t plus fort que l'argent » (Dostoiewski). — Il faut alors des limitations, *un conditionnement*, car le Droit est une *doctrine à Renoncement* relatif, une organisation en partie altruiste des obligations de voisinage, du coude-à-coude intersocial, considéré dans la généralité des individualités qui composent la collectivité (comp. *supra*, p. 55 et s.) ; souvent le Droit ne fut organisé qu'au profit d'une unité ou d'un groupe.

Il arrive qu'on restreint la capacité du Sujet en le privant de la Jouissance de certains droits. notamment en matière politique : l'exemple le plus fameux s'est manifesté dans le droit de suffrage (l'évolution du Suffrage Universel).

Il arrive, d'autre part, qu'on donne la qualité de Sujet de droit à des êtres auxquels elle ne revient pas : Caligula fit consul son cheval; la Lune (Tanit) avait des propriétés à Carthage.

5° — *Aberrations relatives au Fait Jurigène*
(au Negotium).

Le Fait jurifique, jurigène, juripare, producteur, générateur du droit considéré abusivement *en lui-même*. — Comp. *supra*, p. 96, A et s.

En matière pénale (l'infraction en soi, abstraction faite de la personnalité individuelle et psychologique du délinquant). — Voy. le Syllabus du cours de Ferri, *J. des Trib.*, 1895, n°· 1145. 1146, feuilleton.

A citer aussi le respect exagéré des Conventions, même quand elles sont léonines, des testaments par cela seul qu'ils sont des testaments, etc.

6° — *Aberrations relatives à la Preuve.*

Ce sont les procédés chimériques ou barbares cités *supra*, p. 113 et s., et, parmi eux, surtout l'abominable torture, qui fut d'une persistance historique si affreuse.

———

Les aberrations du Droit sont souvent moins des *causes* de décadence, que des manifestations, des symptômes d'une décadence, ou d'une imperfection mentale, déjà existantes.

A noter également que les aberrations juridiques d'une époque sont, plus fréquemment qu'on ne pense, les normalités juridiques d'une époque subséquente : l'antisocial devient le social, l'état *aigu* devient l'état *chronique*. L'évolution de la plupart des institutions juridiques l'atteste : propriété, famille, créance, succession, etc.

Il faut que le Droit n'empiète pas sur les autres grandes forces sociales pour les diminuer ou les anéantir. — Voy. *supra*, p. 193. — Il ne faut pas qu'une nation soit trop juridique. — Les *Hypnotisés* du Droit. L'Outrance du Droit. — Il faut user du Droit sobrement, avec modération, comme d'un remède social violent (à cause de la contrainte) [1].

Ce serait alors une aberration du Droit considéré

———

[1]. En Belgique, on dit quelquefois, *Middelmatisme* (mesure moyenne), d'après un proverbe du grand poète hollandais Cats : *Houdt middelmate*, devise que le poète belge flamand Houwaert avait fait inscrire sur sa maison à Saint-Josse-ten-Noode près de Bruxelles, et que j'ai signalée comme une caractéristique dans mon Etude (Introduction au Tome LXXXVII des Pandectes Belges) sur la Psychologie du Peuple Belge.

non plus dans l'un ou l'autre des éléments normatifs
de tout droit, mais dans son ensemble.

Exemple : Rome (JHERING, *Esp. Dr, Rom.*, t. Ier,
p. 324 et s.).

Quand on recherche les causes des aberrations
juridiques, multiples, obscures, compliquées, difficilement démêlables, il en est une qui semble dominante, et qui est commune au Droit, à la Morale, à la
Religion : LES CROYANCES, ces conceptions *instinctives*
si différentes des CONNAISSANCES *raisonnées* ; — elles
sortent de l'imparfaite nature humaine avec une
puissance singulière, parfois irrésistible. — Cons. le
beau livre de GUSTAVE LE BON, *Les Opinions et les
Croyancees, Genèse, Evolution*, cité *supra*, note 1,
p. 141.

C. — CONSIDÉRATIONS COMPLÉMENTAIRES

Trois aspects à considérer toujours dans le Droit
pour qu'il soit INTÉGRAL, ou se rapproche de l'intégral.
— Comp. *supra*, p. 184 et s.

L'homme INDIVIDUEL dans ses besoins *matériels*,
visibles et tangibles, et dans ses besoins *psychiques*,
invisibles.

L'homme SOCIAL en tant qu'être *solidaire* de tous
les autres et réciproquement.

L'homme GROUPÉ, associé, en communauté d'action,
en synergie, avec ses semblables[1].

Le Droit doit envelopper dans son tissu élastique
ces aspirations, y compris celle du cœur, ce qu'on
peut nommer « la tendresse sociale », « la tendresse

---

1. En d'autres termes, l'homme est **psycho-corporel et individuo-social**. C'est un être DUPLEX au point de vue de sa vie en
société, comme il l'est aussi au point de vue de sa nature
(intellectuelle et animale), à la fois bonne et mauvaise, belle et
laide, noble et ignoble. — Comp. p. 185 et 243.

jūridique » : gare au Droit trop sec ! Celles-ci exigent même parfois plus que les autres [1].

La vertu cardinale du Droit contemporain doit être LA SOLIDARITÉ, le sentiment de l'union universelle des êtres humains dans la société, la conciliation (peut-on aller jusqu'à dire l'harmonie ?) entre l'*individualité* et l'*universalité* ; l'homme qui ne veut pas être seulement « soliste », mais aussi musicien d'orchestre.

Caractère relatif et muable du Droit positif. Toute institution juridique positive, même crue juste, doit constamment apparaître comme approximative, transitoire, passagère dans son *contenu* historique et sa légitimité comme règle du Bien social [2]. Le Droit humain réalisé ne doit pas viser à une idéalité, mais à une opportunité. Les oscillations du droit.

Les LOIS positives sont toujours à l'état de remaniement, de transformation, de refonte. Elles devraient sauf rares exceptions, obéir à l'opinion commune qui les sollicite, elles devraient en être les *réverbératrices* ; or, souvent elles ne sont que l'expression des opinions particulières ou des illusions des juristes de cabinet ou de ceux qui détiennent le pouvoir [3].

---

1. Cons. B. MALON, *Le Socialisme intégral*, p. 29 et s. : Pas d'entreprises viriles sans Idéalisme. — Toute réalité a, comme fleur, l'Idéal. — L'âme humaine aime qu'on fasse appel à ce qu'il y a de plus élevé en elle. — GUSTAVE LE BON, *Lois psychologiques, etc.*, p. 146, dit qu'il faut, avant tout, « créer un état de fait rendant l'homme heureux ». Le Bonheur est en nous. Petits besoins, grand Idéal.

2. Cons. LÉON HENNEBICQ, *L'Histoire et les Lois, Journal des Tribunaux*, 1896, p. 1073 et s.

3. Les hommes n'honorent et ne respectent dans la loi que sa similitude avec leurs instincts juridiques. Le législateur doit être l'incarnation du sentiment général. On ne violente pas impunément l'instinct juridique d'un peuple ; on lui doit *un Droit à sa mesure*, comme aux bossus un habit qui tient compte de leur bosse. Ce n'est qu'alors qu'un législateur devient un interprète avoué de l'humanité.

DIXIÈME PARTIE

FINALITÉS (TÉLÉOLOGIE) DU DROIT
2e ASPECT : EFFETS SOCIAUX

Cette partie manque dans le Droit Pur : elle y est éparse.

Nous arrivons à la mission *finale* du Droit, à son But ultime et justificateur, où il forme impasse (gare d'about) dans sa destination sociologique.

D'ordinaire c'est à ce compartiment Téléologique de son total que les Sociologues se bornent. Les Philosophes ajoutent la recherche de son origine (Etiologie) à laquelle est consacrée la Huitième Fresque. Ils laissent aux Jurisconsultes ce qui concerne son Ontologie [1].

En Encyclopédie, on ne peut admettre ces limitations. Elle doit embrasser le tout en son triple objet.

Il s'agit de peindre sommairement le résultat social de tout l'effort, de toute l'activité juridique qui se déploie avec une constance ininterrompue dans les Sociétés humaines. Je puis être bref, quantités d'aperçus ayant déjà été indiqués dans les Parties précédentes par les nécessités de l'exposition.

---

1. Et affectent parfois de la dédaigner.

Si le Droit est surtout *le plus vaste des organismes de Protection de l'homme envers l'homme*, il ne se borne pas uniquement à ce résultat dominant considérable ; il est multiface, il comporte des *Finalités*, des « séquences » diverses qui sont des éléments de la *Physionomie* de la Collectivité où le Droit est en activité. La Science, dit-on, doit être aimée pour elle-même. C'est une vue insuffisante, spécialement dans le Droit. La Science y doit être aimée surtout pour ses effets sociaux [1].

Le Droit bien (ou même rien que *suffisamment*) établi a des effets salutaires qui aident puissamment à la civilisation et au bien des peuples, de même qu'il est une nuisance quand il est mauvais. La question du *Régime* est importante en Droit comme en médecine.

Le Droit normal est une vaste *Hygiène sociale*. Il apparaît comme une pondération, un équilibre de tous les droits isolés, individuels, agissant les uns sur les autres dans un organisme total, se limitant, s'aidant avec la cohérence rythmique d'un tissu vivant, d'un gigantesque mécanisme *sous pression juridique constante*, — toujours, pourtant, avec des insuffisances en doses variables auxquelles il faut se résigner, mais qu'il ne faut pas exagérer jusqu'au pessimisme. — Comp. *supra*, p. 36.

1. — Effet Disciplinaire (Réglementaire) du Droit.

L'aspect le plus important obtenu par la Force juridique est la Discipline (civique) générale qu'elle impose aux collectivités.

L'ORDRE PUBLIC. Le Droit est une Règle et un Frein,

---

1. Etre *protégé* est un des besoins vitaux de l'homme. — Comp. *supra*, la note 2, p. 207. — Être protégé, notamment hélas! contre ses semblables.

Il se dresse contre les retardataires indisciplinés, les inadaptés aux devoirs juridiques. Il apparaît en organisme producteur et conservateur D'UNE POLICE SOCIALE GRANDIOSE. Le reste est au second rang.

C'est naturel, puisque cette Force agit toujours dans la Positivité de la vie, en affirmant la contrainte publique et en l'organisant aussi efficacement que possible[1].

Il en résulte une rigidité de tenue et d'action, une rectitude, dans la masse sociale, peu visible souvent à cause de l'habitude avec laquelle on la pratique (automatisme juridique). Cela ne nous étonne, ne nous préoccupe pas plus que le miracle de la végétation et de la respiration.

Dans l'état historique et actuel de l'Ame humaine et de la Nature, le Bien social ne peut être conquis, dans les limites du possible, suivant chaque époque, sans certains devoirs *imposés avec la protection, la coercition sociale*, la Contrainte : cela est, cela n'est pas niable. Sans le Droit, la vie sociale serait éminemment dangereuse.

L'Expérience le prouve, le Bon sens l'atteste. Il suffit de supposer toute contrainte sociale abolie. Il serait insuffisant de ne compter que sur la fraternité, la bienveillance, la vertu. Les bas instincts se révèlent avec impétuosité dès que ce frein disparaît : émeutes, cruautés, friponneries, diversité des opinions, malentendus, impossibilité d'accord, etc., etc. — Comp. *supra*, p. 129, la note.

Il y a donc des *causes perturbatrices* du Bien-être humain contre lesquelles il faut LUTTER, notamment

---

1. Tels « les Statuts » d'une société, — les règlements militaires, etc. — On a pu dire : « le Joug social »; l'expression est brutale.

par la force sociale organisée juridiquement, de même qu'on lutte par la Religion, la Morale, etc. — Comp. *supra*, p. 133 et s., le Combat pour le Droit.

C'est la Nature d'abord — cataclysmes, éléments, forces météoriques, etc., contre lesquelles on groupe des résistances sociales.

C'est ensuite l'Homme : ses mauvaises passions, ses mauvais instincts, ses maladresses, ses insuffisances, voisinant avec ce qu'il a de bon.

Il semble qu'il y a en cela un désaccord entre le Droit et la Nature : celle-ci est pleine d'iniquités *apparentes* au regard de l'Humanité; elle semble souvent perfide, amorale. Le bonheur de l'Homme, tel qu'il est compris par lui actuellement, ne lui apparaît pas toujours comme le but de la Nature : il forme souvent une *antinomie* avec elle; c'est pourquoi les hommes s'associent pour essayer de le conquérir et de le défendre, notamment par le Droit [1].

En luttant, le Droit affirme sa légitimité *au point de vue humain*; il apparaît comme *une contre-pression* au besoin une contre-attaque, faisant équilibre aux écarts des passions et aux calamités naturelles. Il organise « une impulsion » vers l'Ordre social. — Le Droit ainsi compris est au centre du mouvement et de la vie; il n'a rien d'artificiel. Il est une doctrine de Convivance supérieure. Ses abus ne sont que des déviations accidentelles, un mauvais emploi d'une bonne chose.

---

1. Ce point a été mis en relief par Edmond Picard, *Scènes de la Vie judiciaire* (édit. Lacomblez, Brux., 1893) : *La Forge Roussel*, p. 101 et s. On peut dire que le Droit est la suprême police des instincts, des passions et des forces naturelles hostiles à l'Homme. Souvent, il est vrai, c'est l'Homme qui emploie mal, erronément les forces de la Nature.

2. — Effet « Réformateur », Progressif. — Portée de ces mots appliqués au Droit.

Si les Lois, c'est-à-dire la Force juridique en action peuvent modifier les mœurs en surface par leur contrainte, peuvent-elles les modifier réellement, durablement au fond ?

Question discutable et discutée[1].

Je n'ai cessé de dire (*supra, passim*) que les lois vraiment normales sont celles qui s'accordent avec la nature foncière des collectivités pour qui on les fait. *Quid leges sine moribus proficiunt*? Elles réforment l'état social, elles peuvent le corriger, quand cette nature foncière est méconnue, dévoyée, mais non pas en créer une autre (faire miauler un chien, ou aboyer un chat).

Ce sont aussi les seules lois qui durent[2].

Il y a MALENTENDU à croire que le but rationnel d'une législation doit être *la Réformation des mœurs* : son but est surtout de leur donner de la stabilité, une tenue plus claire et plus nette.

La *Nouveauté* (le Progrès) à réaliser doit surtout consister dans cette netteté des règles juridiques, qui les rend plus faciles à comprendre et à observer, plus exactes, plus sûres dans l'opinion publique. — Elle consiste aussi dans l'introduction du Droit dans les nouvelles régions d'activité humaine.

1. Consultez J. CRUET, *La Vie du Droit et l'Impuissance des Lois*. (Bibliothèque de Philosophie scientifique.) Ce mot « Impuissance » doit être pris au sens non pas « d'inutilité » (les Lois sont essentielles pour la Discipline collective), mais en vue de « correction des mœurs ».

2. Un seul exemple, mais typique : Le Calendrier républicain, si conforme au système décimal, et si esthétique par les beaux noms des mois, qui, pourtant, ne dura pas quinze ans.

Ce précepte est d'une importance sociale considérable, mais il est fréquemment méconnu par les faiseurs des Lois, trop souvent imbus d'idéologie et de confiance dans la toute-puissance du pouvoir législatif[1].

3. — Effet Pacificateur.

Quand le Droit n'est pas en accord avec ce qui est la Justice, le Juste, de l'époque, du lieu, du groupe humain pour lequel il est établi, cet effet pacificateur n'est que factice et prépare ou suscite le Combat pour le Droit.

Tel le Droit imposé par un Despote ou une Caste en considération de leur avantage personnel en sacrifiant ou négligeant le reste de la collectivité. — Comp. *supra*, p. 196, 2°.

Mais si le Droit est normal, harmonique (autant qu'on y peut réussir), **la Paix du Droit** apparaît avec **ses avantages**, son ENTENTE GÉNÉRALE et **sa poussée calme vers les** réformes appropriées.

4. — Effet Préventif. — Protecteur. — Réparateur.

Le Commandement qu'implique toute prescription juridique avertit les membres de la collectivité sociale, qu'en cas de désobéissance, la Contrainte peut intervenir et leur inspire *préventivement* la pensée de se soumettre. Le Droit rend ainsi corrects dans leurs actes bien des pervers ou des négligents. Il est un des motifs de leurs actes, il exerce une pesée sur leurs délibérations, et, peu à peu, par l'habitude, sur leur structure mentale. — Voy. plus loin.

1. *Supra*, p. 170. Gens de métier qui ne connaissent pas le métier.

Cette menace donne aussi au titulaire d'un droit la pensée que si une atteinte (une *injuria*) lui est causée, il sera *protégé* par la contrainte (et, pénalement, par la vindicte) publique.

Et comme il ne suffit pas que l'on puisse croire à ce double effet, mais qu'il faut, de plus, que le tort juridique (et social) soit effectivement *réparé* dans la mesure du possible, ce troisième résultat apparaît.

Ces trois faces amènent dans les âmes et dans l'allure collective de la masse sociale, un caractère de sécurité, de garantie, d'*assurance* calme et confiante.

Impression désastreuse, déprimante, quand l'opinion se répand qu'on ne peut plus compter sur le sentiment légal de la Nation, ou sur la valeur et loyauté du Pouvoir judiciaire, ou du Pouvoir législatif, ou sur le respect des Traités dans le Droit International [1].

Combinant ce numéro avec les trois précédents, on peut donc dire que le Droit devrait être et est, en général,

Puissamment consolidateur ;

Faiblement réformateur ;

Efficacement pacificateur et préservateur.

---

1. À moins de raisons supérieures : le Droit international a ses règles spéciales, notamment, qu'un Traité peut être délaissé *unilatéralement* quand il entrave gravement la destinée historique d'un des contractants. — Voy. la doctrine des auteurs et la pratique constante des Etats dans l'Histoire. — C'est pour avoir méconnu cette règle et appliqué au Droit international le Droit privé, que certains hommes d'Etat belges ont, en croyant ingénument à *la foi d'un traité*, livré, *sans défense militaire suffisante*, la Belgique neutre à l'invasion.

5. — Effets Economiques.

La sécurité, la régularité dont je viens de parler, influe naturellement sur **la Notion de Valeur** économique des choses, des « richesses sociales ».

Dépréciation immédiate en cas de troubles, de révolution, de guerres, de krachs financiers, de paniques de Bourse, d'événements quelconques pendant lesquels on peut craindre que le Droit ne pourra plus remplir sa mission disciplinaire, préventive, protectrice, réparatrice, et sera, en quelque sorte, insolvable, faisant banqueroute à sa destination sociale. Ce point de vue est un des plus intéressants.

6. — Effets Psychologiques. — Éducateurs.

Le Droit, quand il est suffisamment équilibré et que les âmes se familiarisent avec sa raison d'être sociale, a une influence ennoblissante et éducatrice du caractère des citoyens.

Il favorise la loyauté, la dignité, le sentiment altruiste et fraternel du Juste, de **la Justice** au sens général et élevé du terme. Il met dans la vie sociale de la netteté, de la propreté. Il produit une amélioration morale.

L'Homme qui en est imbu est vraiment un Homme, un VIR PROBUS (un gentleman juridique).

Tels les Romains aux bonnes époques de leur Histoire juridique.

Le Droit a sur les mentalités une influence de structure et de dressage; il en vient comme source et y retourne comme amélioration [1].

---

[1]. Ce côté psychologique du Droit est l'élément principal de l'ouvrage de H. Rolin, renseigné ci-après, p. 262.

Ceux qui le pratiquent comme serviteurs judiciaires ou autres devraient avoir toujours le sentiment de sa majestueuse utilité. C'est lui qu'on doit honorer en eux et non pas eux-mêmes, car ils n'en sont que les supports ; pas de morgue personnelle, mais l'orgueil et le respect de la Fonction.

7. — Effet Esthétique.

Qui, — comprenant le Droit, en son ensemble majestueux et dans la multitude infinie de ses détails juridiques ; non seulement dans une Finalité terminale (si, pour lui, le repos était possible), mais dans ses finalités *sérielles* successives, dans la suite historique sous des formes diverses à chaque moment de son évolution au cours du temps, — ne ressentirait une puissante impression d'émerveillement, une satisfaction donnée à notre sens esthétique? Il faudrait alors être bien déchu pour continuer à n'apercevoir le Droit que sous l'aspect des misères chicanières des procès et de la procédure. Et pourtant c'est jusqu'ici le sort le plus habituel que lui fait la multitude... et les spécialistes ! — Complétez par ce qui est dit *infra*, p. 244 : Vision Générale du Droit.

ONZIÈME PARTIE

MÉTHODOLOGIE JURIDIQUE [1]

L'Étude (Investigation scientifique) et l'Enseignement
du Droit [2]

Précision et Complément des §§ CXCVIII à CCXIX du Droit Pur.

Place du Droit dans la Hiérarchie des sciences
sociologiques : il a rang parmi les plus hautes, les
plus nécessaires aux collectivités humaines.

Toutes les nations de même race doivent procéder
en commun à l'investigation scientifique et à l'avancement de leur Droit spécifique. Insuffisance de
l'action isolée. Congrès, Conférences internationales, etc. [3].

1. La place logique de la Méthodologie devrait être la première dans la série des Fresques, puisque c'est elle qu. règle
l'Étude et l'Enseignement. Mais si le Professeur doit la connaître et la suivre dès ses premières paroles, elle ne peut être
bien comprise du lecteur et de l'étudiant que lorsqu'ils ont parcouru les parties précédentes.

2. Lire dans Jhering, *Esprit du Droit Romain*, les pages 26
à 81, t. Ier. La Méthode juridique n'y est pas exposée d'ensemble,
mais d'admirables aperçus partiels y sont donnés. — Ad. Prins.
*L'Éducation générale et la formation de l'Esprit moderne, Revue
de l'Université*, Lamertin. Discours prononcé à la séance de
rentrée de l'Université Libre de Bruxelles, le 15 octobre 1900.

3. « Convier tous les bons esprits à tâcher de passer plus

I. — De la Méthode juridique en général.

La Méthode est capitale pour quiconque s'occupe d'une science, soit pour son instruction personnelle, soit pour l'instruction d'autrui (Professorat, propagande).

La Méthode, en toute science, est l'ensemble des règles considérées comme les meilleures pour son Avancement, pour : 1° son Etude (avantages pour soi); 2° son Enseignement (avantages pour les autres).

La Méthode, *en ses généralités abstraites*, a sa place dans l'Encyclopédie d'une science. C'est un facteur externe.

Application de la Méthode au Droit.

Elle doit favoriser l'Eclosion de l'*Esprit juridique*, du tact juridique, de « la *Judiciaire* ». C'est une orientation [1].

Les Méthodes dans le Droit (et dans les autres sciences) ont, en général, *une dominante*, une directoire psychologique qui les inspire, les caractérise, les mène :

a) L'Ecole métaphysique, ou idéaliste, ou apriorique, ou dialectique, ou spiritualiste (école des *conjectures* personnelles);

« outre, en contribuant chacun selon son inclination et son pou-
« voir, afin que les derniers, commençant où les précédents
« auraient achevé, et ainsi joignant les vies et les travaux de
« plusieurs, nous allions tous ensemble beaucoup plus loin que
« chacun des particuliers ne saurait faire. » — DESCARTES
(1596†1650). *Discours de la Méthode.*

1. Mais se garder d'essayer de faire des jurisconsultes *artificiels*. On naît plus ou moins « homme de Droit », ou juriste, ou légiste. — Voy. *supra*, p. 34, note 1, le sens de ces trois mots. — Il faut essayer de découvrir ceux qui ont cette aptitude, les véritables tempéraments juridiques, les vraies VOCATIONS, les *âmes* juridiques (« méthodiques et passionnées », dit JHERING).

b) L'Ecole matérialiste, ou réaliste (les faits extérieurs purement matériels).

Ces deux écoles sont exclusives ; la suivante est harmonisatrice, équilibrée.

c) L'ECOLE POSITIVISTE ; ou « PRAGMATIQUE », d'après une dénomination plus récente et plus nette[1]. Celle-ci envisage :

Les rapports sociaux juridiques observés en eux-mêmes, comme *faits isolés* et comme *généralisations*.

Leur double caractère :

a) matériel ;

b) intellectuel.

Ni le mépris des réalités, ni la défiance des idées.

Cette troisième Ecole est une méthode : d'*Observation* directe, — de la *Nature humaine*, — fonctionnant en collectivité et dans une ambiance déterminée, — l'HOMINISME, voy. *supra*, p. 185, et *infra*, p. 243, — au point de vue des devoirs à soumettre à la *contrainte sociale*[2]. Je précise :

1° — L'OBSERVATION : c'est-à-dire un examen, par ce qu'on nomme l'ESPRIT CRITIQUE, des faits, ou des conséquences dérivant des faits (soit matériels, soit psychiques), — à l'exclusion de conceptions métaphysiques ou aprioriques (si ce n'est à titre de curiosité, de suppositions, d'*hypothèses* suggestives[3]).

1. Πραγματικα : les réalités, les « affaires » ; les faits étudiés en eux-mêmes, leur esprit, leur ordre, leur liaison naturelle.

2. La véritable Ecole de Droit, c'est la société, c'est l'homme, c'est la rue, c'est la vie humaine, bien plus que les Universités. Les professeurs devraient toujours y ramener l'attention, mettre au second plan leur chaire, leurs livres, leurs cahiers, — leurs systèmes, ou ne parler de ceux-ci que comme choses à contrôler, à soumettre au « doute philosophique ».

3. Cons. H. POINCARÉ, *La Science et l'Hypothèse*. Paris, Flammarion, Bibliothèque de Philosophie scientifique.

2° — LA NATURE HUMAINE : c'est-à-dire l'Homme, en ses réalités *corporelles et ses réalités psychiques*; — et l'Homme, en ses réalités individuelles et ses réalités sociales. Le Droit n'a pas d'autre objectif que les besoins de l'homme résultant de son essence humaine. — Le Droit pour d'autres êtres est ici réservé. — Voy. *supra*, p. 50.

L'Homme *individu* parmi les hommes *en collectivité* : en effet, le Droit n'a d'utilité que lorsque les hommes sont en présence et qu'il y a lieu d'imposer des devoirs à l'un en vue des autres, et réciproquement. — S'il préexiste à toute société, il n'a d'application pratique et positive qu'en société.

Il faut observer *l'homme de l'époque et l'homme du passé*, puisque le Droit évolue incessamment et ne recommence pas plus que l'Histoire : c'est un arbre en constante croissance, dont chaque tronçon fut effet dans le passé, cause pour l'avenir. — Comp. *supra*, la Septième Partie. — Il faut l'observer sans illusion, en son étrange mélange de qualités et de défauts qui, fatalement, ont leur retentissement dans le Droit. — *Homo duplex* : plus exactement *multiplex*. — Vouloir que l'homme soit irréprochable c'est vouloir qu'il cesse d'être un homme.

3° — LA PROTECTION-CONTRAINTE SOCIALE : c'est-à-dire les Devoirs spéciaux, auxquels on applique le moyen matériel de la Contrainte par le Pouvoir public.

La Méthode juridique se concentrera (dans l'étude et l'enseignement), sur ces trois points essentiels.

Et elle le fera dans chacun de ses efforts, — soit qu'elle recherche le Droit *théoriquement*, — soit qu'elle veuille le consacrer *législativement,* — soit qu'elle l'applique *pratiquement,* — soit qu'elle le dégage *judiciairement* (mission des avocats et des juges).

Elle le fera également dans chacune des parties du Droit auxquelles elle s'attachera spécialement (Droit ivil, Droit commercial, Droit pénal, etc.) : toujou rs 'observation de l'homme en société et des utilités sociales humaines.

Le but à envisager par la Méthode, c'est donc le Droit pris à sa grande source originaire et seule légitime, la Nature se réalisant dans l'Humanité en ses diverses races et *variétés* de races et de nations.

II. — L'Enseignement actuel du Droit.

En général rigorisme dans la technique juridique-sacrifice (à cette technique conçue mathématiquement), de la véritable utilité humaine dans le Droit : Jhering, *Esp. Dr. Rom.,* t. IV, p. 7 et s. — L'Absolu scolastique dans le Droit. — Les Logiciens, les géomètres juridiques (exagérés). — La Pédantocratie.

Comp. *supra,* p. 166, la Technique.

L'Enseignement actuel du Droit est trop le triomphe des médiocres. Il est basé, en grande partie, sur des erreurs et des préjugés. Sous prétexte d'apprendre le Droit il en *dégoute* quand il ne le désapprend pas ; tout au moins, il n'en inspire pas l'*Amour,* le Culte[1].

— Je précise par quelques observations.

1. Par l'empirisme de ses constructions juridiques modernes, il laisse dans l'âme comme un regret du monde juridique romain, de même que l'enseignement artistique de certaines académies y laisse comme un regret du monde esthétique grec. Le Droit est *obscuré* par lui. C'est un enseignement de bric à brac. Il faudrait presque le soumettre à *une Désinstruction,* à un assainissement désinfecteur. On est tenté de dire que c'est l'art de faire des bossus, des boiteux juridiques, des infirmes à courte haleine. C'est parmi ces infirmes lâchés dans la vie judiciaire, grevés parfois de l'aplomb de l'ignorance, que souvent on circule et qu'on parle Droit dans les Palais de Justice !

A) Il donne une place exorbitante au Droit pratique, c'est-à-dire au Droit législativement consacré (ou Droit positif), au Droit empirique, à celui qui peut servir et profiter dans l'Exercice d'une profession[1].

B) L'Encyclopédie, qui devrait être l'exposé des Premiers Principes du Droit, est un réservoir de notions baroquement réunies (comp. *supra*, p. 11), — alors qu'elle devrait en présenter les grandes vérités synthétiques, **les Constantes** du Droit, sa structure foncière et permanente dans l'espace et le temps, la Mécanique juridique supérieure.

C) L'Histoire du Droit est comprise comme une énumération de faits anecdotiques, — sans la cohésion produite par l'évolution qui les fait fatalement et incessamment sortir les uns des autres et fonctionner vers un but social.

De plus, l'histoire interne des principales institutions juridiques, si favorable pour rectifier le sentiment des *prétendues immuabilités du Droit*, est négligée : on n'en parle que dans les cours de Droit positif en vigueur, et très sommairement.

Enfin, l'histoire du DROIT NATIONAL est presque complètement négligée. En Belgique, elle ne figure pas au programme des examens. C'est aussi grave que confondant[2].

---

1 Le plus souvent avec la préoccupation excessive d'un but *lucratif* et égoïste ; **l'Arrivisme**. La chasse au Diplôme, « le souci de la carrière ».

2. J'en ai fait un essai pour le Droit civil, sous le titre : *Evolution historique du Droit civil dans les Provinces Belgiques*, Bruxelles, veuve Larcier, 1905. — Voy. aussi, dans la grande publication *Notre Pays*, mon étude sur le *Droit Belge*, reproduite en appendice dans mon *Essai d'une Psychologie de la Nation belge*, p. 85 et s. Bruxelles, Vve Larcier, 1906. — Introduction du Tome LXXXVII des PANDECTES BELGES.

D) Le Droit positif est recherché et enseigné d'une manière scolastique, casuistique, doctrinaire, dans les livres, *sur la vue décolorée des textes*, presque sans rappel de la réalité, rappel qui devrait être incessant.

On le détache de la Vie, de l'Action dans l'Homme et dans les Sociétés, on en fait une science spéculative, pour des initiés.

Exemple mémorable : la plupart des Commentateurs et des Professeurs du Code Napoléon[1].

Une bonne méthode doit ramener, lier le Droit constamment à la vie réelle, c'est-à-dire à la masse, au peuple, aux faits, au pragmatisme. Le Droit doit être *extériorisé*. L'Etudiant doit être constamment placé dans la vie juridique réelle par des exemples vivants pris dans l'ambiance, dans « l'environnement ». — Voir un exemple dans *Le Droit Pur*, n° 26. — Il faut lui faire sucer le lait juridique, non « se borner à lui montrer de loin la tasse »[2].

E) On fait dans l'Enseignement une place excessive à un Droit mort : le Droit romain. — Comp. *supra*, p. 155.

Ce Droit vaut certes toujours comme technique,

---

1. Consultez EDMOND PICARD, *Syllabus du Cours d'Evolution historique du Droit civil français*, quatrième partie; — on pense aux Glossateurs, réduisant leur enseignement à un ensemble de règles indiquant le mécanisme de l'exégèse, — *more italico docere* (s'opposant au *more gallico*), — que résume ce dystique :

> *Praemitto, scindo, summo casumque figuro,*
> *Perlego, do causas, connoto, objicio.*

2. Consultez EDMOND PICARD, *Scènes de la Vie Judiciaire*, p. 239 et s. (édit. Lacomblez), *Mon Oncle le Jurisconsulte*, spécialement p. 286 et s., — **Paysages juridiques**, Bruxelles, Larcier, 1887, — *La Vulgarisation du Droit*, J. T., 1894, p. 1427 et s., — *La Confection vicieuse des Lois en Belgique*, 2ᵉ partie, Introduction du Tome VI des PANDECTES BELGES.

par ses notions abstraites exactes sur certaines formations et opérations juridiques : les conventions, les droits obligationnels, les droits réels. — Il a des formules d'une brièveté, d'une netteté admirables. *De Regulis Juris* [1].

Pour le surplus (d'une part, certains faits juridiques concrets, démodés, d'autre part, le Droit de famille, les droits personnels, le Droit héréditaire), il est vieilli.

Il n'a aucune notion de l'immense domaine des droits intellectuels, ni du Droit « socialistiquement » conçu.

Il est cause de l'importance exorbitante donnée à la Propriété inconditionnée, au lien rigoureux des Conventions même injustes et léonines, à la prétendue sainteté des Successions, à la liberté des Testaments, à la Puissance paternelle ou maritale exagérée, etc.

Il a dans le Droit la même influence, parfois maniaque, que, dans la littérature, les langues mortes. Toutefois, comme celles-ci il a une beauté esthétique qui exalte et *fascine* souvent une sorte de majesté Cornélienne, sur laquelle il importe d'attirer l'attention.

F) Les Professeurs sont trop souvent des juristes de cabinet ou des professionnels empiriques. Il faudrait combiner les deux : la vie généralisatrice de l'esprit, et la vie professionnelle. Ce n'est qu'*en vivant le Droit* qu'un Jurisconsulte peut vraiment le comprendre et le communiquer, et qu'un Juriste praticien peut l'amplifier et l'ennoblir. Alors le *conscient* juridique passe peu à peu dans l'*inconscient* et l'on

---

1. C'est ce que l'Ecole qualifie (sans politesse) « brocards », ce qu'il vaudrait mieux nommer *proverbes du Droit*. Leur netteté, leur brièveté, leur caractère de vérités juridiques permanentes, leur utilité presque naïve, sont remarquables. — Voy. une nomenclature au mot ADAGE, des PANDECTES BELGES.

acquiert cet instinct juridique précieux qu'on nomme *le Judiciaire.*

III. — Programme d'un enseignement Méthodique du Droit.

a) — Partie théorique (Synthétique du Droit) ; Fondamentale juridique.

La Grande Encyclopédie ou *Premiers Principes juridiques,* les Constantes, largement traitée comme charpente permanente du Droit en général, par opposition aux *Petites Encyclopédies,* ou encyclopédies internes. — Voy. *supra,* p. 6 et s. — C'est elle qui doit donner aux jeunes esprits des empreintes juridiques ineffaçables, magnanimes et préliminaires. C'est *le fond intellectuel d'entrée* du Droit, dont tout va dépendre[1].

b) — Partie historique (Evolutif du Droit).

L'Histoire, comme exposé de l'évolution naturelle, de l'écoulement dans les sociétés humaines, soit du Droit, soit de la Science du Droit. — Comp. *supra,* p. 145.

Elle comprend deux parties :

1° L'Histoire *externe* de l'évolution d'un corps de Droit (Corpus) déterminé : celle du Droit civil français est un excellent exemple[2]; celle aussi du Droit romain (la majestueuse croissance du Droit romain[3]);

---

1. Un catéchisme. C'est au surplus une nécessité, une suprême utilité, particulière à l'Enseignement du Droit, autant qu'à l'enseignement de toute science, *mutatis mutandis.*

2. *Syllabus du cours d'Evolution historique du Droit civil français* donné à l'Université Nouvelle de Bruxelles, par Edmond Picard, quatrième édition, Veuve Larcier, 1904.

3. Comp. note 2, p. 236.

— **L'Histoire du Droit National.** — Voy. *supra,* p. 230 et s.

2° L'Histoire *interne* d'au moins quelques institutions juridiques dans leur déroulement : FAMILLE (promiscuité, matriarcat, promotion, patriarcat, solidarité fraternelle); — LIBERTÉ (esclavage, servage, salariat, liberté, devoirs réciproques); — PUISSANCE PATERNELLE (intérêt du groupe primitif, intérêt du père, intérêt de l'enfant, intérêt de la collectivité nationale); — MARIAGE (état de nature, élopement, mariage mercantile, association conjugale); — PROPRIÉTÉ DES BIENS MATÉRIELS (communauté tribale, communauté familiale, propriété quiritaire ou individuelle, communauté socialisée ou collectiviste); — DROIT SUR LES PRODUCTIONS INTELLECTUELLES (inexistence, privilège, assimilation à la propriété matérielle, droit intellectuel avec limitation quant à la durée. — Voy. le livre de de Borchgrave cité en note, *supra,* p. 66, note 4); — etc., etc.

Utilité de remonter, dans ces cours spéciaux, jusqu'au *Droit primitif* des nations, spécialement de race aryenne (Européo-Américains), aujourd'hui fortement et curieusement dégagé [1].

Danger de l'Histoire étudiée seule : la paix scientifique trop facilement achetée par l'érudition et la dévotion à ce qui n'est plus.

c) — PARTIE POSITIVE (ANALYTIQUE DU DROIT).

Le Droit en vigueur à une époque et dans un pays déterminés : LE DROIT CONCRET, positif.

---

1. Voy., par exemple, MAXIME KOVALEVSKY, *Droit coutumier Ossétien.* Paris, Larose, 1893 (*Les Ossètes,* peuplade du Caucase, d'origine aryenne, ayant conservé à peu près intact, croit-on, son Droit primitif). — RODOLPHE DARESTE, *Etudes d'Histoire du Droit,* Paris, Larose, 1889.

Mais avec une importance relative pour chaque partie selon la fonction sociale à laquelle l'Etudiant se destine (Avocats, Magistrats, Législateurs, Diplomates, Fonctionnaires divers : Huissiers, Notaires, Receveurs publics, Policiers, etc.).

Pour chacune de ces spécialités, l'Etude, comme l'Enseignement devrait comprendre :

1. — Un cours des *généralités abstraites* du Droit national et de chaque division ou matière de ce Droit (**petites encyclopédies** ou encyclopédies internes), c'est-à-dire les Premiers principes ou principes généraux (les Romains auraient dit Les Institutes) de chaque division, de chaque *construction* spéciale, du Droit positif en particulier : une sorte de cours de *Schémas* juridiques. — Exemple : le cours actuellement en usage des *Principes généraux du Droit civil*, mal compris souvent, car, tel qu'on l'enseigne, il fait en grande partie double emploi avec le cours de Droit civil approfondi, alors qu'il ne devrait être qu'un cours de *structure et de mécanisme* juridiques de chaque institution de ce Droit[1].

2. — Un cours des *applications concrètes* (les Codes, les Lois en vigueur); cours *approfondi* (exemple : le cours de Droit civil des derniers doctorats en Droit).

3. — Un cours de *Pratique professionnelle* : Devoirs, Droits et surtout *Esprit général et social* des diverses professions juridiques, particulièrement de celle à laquelle l'étudiant compte se consacrer (Magistrature,

---

1. Il faudrait, pour que le Tableau linéaire, en perspective, du Droit national actuel fût complet, qu'il fût accompagné de renseignements pris à la Statistique Juridique du pays, si instructive pour juger l'état réel du Droit positif. — Voy. les Recueils périodiques, publiés par le Gouvernement, *supra*, p. 29, note 1.

Barreau [1], Notariat, etc.). Actuellement on peut dire, tant ce point de vue est négligé, qu'un avocat, un magistrat est obligé d'être, dans l'exercice de sa profession, un *improvisateur*.

4. — Un cours d'Encyclopédie *complémentaire* (voy. *supra*, p. 2), destiné à donner à l'étudiant des notions générales sur les parties du Droit qui ne rentrent pas dans sa spécialité professionnelle : toutes les parties du Droit sont solidaires et s'influencent plus ou .moins.

5. — Réduction des cours de Droit mort (du Droit romain, surtout des Pandectes dans leur partie spéciale dite *Le Digeste*), si ce n'est pour les Spécialistes ; — ne donner à ces cours qu'une place dans l'Histoire du Droit (voy. *supra*, p. 231), où on enseignerait leurs grandes généralités, spécialement pour les matières restées actuelles (Droits réels, droits obligationnels, règles de structure, maximes juridiques, etc., en d'autres termes, les Institutes de Justinien, sauf le Droit des successions, trop surannés) [2].

Ne pas oublier la question du *choix des Professeurs*, et de la manière dont ils doivent donner les cours. —

---

1. Edmond Picard, *Manuel pratique de la Profession d'avocat en Belgique* (en collaboration avec Duchaine). — Le même, *Scènes de la Vie judiciaire* (édit. Lacomblez), p. 9 et s., *Paradoxe sur l'Avocat*.

2. Par exemple en résumant l'admirable ouvrage de von Jhering, *Esprit du Droit Romain*, qui en montre la grandeur historique et la saisissante évolution logique; mais en signalant sa dangereuse influence économique pour le temps actuel : le Droit romain est aimé d'instinct par tous ceux qui ont l'âme capitaliste et autoritaire (Eglise, Monarchie, Bourgeoisie moderne); il en a exprimé les tendances égoïstes avec une sagacité et souvent une impitoyance rares.

Voy. *supra* p. 234. — Esprit général de l'Enseignement : rien de *sectaire*, exposer les faits et les doctrines sans parti pris. Mêler le plus possible la vie aux
paroles, les faits aux règles, imager et concrétiser
celles-ci ; étoffer les textes par des exemples pratiques concrets, « bourrer leur vide » [1]. Un bon cours
devrait toujours être une « conversation animée »,
pas de dictée, d'affirmations pédantesques. Socrate
n'écrivit jamais, mais il causait partout : l'Agora, les
Assemblées, les fêtes, les gymnases, les portiques,
les jardins.

Résultat à poursuivre : former des Hommes, des
Caractères juridiques ; inspirer aux étudiants la
tendance à juger eux-mêmes et les autres d'après ce
qu'ils sont et non d'après ce qu'ils ont. Etre convaincu
que lorsqu'on est bien on fait bien, dans le Droit
comme ailleurs ; leur apprendre donc comment on
doit *être*, avant que comment on doit *faire*. — Et
qu'alors ils entrent dans la Vie juridique !

Souhaiter aussi que les Etudiants soient *de cœur*
avec leurs professeurs, pendant les leçons et durant
toute la durée de l'enseignement; tâcher de créer
cette collaboration sympathique constante. Quelle
force dès que le professeur sent cette liaison cordiale !

Signaler aux Etudiants les livres ou parties de livres,
(même *latéraux* au Droit), qu'il leur sera bon ou
intéressant de lire : je l'ai fait abondamment dans les
notes du présent ouvrage et j'y insiste dans mes
leçons orales. Ne serait-il pas utile que chaque Ecole
de Droit, eût dans sa bibliothèque, des rayons spéciaux réunissant tous les ouvrages que signale dans
ses leçons chaque professeur et où les étudiants pour-

---

1. On peut réaliser cette méthode très saine par ce qu'on
nomme des **Exercices pratiques** (pragmatiques), après les
cours. — Voy. un article de F. Cattier, dans la *Revue de l'Université de Bruxelles*, octobre 1909.

raient aller se documenter aisément. C'est un efficace moyen de *suggestion*.

Avec un tel enseignement bien donné, bien suivi, l'étudiant serait équipé, mentalement organisé, conscient de soi-même et de ses aspirations juridiques. Il y aurait un fonds commun d'entraînement intellectuel. Le Droit serait éclairé jusque dans ses profondeurs, comme un grand réservoir transparent, — comme une vaste machine dont on verrait tous les rouages intérieurs à travers des parois de verre.

JHERING dit : « Le Droit devrait apparaître comme « un chef-d'œuvre dans lequel la plus grande simpli- « cité de l'idée fondamentale s'allierait à la plus « admirable logique d'exécution et à une inépuisable « puissance d'invention dans le choix des moyens. Il « devrait joindre la plus extrême finesse des détails « à la solidité de la charpente et à la limpidité de « toutes les parties. Il devrait être une machine ingé- « nieuse dans laquelle éclateraient tout à la fois l'art « le plus raffiné et la simplicité la plus parfaite. » JHERING, *Esp. Dr. Rom.*, t. IV, p. 126. — Mais c'est là le Droit idéal. JHERING, dans ce passage, perd de vue les imperfections du Droit, fatales, inévitables qu'un bon enseignement doit signaler pour éviter les chimères fertiles en erreurs qu'il faut décrire, elles aussi, pour être en accord avec la vraie Réalité. — Comp. *supra*, p. 175.

Le Barreau de Bruxelles a organisé un Referendum pour éclaircir ce problème [1].

----

1. Voy. *Journal des Tribunaux*, 1895, p. 107, curieux à lire.

DOUZIÈME PARTIE

GÉNÉRALITÉS TERMINALES [1]

*Cette partie manque dans le Droit Pur, sauf la définition du Droit
qui est au n° CXCVI.*

A. — Définition scientifique et totale du Droit.

Quid sit Juris ?

Quand on ne veut définir le Droit qu'avec une relative approximation, on peut, certes, se contenter de dire : Que *c'est l'ensemble des devoirs sociaux à l'accomplissement desquels on peut être contraint par le Pouvoir public.* Mais cette brève formule comporte, pour devenir vraiment scientifique, des sous-entendus et réclame des compléments explicatifs.

Il faut plus de précision. Les onze Parties qui précèdent le démontrent. Il convient de le définir *au triple point de vue* de son Etiologie, de son Ontologie, de sa Téléologie : Origine, Essence, But.

Tenant compte de ce desideratum, mettant le lecteur en garde contre la gêne mentale qui peut résulter, *à première vue,* de la nouveauté de la formule, on

1. C'est le coup d'œil enveloppant et panoramique du voyageur arrivé au sommet et se retournant sur les espaces parcourus pour en typer l'ensemble.

peut dire, en se limitant au Droit *dans l'Humanité* :

<table>
<tr><td rowspan="4">LE DROIT EST

UNE

FORCE SOCIALE</td><td>dont les éléments originaires sont à l'état potentiel dans la Nature, tout au moins dans la nature de l'Homme (Étiologie).</td></tr>
<tr><td>Force qui se concrétise dans les Collectivités humaines en Rapports de disponibilités variables, — d'un Sujet sur un Objet, — rapports dont l'existence et l'exercice sont protégés par une contrainte gouvernementale (Ontologie).</td></tr>
<tr><td>Et qui a pour but les avantages généraux et individuels résultant de cette Discipline (Téléologie).</td></tr>
</table>

Cette définition ne mentionne pas que le contenu du Droit *devrait* toujours être en accord avec les besoins humains (c'est-à-dire avec la Justice, LE JUSTE) ; être intégrale. C'est qu'en effet elle doit, comme définition, s'appliquer même au Droit injuste qui est, au moins partiellement, mêlé fréquemment à l'activité sociale et qui, quoique en Déficit, est néanmoins du Droit pratiquement et socialement parlant. *Jus deficiens, sed tamen Jus,* — *Dura lex, sed lex.* LE PERPÉTUEL IMPARFAIT DU DROIT. — Voy. *supra*, p. 23 et s., 36, 120 la note, 191.

La Définition trilogique ci-dessus est abstraite, comme il le faut encyclopédiquement. Elle est de pure forme, elle doit n'être qu'un moule, destiné à recevoir son contenu ; une figure linéaire destinée à obtenir son coloris, de la multitude indéfinie des faits *concrets* en lesquels la vie du Droit, d'un pittoresque confondant, se révèle et sans interruption « passe aux actes ».

JHERING (*Zweck im Recht*, n° 211 *in fine*) définit le Droit « l'ensemble des conditions de la vie de la société assurées par le Pouvoir public au moyen de la contrainte extérieure ». — Cette formule, quoique se rapprochant de celle que je propose, serre de moins près, me semble-t-il, les éléments à mettre en relief pour que la Définition soit complète. Elle ne touche pas l'étiologie et est trop brève sur l'ontologie et la téléologie. Elle a le mérite de mentionner très expressément l'élément caractéristique du Droit, la Contrainte sociale, — que presque toutes les autres définitions négligent.

G. DE GREEF, *Sociologie générale élémentaire* (Bruxelles, Larcier, 1895), résume, p. 63, *les fonctions* sociales générales du Droit en ces termes : « Régulariser, modérer, prévenir, réparer et terminer les conflits et les écarts privés et collectifs *insuffisamment réglés par la force morale* et auxquels donnent naturellement lieu les relations individuelles ou sociales, en attendant que cette activité soit suffisamment INTÉGRÉE [1] dans les organismes individuels et sociaux ». C'est une définition purement téléologique, donc fractionnaire.

———

Pour faire mieux apprécier la situation et ses difficultés, — *Omnis definitio in philosophia incommoda*, — comparez la définition ci-dessus avec les prétendues définitions (baroquement vagues, hésitantes, incertaines, tâtonnantes) dont quelques-unes sont reproduites dans le DROIT PUR, n° 13, spéciale-

———

1. Cela arrivera-t-il jamais? Théorie du Progrès humain. — Comp. *infra*, p. 247, l'Avenir du Droit.

ment celles-ci, et quelques autres recueillis au hasard des lectures :

Le Droit est une liberté de faire quelque chose (Hobbes).

Le Droit n'est que la négation d'un tort (Schopenhauer).

Le Droit est une qualité morale appartenant à la personne, en vertu de laquelle elle peut justement avoir ou faire quelque chose (Grotius).

Le Droit, c'est l'ensemble des conditions qui limitent les libertés pour rendre possible leur accord (Kant).

Le Droit est l'ensemble organique de toutes les conditions extérieures de la vie conforme à la raison (Krause).

Le Droit est la condition commune à tous ceux qui composent la société juridique (Puchta).

Le Droit est la qualité d'une personne en vertu de laquelle on lui doit quelque chose (Beaussire).

Le Droit est le respect spontanément éprouvé et réciproquement garanti de la dignité humaine (Proudhon).

Le Droit est ce qui est conforme à l'intérêt général (Rittinghausen).

Le Droit est l'ensemble des déterminations générales de notre activité par lesquelles l'élément moral peut se conserver et se développer (Trendelenburg).

Le Droit est l'ordre qu'un fait social soit suivi d'un autre fait social, avec sanction forcée en cas d'inexécution (Roguin). — (C'est la *caractéristique* du Droit, la contrainte, non sa *définition*.) Il en est de même de la définition de Zacharæ : « Le Droit est l'ensemble des Lois à l'observation desquelles il est permis d'astreindre l'homme par une coercition extérieure ou physique. »

La fameuse formule des Institutes : *Constans et perpetua voluntas Jus suum cuique tribuendi*[1].

Et celle du début du Digeste, « Le Droit est l'art de connaître ce qui est bon et juste ».

Etc., etc.! Qu'est-ce que tout cela apprend de précis? Ce sont des à-peu-près, des confusions, des discordances.

---

1. Cette définition classique n'est (en fort bons termes) que l'affirmation d'une des qualités du caractère de l'honnête homme, avec allusion à l'un des éléments du Tétragramme du Juste (voy. *supra*, p. 198) : A chacun selon ses besoins.

B. — Qualification philosophique : L'Hominisme.

Comme je puis dire au terme de ce minutieux travail :

Pour l'Etiologie : la Source positive du Droit est *dans l'Homme* en collectivité.

Pour l'Ontologie : l'Organisation du Droit veut la contrainte pour certains devoirs *de l'Homme* en collectivité.

Pour la Téléologie : le But légitime du Droit est de servir au « *mieux-être* » *de l'Homme* en collectivité.

Et, d'autre part : la Méthode pour découvrir le Droit veut l'observation *de l'Homme* en collectivité[1].

Considérant ces faces diverses où l'HOMME EN COLLECTIVITÉ est le fil conducteur, le point central revenant toujours, « le grand livre » où il faut toujours lire, l'Idée-Mère, la Ligne de direction, « l'Histoire naturelle » qu'il faut étudier, en son dehors, en son dedans pour découvrir, surprendre, étudier l'ÉNERGIE SOCIALE qu'est le Droit, je puis nommer la Doctrine juridique que j'ai exposée :

l'École de l'Hominisme,

par un mot nouveau. Car dans cette Ecole tout sort de l'Homme et vise l'Homme, comme l'arbre biblique de Jessé sort du cerveau ou de la poitrine du pa-

---

1. Voy. *supra*, p. 212, la double formule indiquant *les deux aspects* de l'Homme en Collectivité : *Psycho-corporel, — Individuo-social*. Socialement, c'est-à-dire dans ses rapports avec les autres, l'Homme qui est *tantôt isolé, tantôt groupé*. — Voy. *supra*, p. 47 et s., 185 et s. 213, note 1. — Psycho-corporel, — Socio-individuel. Peut-être que, pour être plus complet et comprendre clairement dans la détermination de l'être à analyser, à étudier, l'homme du passé, l'homme historique, autant que l'homme d'aujourd'hui, il conviendrait d'ajouter ce 3ᵉ terme : *Historico-actuel*, — Comp. *supra*, p. 185, Savigny.

triarche légendaire endormi. LE DROIT EST PUREMENT
HUMAIN. J'aurais dit **Humanisme**, si ce mot n'avait pas
servi, dès la seconde Renaissance au xve siècle (et
encore actuellement : « les humanités »), à désigner
spécialement l'étude et l'amour des Lettres antiques.
— Comp. *supra*, p. 185 et s. — On pourrait dire aussi
École anthropologique, mais le mot est moins
spécial étant déjà fort employé en applications
diverses.

C. — Vision (perspective) générale du Droit.

Le principal idéal de l'Humanité prise en général
ayant été de faire régner « le JUSTE, ce qu'elle a cru
être *juste* », le Droit a toujours eu une *prééminence*
sociale. — Le Droit apparaît comme mâle, viril ; ce
n'est pas une déesse (Minerve, Pallas, Thémis,
Athénè), mais un Dieu qui, semble-t-il, l'eût mieux
symbolisée. — Le Droit, dans les sociétés humaines,
règne, quand il est juste, comme un gaz fortifiant.
Les Collectivités humaines l'utilisent comme la vapeur,
l'électricité dans leur industrie et leur commerce. Il
est UNE FORCE à la fois ordonnée et vigoureuse.

Il semble parfois qu'on peut se passer d'Art, mais
on ne peut se passer de Droit ; le Droit ne saurait
devenir banal ; les Romains avaient un Droit déjà
puissamment organisé avant d'avoir une Littérature
visible. Le Droit « conforme au Juste » devrait toujours être un des piliers de l'Humanité. Le Droit :
vieille et toujours jeune chanson, écoulement constant tombant en cascades se relevant en jaillissements.
L'homme social ne peut pas plus sauter hors du Droit
qu'il ne peut sauter hors de son ombre (ou de sa
peau).

L'importance, en quelque sorte sacrée, attachée au
Droit par les hommes, SON PRESTIGE, sont attestés par
leur opiniâtreté singulière à donner, ou à essayer de

donner, un fondement *légal* à leurs actes, fuesent-ils tyranniques, répréhensibles (hypocrisie juridique) et, d'autre part, à se soumettre à ce qui est *légal* en la forme (soumission, résignation des victimes : Socrate buvant la ciguë) [1].

Si le Droit est un fragment important de la Psychologie d'un Peuple, un trait caractéristique de son visage trop souvent oublié quand on fait son portrait, il n'est qu'un côté, une facette du total de l'expression de son génie. Le total de cette expression, ce sont les Mœurs, la Civilisation spéciale de chaque groupe humain. Que serait la physionomie du peuple romain sans la description de son Droit ! Comment avoir une connaissance sérieuse des Chinois, des Arabes, si l'on ne sait rien de leurs institutions juridiques [2].

Le Droit (avec un grand D), la JURICITÉ, est comme

1. C'est un des phénomènes les plus constants de l'Histoire : pour démontrer que l'on était en accord avec la Légalité, on eut fréquemment recours à de multiples tours de charlatanisme politique. Les plus effrontés tyrans se sont efforcés d'en avoir pour eux au moins l'apparence ; exemples : Sylla, Marius-César, Antoine, Octave (*Grandeur et Décadence de Rome*, par G. FERRERO), les trois premiers volumes de la traduction de Mangin, *passim*). On voulait avoir, pour accomplir n'importe quelle mesure arbitraire, un décret du Sénat ou du Peuple, comme sous la Terreur, en 1792 et 1793, un décret de la Convention Nationale, qu'on obtenait, du reste, toujours et sans peine. La Comédie de la Légalité.

2. Le Droit est une des grandes voies par lesquelles chaque peuple échange ses idées, révèle des conceptions distinctes, un point de vue particulier, par lequel il fait connaître ses forces intellectuelles, il exhale ses sympathies et ses haines, ses rancunes et ses aspirations, ses souffrances et ses joies. — Et pourtant, les Historiens omettent, la plupart du temps, d'en parler. — Dans la publication quasi officielle NOTRE PAYS, destinée à synthétiser la Belgique à l'occasion du soixante-quinzième anniversaire de notre indépendance, on l'avait d'abord oublié. — Dans leur belle et minutieuse Description récente de la Chine, Elisée et Onésime Reclus n'y ont pas songé.

un vaste paysage vu du haut d'une montagne, d'un piton, où les chênes, les hêtres, les pins, les collines, les champs, les précipices, les torrents, quoique divers, ne font qu'une chose unique sous un ciel commun, se fondant en un ensemble superbe, au rythme harmonieux où les tares disparaissent. Voilà sa véritable envergure. Ce n'est pas une grisaille, mais un vitrail. C'est la *masse* des droits réunis par leurs rapports et formant l'organisme juridique synthétique. C'est un Corps (*corpus juris*). C'est un Tout, une œuvre ; on pourrait presque dire « une œuvre d'art », la Cathédrale du Droit, dans laquelle toutes les parties sont coordonnées, reliées entre elles et subordonnées au Total. Partout apparaissent des harmonies, des *répercussions*, des parties sur le tout et du tout sur les parties. Communion, télépathie. — Mais, hélas ! partout aussi des insuffisances [1] !

Il ne suffit pas de *comprendre*, puis de *vouloir* le Droit, enfin de *lutter* pour lui ; peut-être que le définitif et le plus efficace c'est de l'AIMER ! de l'admirer ! On peut, dans une certaine mesure, *se forger* une âme juridique, de même qu'on peut faire plus ou moins l'éducation de la volonté [2].

L'attrait du Droit. Ce n'est qu'en le comprenant comme grande force sociale, dans sa vraie beauté, qu'on l'aime ! Il faut en avoir la FERVEUR (en être un dévot), et, si possible, l'Enthousiasme [3] ! Glorification de l'effort passionné pour le Droit.

---

1. Que ceux qui aiment les symboles lisent aussi, pour imager puissamment le Droit, les pages 16 à 25 de l'*Histoire d'une Montagne*, par ELISÉE RECLUS (édit. Herzel) ; le parallélisme de vision est saisissant et émouvant.

2. Voy., sur ce point latéral, PAYOT, *L'Education de la Volonté*, livre III, chap. Ier et II, édition 1911, p. 90 et s.

3. Cela ne peut s'obtenir quand on n'a pas la vision des hautes

D. — L'Avenir du Droit.

Après un si long parcours, de cime en cime, sur la chaîne alpine du Droit, il est difficile de ne point penser à son avenir. Phénomène ininterrompu dans son évolution sociale au cours des âges, il sollicite la pensée à pénétrer ce qu'il deviendra, spécialement chez les nations de notre race européo-américaine.

Périlleuse tentative quand on se place au point de vue de la dose de certitude que peuvent donner de telles investigations. Ne sont-elles pas des incursions dans le domaine de l'Inconnaissable, tout au moins du crépusculaire ; et celui qui s'y adonne ne se livre-t-il pas à une opération de métaphysique?

De Grands esprits s'y sont laissé aller et ont créé des édifices spéculatifs. C'est le domaine des *Utopies*. C'est le royaume des « Cités futures »[1].

Je m'en suis occupé au § 195 du *Droit Pur* et aux pages 99 et s., du *Syllabus de l'Evolution Historique du Droit civil français*. — Aussi *supra*, p. 241, note 1.

J'y renvoie, me bornant à cette remarque complémentaire qu'il faut, en cette matière, distinguer entre le côté *Formel* et le côté *Matériel* de la Question : ainsi peut-on les spécialiser nominativement.

Le côté dit FORMEL a, dès à présent, dans le Droit, une fixité analogue à celle des règles permanentes des mathématiques. Il apparaît fort avancé, doté de précision et, par conséquent, semble devoir peu changer. C'est toute la Partie Ontologique du présent ouvrage.

Il en est autrement du côté dit MATÉRIEL. C'est,

---

généralités juridiques, quand on n'est qu'un empirique, « un savetier » du Droit, — quand on n'est pas *un possédant de la Philosophie du Droit*.

1. Voy. l'œuvre très récente de WELLS que je signale page 196, note 2, spécialement *Sa République Nouvelle*, VIII et IX.

d'une part, *la Base*, l'Etiologie du Droit ; d'autre part, le *Contenu* du Droit, le compartiment du Juste et de l'Injuste. Ici, assurément, la fixité n'existe pas, sinon passagèrement, et le domaine des suppositions est ouvert, avec toutes les prévisions, les trouvailles, les réussites, les imaginations, les rêves, les déceptions que suscitent l'observation et la méditation de la nature de l'Homme et des Sociétés considérés non plus dans ce qu'ils furent et dans ce qu'ils sont, mais dans les brouillards de ce qu'ils pourront être.

Le laps de temps de l'Evolution du Droit connu de nous est trop court pour qu'on en puisse tirer une conclusion justifiée sur l'ensemble. Peut-être cette Histoire n'est-elle qu'une déviation momentanée d'un état juridique qui est pour nous un mystère.

L'avenir peut avoir en réserve des institutions, des combinaisons juridiques concrètes supérieures à celles que nous connaissons, et peut-être supérieures à toutes les utopies possibles ! Cela se conçoit mieux quand on réfléchit que l'Histoire du Droit, c'est l'Histoire de la Contrainte sociale.

Les devoirs juridiques, tout en se multipliant par l'avènement de catégories nouvelles de besoins inter-sociaux, vont en diminuant dans chaque catégorie quand l'Humanité progresse, — et la Contrainte elle-même va s'adoucissant (en matière pénale notamment).

Cela permet-il de supposer qu'un jour les devoirs s'accompliront tous sans contrainte, par la seule force de la conscience (*intégration*, consubstantiation, instauration, intoxication, induration du Droit dans les âmes) ; que l'autorité disparaîtra, que la Morale résorbera le Droit (l'ANARCHIE conçue dans un sens idéal) [1] ?

---

1. Cons. KROPOTKINE : *La Conquête du Pain.* — JEAN GRAVE, *La Société mourante et l'Anarchie.* — RABELAIS, *L'Abbaye de*

A cela peut être appliqué le symbole de la *Peau de chagrin* de Balzac : un *rétrécissement* constant de la surface juridique « dans chaque catégorie de devoirs » et, finalement une disparition. Le Droit peu à peu se transforme en mœurs, puis en libre obéissance, finalement en instinct. Quelle multitude de citoyens pratiquent le Droit en libre volonté ! Dans son Histoire de la baronie de Castle Combe, Strope signale qu'au moyen âge on punissait le délit de *flânerie indiscrète* (écouter derrière les murs) et celui de *caractère acariâtre* chez les femmes ! MAINE. *Et. sur l'anc. dr.*, p. 451. — Tout cela a passé du Droit dans la simple morale. — Voy. aussi le Tit. XXXIV de la Loi Salique sur la distinction des atteintes à la décence envers les Femmes.

LES SUBSTITUTIFS (ou substituts) du Droit : c'est lorsque le législateur, au lieu de remédier à une situation en s'attaquant directement à ses effets PAR DES LOIS par une réglementation, évite une jurification excessive, une manie de législation, et corrige indirectement en s'attaquant aux *Causes* sociales qui produisent cette situation mauvaise. Exemples dans le Droit pénal : les remèdes préventifs de l'Alcoolisme, du Vagabondage, de l'Enfance abandonnée délictuelle, etc. Diminuer les chances en s'attaquant aux courants d'air et diminuer les chances en supprimant les courants d'air.

Thélème ! Vivre heureusement et fraternellement sans règles *imposées* ; les Mœurs remplaçant les Lois ! Les Codes s'inscrivant dans l'être humain. — Aussi B. MALON, *loc. cit.*, p. 204 et s.

E. — L'Activité sociale de l'Homme de Droit.

Tout ce que nous avons dit de la grande Force sociale qu'est le Droit détermine la mission et la dignité des membres d'une Collectivité humaine qui s'occupent à organiser et à faire mouvoir cet immense mécanisme.

Dans le PRODUCTIVISME général destiné à fournir à l'homme, soit isolé, soit en groupe, ce qui est utile à ses besoins, d'après sa nature (l'Hominisme), le Productivisme de ce qui est juridique est une fonction élevée qui ennoblit ceux qui l'exercent, dans l'accomplissement de laquelle chacun d'eux devrait, en permanence, avoir la vision non seulement de ce qu'elle peut lui procurer d'avantages personnels, mais surtout le service rendu à la Collectivité intersociale; législateur, magistrat, avocat, etc., jusqu'au moindre huissier, jusqu'au moindre serviteur de l'ensemble.

Alors l'*Homme de Droit* grandit, de même qu'il se déprime et s'avilit dès que ce sentiment lui manque.

PARTIE COMPLÉMENTAIRE

HISTOIRE ET BIBLIOGRAPHIE
DE L'ENCYCLOPÉDIE DU DROIT[1]

Précision et Complément des §§ CCXV à CCXX du Droit Pur.
La Bibliographie manque dans le Droit Pur.

A. — Aperçu général.

L'Histoire de l'Encyclopédie du Droit, outre son utilité propre, a celle de mieux faire comprendre la nature, en général mal définie, de cette science. — Comp. *supra*, p. 1 et s.

L'Etude du Droit a suivi la même évolution historique que celle des autres Forces sociales.

Au début, les diverses parties ne sont pas distinctes : on les entremêle, il y a chaos. Elles ne sont *pas individualisées.*

La partie *positive*, le Droit pratique, est la seule qui s'affirme, d'abord confuse, ensuite par certaines divisions successivement plus nombreuses qui se détachent une à une avec lenteur.

1. Voy. l'*Encyclopédie juridique* de Friedlander, p. 942 ; un résumé s'en trouve, t. Ier, p. 7 et s., en note, de l'*Encyclopédie juridique* de Henri Ahrens, citée *supra*, p. 11.

Les *Généralisations* et la partie *abstraite* (notamment la Philosophie, l'Encyclopédie) se dégagent les dernières, avec beaucoup de difficulté et un mélange considérable de notions positives. (JHERING, *Esp. Dr. Rom.*, t. III, p. 30.)

Dans l'antiquité grecque, le terme « Encyclopédie » désignait l'ensemble des connaissances (sans distinction entre les juridiques et les autres, entre les positives et les abstraites), constituant une éducation générale; c'était l'Encyclopédie *vulgaire*, celle dite aujourd'hui « des gens du monde ». C'était peu de chose en comparaison de l'immense et imposant bagage d'aujourd'hui.

Au moyen âge, c'est encore la notion qu'on en a, sauf que le mot a changé : on nomme les manuels SOMME (*Summa, — Orbis doctrinarum, — Speculum*; au XIIIe siècle apparaît le *Speculum Juris de* WILHELM DURANTIS).

Le terme ENCYCLOPÉDIE, appliqué au Droit, n'a commencé à être employé qu'au XVIIe siècle[1] et en même temps se dégage plus ou moins sa notion : « Plan synthétique embrassant cette science dans toutes ses parties, de *manière simplement abstraite* ».

Depuis cette époque, beaucoup d'efforts ont été faits pour constituer l'Encyclopédie du Droit en un ensemble définitif et pur, ayant sa partie *formelle* (extérieure, constructive) et sa partie matérielle (contenu, substance).

Mais il faut reconnaître que, tout en progressant, on n'y a guère réussi : encore actuellement les

---

1. H.-U. HUNNIUS (1583†1636) aurait écrit LE PREMIER TRAITÉ juridique portant le mot dans le titre : *Encyclopædia Juris Universi*, in-fol., paru en 1638. Mais au XVIe siècle, à Bâle, RINGELBERGH (1541) et SCOLICH (1599) l'avaient employé dans le titre de leurs Encyclopédies *vulgaires*.

diverses parties sont mal dégagées, et on ne parvient pas à séparer nettement le positif (ou concret) de l'abstrait (les Constantes). Au delà d'une certaine perception, l'œil et l'entendement humains se troublent, se confondent, s'embrouillent, vont se perdre dans une sorte de marais et il faut attendre l'avenir.

Pour mieux saisir cette évolution compliquée, il convient de rappeler les diverses parties d'une Encyclopédie juridique (du Droit pur), telle que j'en ai établi la série organique, *supra*, page 7 : 1. Notion. — 2. Phénomène. — 3. Structure. — 4. Classification. — 5. Fonctionnement des parties. — 6. Fonctionnement de l'ensemble. — 7. Evolution. — 8. Origine primaire. — 9 et 10. But. — 11. Méthodologie. — 12. — Généralités terminales.

Or, s'il serait faux de dire que quelques-unes de ces parties ont *toujours* été complètement omises par les Encyclopédistes, il est certain néanmoins :

Qu'ils les ont, en général, enchevêtrées.

Qu'il en est plusieurs qu'ils ont très imparfaitement saisies.

Qu'on ne les trouve, en un ensemble organique, dans aucun livre.

Que les auteurs n'ont pas su les *abstraire* complètement.

Qu'ils ne les ont pas vues dans leur ordre naturel, logiquement sériel.

En outre, il faut remarquer que les seules parties qui ont été recherchées avec quelque ampleur et isolément sont : la Notion, — l'Origine, — le But, — la Classification, — l'Evolution.

Mais chacune de ces parties est invariablement surchargée d'un immense bagage non encyclopédique. Ainsi :

Le *Fondement*, l'Origine du Droit, empiète largement sur l'Histoire de la Philosophie du Droit : on *s'étend* sur les systèmes.

Pour *les Divisions* du Droit, on ne se contente pas de les indiquer : on entre dans le détail de leur contenu, soit pour en faire l'encyclopédie spéciale, soit même pour examiner des institutions positives [1].

Enfin, quant à l'*Evolution* abstraite du Droit, on la confond avec l'histoire concrète ; on s'attache particulièrement à l'histoire du Droit romain et du Droit germanique ; on va même, parfois, jusqu'à tenter de donner des notions sur les Législations positives *de toute la Terre !*

L'Encyclopédie du Droit, par cela même qu'elle en recherche le Fondement (l'Idée, comp. *supra*, VIIIe Partie), a, depuis sa naissance au xviie siècle, subi le contre-coup des systèmes philosophiques.

Si elle se fût constituée et maintenue comme science faisant l'*exposé abstrait de la structure juridique*, elle serait apparue, dans ses grandes lignes, comme les mathématiques pures, laissant à chacune des branches de la science juridique le soin de collectionner, de décrire et, au besoin, de juger les faits changeants qui forment la substance concrète de leur domaine particulier.

B. — Bibliographie.

Je rappelle que l'on peut considérer comme les premiers essais d'Encyclopédie du Droit les Institutes de Gaius et les Institutes de Justinien, ainsi qu'il est expliqué ci-dessus, p. 10. Cette remarque est nouvelle et curieuse.

---

1. Ainsi NAMUR, dans son *Encyclopédie*, p. 149 et 151, va jusqu'à s'occuper de l'Enregistrement et du Notariat.

A partir de l'époque où l'Encyclopédie du Droit s'est constituée en science distincte (xviie siècle), les penseurs qui se sont *directement* occupés d'elle sont les suivants [1], avec indication, soit des ouvrages les plus connus qui ont eu cette influence, soit des traités d'Encyclopédie qui l'ont subie [2]. Je les énumère dans l'ordre chronologique. Il convient d'y ajouter les Livres dans lesquels on trouve des points de vue encyclopédiques épars, très nombreux; notamment ceux signalés ci-dessus dans les notes.

1er groupe. — XVIIe SIÈCLE. — L'ENCYCLOPÉDIE SE DÉGAGE ET CHERCHE UNE MÉTHODE.

Hunnius, **H.-U.** (1583†1636). — Encyclopædia juris universi.

Puffendorf (1632†1694). — Elementa jurisprudentiæ universalis.

Leibnitz (1646†1716). — Nova methodus discendæ docendæque jurisprudentiam ex artis didacticæ principiis (1668).

Thomasius (1622†1684). — Exposé sommaire des doctrines fondamentales dont la connaissance est indispensable à celui qui étudie le Droit (1669).

Martini. — Collegium isagogicum in universam jurisprudentiam (1685).

2e groupe. — XVIIIe SIÈCLE. — A PARTIR DE WOLFF (1679†1754) LA MÉTHODE ENCYCLOPÉDIQUE S'INTENSIFIE.

Nettelbadt. — Systema elementare universæ jurisprudentiæ, etc. (1749 ; 2e édit., 1763).

---

1. Sauf erreur ou omission : la matière est immense, souvent ténébreuse et chaotique.

2. Comp. les renseignements qu'on trouve aux pages 10 et suivantes de l'ouvrage russe de KORKOUNOV, cité *infra*, p. 262.

— Du point de vue synthétique de la théorie naturelle du Droit ainsi que l'état général des études et doctrines juridiques en Allemagne (1772).

Putter, J.-E. (1725†1807). — Esquisse d'une encyclopédie juridique (Gottingue, 1757).

— Nouvel essai d'une encyclopédie juridique et méthodologie (1767).

Scholt. — Esquisse d'une encyclopédie juridique et méthodologie (1771, 6ᵉ édit., de Kess, 1794).

Brunquell. — Isagoge in universam jurisprudentiam (1774).

Reitmeier. — Encyclopédie et histoire des Droits en vigueur en Allemagne (1785).

3ᵉ groupe. — Prédominance de Kant (1724†1804) [1].
École Rationaliste.

L'École rationaliste (ou spiritualiste) recherche surtout le Droit et ses généralités dans les conceptions de la Raison.

Tafinger. — Encyclopédie et histoire de la législation en Allemagne (1789, 2ᵉ édit., 1800).

Eisenhart. — La science du Droit, eu égard à son étendue, à ses diverses parties et aux sciences auxiliaires (1795, — 2ᵉ édit., 1804).

Zachariæ. — Esquisse d'une encyclopédie scientifique (1795).

Ignace Rudhart — Encyclopédie et méthodologie de la science du Droit.

Thibaut. — Encyclopédie juridique et méthodologie (1797).

---

1. Deuxième édition en français, corrigée et augmentée de divers fragments du même auteur *sur le Droit naturel*, avec une traduction et des notes par J. Tissot. Paris, Ladrange, 1853. — Kant a écrit (1797), *Principes métaphysiques de la théorie du Droit.* — Comp. *supra*, p. 184, litt. *d.*

Hufeland. — Institutions de l'ensemble du Droit positif, ou Encyclopédie systématique (1798, — 2ᵉ édit., 1803).

Abegg. — Encyclopédie et méthodologie de la science du Droit au point de vue synthétique (1823).

R.-Th. Putter. — Le recueil de la science du Droit ou Encyclopédie juridique et méthodologie (1846).

4ᵉ groupe. — L'ÉCOLE HISTORIQUE. MONTESQUIEU. (1689†1755), SAVIGNY (1779†1861). — Comp. *supra*, p. 185, litt. *e*.

L'École historique (ou Historisme) recherche le Droit et ses principes généraux surtout dans l'évolution des Faits historiques.

Montesquieu. — De l'Esprit des Lois. Genève, 1748, 2 vol.

Hugo. — Manuel de l'Encyclopédie juridique (1792, — 8ᵉ édit., 1835).

Bluhme, Fr. — Encyclopédie des Droits en vigueur en Allemagne (1847-1854, — 2ᶜ édit. allemande, Bonn, 1855-69).

5ᵉ groupe. — LES CONTEMPORAINS. — ÉCLECTISME. (Comp. *supra* p. 184 et 185, litt. *f* et *g*.)

Vers le milieu du xixᵉ siècle, les Encyclopédies juridiques, tout en se rattachant parfois à une philosophie déterminée, sont plutôt empreintes d'*Eclectisme*.

Il est néanmoins très difficile de dégager nettement le caractère de chacun de ces livres. Ce sont des amalgames.

Ces ouvrages ne portent pas tous le nom d'Encyclopédie ; la confusion entre l'Encyclopédie Universelle et l'Encyclopédie proprement dite, la Philosophie, l'Histoire, les Généralités des sciences positives spéciales, continue [1].

A. — POUR LA FRANCE.

Rey, J. — Préliminaires du Droit ou introduction à un traité de législation générale. — Paris, imp. Poulet, 1819, in-8°.

Dupin. — Notions élémentaires sur la Justice, le Droit et les Lois. — Bruxelles, Brohez, 1827, in-32.

Pradier-Fodéré, P. — Principes généraux de Droit, de Politique et de Législation. — Paris, 1869.

Courcelle-Seneuil. — Préparation à l'étude du Droit : Etude des principes. — Paris, 1887.

De Vareilles-Sommières. — Les principes fondamentaux du Droit. — Paris, 1889.

Fouillée. — L'Idée moderne du Droit. — Paris, 1904 [2].

Capitant, H. — Introduction à l'étude du Droit civil. — Notions générales, 3e édit. — Paris, 1912.

B. — POUR L'ALLEMAGNE.

Falck. — Cours d'introduction générale à l'étude du Droit ou *encyclopédie* juridique, 1821, 1re édition à Kiel ; 2e 1825 ; 3e 1830 ; 4e 1839 (traduit de l'allemand par C.-A. Pellat ; Paris, G. Thorel, 1841) ; 5e Leipzig, 1851.

---

1. Remarquer que les ouvrages français ont comme une répugnance à employer le mot « Encyclopédie » ; le contraire en Allemagne. — Voy. ci-après.

2. Cet ouvrage est très lu. Il ne traite que des questions relatives à l'Origine primaire du Droit (voy. *supra*, p. 177 et s.), avec éloquence souvent, mais sans éviter le vague et la confusion.

Welker. — *Encyclopédie* universelle et *encyclopédie* juridique, politique et méthodologique. — Stuttgard, 1829.

Perthaler. — Droit et histoire pour servir d'introduction *encyclopédique* à l'étude des sciences juridiques et politiques. — Vienne, 1843.

Eschbach. — Cours d'introduction générale à l'étude du Droit ou manuel d'*encyclopédie* juridique. — Paris, 2ᵉ édit., 1845.

Friedlander. — Encyclopédie juridique. — 1847.

Jhering. — Leçons sur l'Encyclopédie (servant d'introduction à l'étude des Institutes) (1845, — nouvelle édition 1853) [1].

Arndts, L. — *Encyclopédie* juridique et méthodologie. — 2ᵉ édit., 1850. — Dernière édition allemande, Stuttgard, 1887.

Viroszil, A. — *Encyclopédie* et méthodologie de l'étude juridique et politique. — Bude, 1852.

Warnkœnig, L.-A. — *Encyclopédie* juridique ou exposition organique de la science du Droit. — Erlangen, 1853. — Voy. *infra*, p. 262, LAURENT. — Voici le titre original : Juristische *Encyklopædie* oder organische Darstellung der Rechtswissenschaft mit vorherrschender Rucksicht auf Deutschland zum Gebrauch bei Verlesungun und zum Selbstudium.

Ahrens, H. — *Encyclopédie* juridique ou exposition organique de la science du Droit privé, public et international sur les bases de l'éthique (2 vol., 1857), traduit par A. Chauffard, Paris, Ernest Thorin, 1880. (Voy. *supra*, p. 11).

Careis. — *Encyklopædie* und Methodologie der Rechtwissenschaft. — Giessen, 1887.

Walter. — Jurist. *Encyklopædie*. — Erlangen, 1853.

Friedlieb. — Jurist. *Encyklopædie*. — Kiel, 1853.

---

1. Voy. aussi les ouvrages de JHERING, mentionnés en détail, *supra*, p. 11.

Ortloff. — Jurist. *Encyklopædie*, Iéna, 1857. — Methodologie, Braunschwich, 1863.

Goldschmidt. — *Encyklopædie* d. Rechtswissenschaft. — Heidelberg, 1862.

Thon. — Rechtsnorm und subjective Recht. — 1878.

Werkel. — Jur. *Encyklopædie*, Berlin, 1885.

Ebbecke. — Grundrisse, Systems der Rechtsordnung nach pratischen Zwecken. — Berlin, 1888.

Rathowsky. — *Encyklopædie* der Rechts-u. Staatswissenschaften als Einleitung in d. Studium. — Wien, 1890.

Bialing. — Juritische Principienlehre [1].

Sternberg, Th. — *Einführung in die Rechtswissenschaft*, 2º édit., 1912, deux volumes de la Samlung Göschen.

Radbruch, G. (prof. Heidelberg). — *Einführung in die Rechtswissenschaft*, 2º édit., 1913, Samenlung Wissenschaft en Baldung. Cite les dernières publications allemandes en matière d'encyclopédie.

c. — Pour l'Angleterre.

Markby (William). — Elements of Law, considered with reference to principles of generale jurisprudence. — Oxford, 3ª édit., 1885.

Holland Thomas Erskine. — The Elements of Jurisprudence. — Oxford, 1890.

Austin (John). — La Philosophie du Droit positif, traduction française par G. Henry, Paris, 1894. — La tendance d'Austin est caractérisée par JOAN WESTLAKE : *Etudes sur les principes du Droit international*, traduit par E. Nys.

1. Résumé dans *Kristisch Vierteljahrschrift für Gezetsgebung*. — Munich, 1895, première livraison.

Hastie. — Outlines of the Science of Jurisprudence : Introduction to the Study of Law. Translated from the juristic Encyclopædia of *Puchta*, *Friedlander*, *Falk* and *Ahrens*. — Edimbourg, 1887.
Rattigan. — The Science of Jurisprudence [1].

D. — POUR L'ITALIE.

Barberise Mancini. — Enciclopedia giuridica, 3° édition. — Naples, 1890.
Brugi. — Introduzione enciclopedica alle scienze giuridiche e sociali. — Florence, 1891.
Sangiorgi. — Studi elementari di enciclopedia giuridica. — Bologne, 1870.
Fragapane F. — Il problema delle origine del Diretto. — Rome, 1897.

E. — POUR L'ESPAGNE.

Creknet. — Prolegomenas y introduc. gener. al estudio de Recho. — Salamanque, 1875, 2° édition.
Gil y Robles. — Ensayo de Methodologia juridica. — Madrid, 1893.

F. — POUR LA HOLLANDE.

Anns den Tex. — Encyclopedia jurisprudentiæ. — Amstelod, 1835.

G. — POUR LA BELGIQUE.

Demidoff, N.-P. — Principes généraux de législation. — Bruxelles, Méline, Cans et Cie, 1840, broch. in-8°.

---

1. Dans la *Revue générale de Droit*, 1892, p. 376, voy. un article de M. de Kérallain, signalant Holland, Markby et Rattigan.

Roussel, Ad. — Encyclopédie du Droit. — Bruxelles, Mayolez, 1843, in-8°, (Voy. *supra*, p. 13).

Laurent, F. — Dissertation sur l'encyclopédie du Droit. Un mot sur les travaux récents de M. le professeur Warnkœnig. (Voy. p. 259). Mess. des sciences hist., 1854, p. 315.

Namur, P. — Cours d'Encyclopédie du Droit ou Introduction générale à l'Etude du Droit. — Bruxelles, Bruylant-Christophe et Cⁱᵉ, 1875, in-8°. (Voy. *supra*, p. 14).

Fétis, Fr. — Cours d'Encyclopédie du Droit. — Bruxelles, Mayolez, 1882. — Autographie.

Orban, O. — Cours d'Encyclopédie du Droit. — Liége, Godenne, 1893. (Voy. *supra*, p. 14).

Picard, Edm. — Le Droit. Premiers principes. Bruxelles, Larcier, 1890. — Le Droit Pur. Permanences juridiques abstraites. Bruxelles, Veuve Ferd. Larcier, 1899, in-8°, XVI-546 pages (édition épuisée), et Paris, Flammarion, 1908, in-8°, 401 pages (7ᵉ mille). Traduction en portugais (Rio-Janeiro et Lisbonne).

— Les Grandes Fresques du Droit (Constantes Juridiques). — Bruxelles, Veuve Ferd. Larcier, 1916.

Rolin H. — Prolégomènes à la Science du Droit. — Bruxelles, Bruylant, 1911 ; Paris, Alcan.

H. — Pour la Suisse.

Roguin, E. — Etude de science juridique pure. La Règle du Droit. — Lausanne, 1889.

I. — Pour la Russie.

Korkounov, N.-M. — Cours de Théorie générale du

Droit, 2ᵉ édit., 1914, Paris, Giard et Brière. Traduction par Tchernoff [1].

DANS LA CLASSIFICATION DÉCIMALE, de l'Office International de Bibliographie, établi à Bruxelles, les Indices (les numéros chiffrés) nécessaires pour se renseigner et se tenir au courant des ouvrages, articles, études, etc., sur l'Encyclopédie du Droit s'établissent comme suit :

Droit : 340.

ENCYCLOPÉDIES DU DROIT : 341.11.
GÉNÉRALITÉS DU DROIT : 340. 1.
Définition, Notion, Caractéristique : 340.111.
Analyse, Anatomie, Embryologie : 340.112.
Division, Classification, Terminologie : 340.113.
Fondement du Droit, Rapport avec la Morale : 340.114.
Méthodologie : 340.115.

---

1. A la page 9 de ce volume sont signalés quelques *articles ou études* relatifs à l'Encyclopédie du Droit. Le § 2 qui commence à cette page 9 et continue jusqu'à la page 25, donne une Histoire de l'Encyclopédie du Droit pour l'Allemagne, et spécialement pour la Russie, p. 22 et suiv. Quelques mots pour la Belgique, p. 25. — Comp. *supra*, p. 13, ce que nous disons de ce livre intéressant de Korkounov.

ÉPILOGUE

Influence sociale de l'Encyclopédie Philosophique du Droit.

Envisageant le présent Cours dans son ensemble, il me semble que je puis dire :

L'ENCYCLOPÉDIE DU DROIT, *bien comprise*, en donnant aux jurisconsultes, et, s'il se peut, aux citoyens, des sentiments, des croyances, des intérêts communs sur le Droit, assure la force et la solidité de celui-ci. Elle est un grand système de RALLIEMENT juridique. Elle est LE SEL de l'activité juridique, elle en peut devenir la principale émulatrice.

Vivre sans *un Système* sur le Droit, ce n'est pas vivre une vie de Jurisconsulte.

L'Encyclopédiste fait, par ses travaux, paraître le Droit *plus ramassé*, plus condensé, plus intense qu'il n'apparaît dans la réalité voilée, et produit ainsi chez tout homme de Droit une vie juridique plus ardente et mieux ordonnée. Elle évite l'*éparpillement* des notions juridiques. Elle crée, pour le Droit, *une physionomie d'ensemble*. C'est LA GRANDE CITÉ JURIDIQUE, l'Acropole juridique, le High-life juridique. Sans ses vues dominatrices, « zodiacales », on n'est pas un « gentleman juridique ».

Vertu consolante et élevante du Droit ainsi compris ! Il donne « le goût de la vie juridique ». L'Encyclopédie apprend à parler commodément et sensément du Droit.

L'Encyclopédie (*Le Droit Pur*) est un vaste CREDO. C'est elle seule qui donne le sentiment du RYTHME et de la PROSODIE juridiques. Elle exige une clairvoyance profonde. Quand on la conçoit bien, on ressent une sérénité, ce que Spinosa (1632-1677) qualifiait « la joie d'avoir augmenté son être ». Elle seule donne cette paix : une vision satisfaisante du Droit. Elle purifie. Elle synthétise et résume l'immense forêt tropicale des droits concrets. Elle est l'Empyrée juridique, la zone firmamentaire du Droit. Elle doit être le Temple des idées juridiques immuables et des principes infrangibles.

L'Encyclopédie du Droit a, pour le vulgaire, le profane, quelque chose de latent et d'occulte, car elle est la doctrine *profonde* du Droit, le Droit de derrière les murs, le Droit de dessous terre ou du haut des airs. Elle est une science d'AU-DELA : *Perennis quædam Philosophia*. Elle groupe et polarise le Droit en beaux cristaux. L'Océan du Droit, d'abord si ténébreux et si houleux, devient par elle très calme sur un ciel très clair.

MAIS : DE RIEN, NOUS NE CONNAISSONS TOUT.

TABLE DES MATIÈRES

Pages

PRÉFACE.   I

PARTIE PRÉLIMINAIRE

Notion et utilité des grandes généralités du Droit. . .   1

   I. *Divers sens du mot « Encyclopédie ».*   1
   II. *L'Encyclopédie au sens philosophique.*   2
   III. *Ordre de la marche (Étapes, Itinéraire) du Cours.* . . .   7
   IV. *Bibliographie spéciale.*   10
     Principalement.   11
     Spécialistes Belges   13

PREMIÈRE PARTIE

**La Caractéristique (Critérium Punctum-Saliens) du Droit.
  — L'Impératif juridique : la Contrainte.**   17

DEUXIÈME PARTIE

Le Phénomène juridique, individuel et collectif.   27

   a). — Le Droit à l'état Pratique (positif).   28
   b). — Le Droit à l'état de Conflit (judiciaire).   29
   c). — Le Droit à l'état de Volition individuelle.   29

Pages

d). — *Le Droit à l'état Légal (législatif)* 30

e). — *Le Droit à l'état Théorique (subjectif)* 31

f). — *Le Droit dans son ensemble ou la Juricité*. . . . 32

g). — *Omniprésence et permanence du Droit*. 34

h). — *Le Droit au repos et le Droit en fonctionnement*. 35

i). — *Le « Bon » et le « Mauvais » Droit*. 36

j). — *La Bibliographie. — L'Étude. — L'Enseignement du Droit* 37

k). — *Le Personnel juridique* 38

l). — *Les Dépenses sociales pour le Droit* 40

m). — *Les Édifices servant au Droit (les Symboles architecturaux du Droit)*. 40

TROISIÈME PARTIE

Anatomie (composé ontologique) des droits isolés. . . 43

A. — Les quatre Éléments essentiels (fixateurs) structuraux de tout droit isolé : le Canon juridique (Éléments stéréotypés. — Postulats). 43

B. — Analyse de chacun des quatre Éléments essentiels (constitutifs) de tout droit. — Introspection, Embryologie, Dislocation. 46

I. *Le Sujet d'un droit : Le Titulaire (Prepositus)* . . . 46

II. *L'Objet d'un droit : Res (lato sensu). L'incidence des Droits*. 51

III. *Le Rapport entre le Sujet et l'Objet : Vinculum. — La consistance des droits. — Les délimitations légales et les démembrements du Rapport*. 55

IV. *La Protection-Contrainte ou Coercition juridique. Coactio, actio. — L'armure des droits* 57

QUATRIÈME PARTIE

Classification des droits et terminologie juridique. . . 63

I. *Divisions et groupements à base interne*. 65

1° *Division d'après l'Objet*. 65

Pages

2° D'après le Rapport juridique entre le Sujet et
    l'Objet.   71

3° D'après la Protection-Contrainte.   76

4° D'après le Sujet.   77

II. *Groupements et divisions à base externe.*   78

   A. — D'après soit l'Époque (le Temps), soit le Ter-
        ritoire où les droits ont été établis. . . .   78

   B. — D'après le But social à atteindre (l'Intérêt à
        satisfaire) au moyen du Droit   79

   C. — D'après la Source dont les droits émanent .   85

   D. — Quelques autres dénominations   89

III. *Observations complémentaires.*   90

IV. *Terminologie juridique. — La Langue du Droit.* . . .   92

CINQUIÈME PARTIE

**Fonctionnement (Dynamique, mécanisme) des droits po-
sitifs isolés.**   95

A. — Préliminaire : Le Fait générateur des droits
     isolés (le Negotium, la Cause, le Fait juri-
     gène)   96

   I. — Production (naissance) des droits isolés. .   99

   II. — Conservation des droits. 100

   III. — Ratification des droits. 100

   IV. — Aliénation des droits. 100

   V. — Extinction (mort) des droits. 101
        Observations générales. 102

B. — Éléments intrinsèques de l'Activité des droits
     isolés : Status, Exercitus, Commodum. . .   104

a) — L'Existence et l'Exercice des droits isolés : le
     Domaine éminent et le Domaine utile :
     status et usus. 104

C) — Spécialement des Actions en justice. —
     L'Instruction et l'Exécution. 108

D) — Théorie de la Preuve 111

E) — Résumé de la cinquième Partie 116

Pages

SIXIÈME PARTIE

Origine du Droit positif : la Législation 119

   I. *Modes (Moyens, Organes) de la Dynamique juridique législative* 121

      a) Édification empirique de la Législation. — La Coutume 121

      b) Édification de la Législation par un pouvoir organique. — La Loi écrite, y compris la Coutume officiellement rédigée : la Règle du Droit. 123

      c) Préparation théorique de la Législation. . . . 125

      d) Édification de la Législation par la Doctrine et la Jurisprudence. 126

      e) Édification spontanée par la Nation. 127

      f) Édification par la Force. 128

      g) Édification par Convention, par Traité. . . . 132

      h) Droit établi par la Raison naturelle. 132

   II. *Le Combat pour le Droit (Plus exactement : la Lutte pour la Législation)* 133

SEPTIÈME PARTIE

Évolution du Droit. Facteurs transformateurs de la Législation positive. 141

   I. *La Race (le sang, l'apport racique, le caractère (l'âme racique), Ethnologie juridique* 149

   II. *L'Atavisme juridique.* 153

   III. *Le Progénisme.* 156

   IV. *Le Libre Arbitre humain.* 157

   V. *La Satisfaction des besoins ; l'Utilité ; l'Intérêt ; Égoïsme et Altruisme.* 157

   VI. *Le Commercium juridique* 159

   VII. *La Densité de la Population.* 159

   VIII. *La Solidarité (la Collaboration, les Interférences) des Forces sociales.* 160

   IX. *L'Individu et la Collectivité.* 160

Pages

X. *L'Imitation (Mimique juridique, Hypnotisme, Contagion, Pastiche). — L'Expérience*   161

XI. *Les Idéaux juridiques.*   163

XII. *Les grands Jurisconsultes (Juris Conditores), les Dictateurs du Droit, les grands Acteurs juridiques, les Maîtres, les « Efficients », l'Elite.*   163

XIII. *La Technique (la Grammaire, la Syntaxe, la Didactique) juridique, le Souci de la Logique rationnelle.*   166

XIV et XV. *Le Milieu, l'Ambiance, la Mésologie.*   168

XVI. *L'Intrusion étrangère.*   170

Observations complémentaires sur l'Évolution du Droit . . . . '   171

HUITIÈME PARTIE

Origine primaire. Source initiale du Droit.   177

A. — Les Écoles de la formation libre du Droit ou du Droit arbitraire.   179

B. — Les Écoles du Droit existant dans la Nature, au moins dans la Nature humaine. Le Droit à l'état primaire (Cosmique). . . .   181

NEUVIÈME PARTIE

Finalités (Téléologie) du Droit. — 1ᵉʳ Aspect : le Juste et l'Injuste (le Droit et le Tord).   191

A. — Les Normalités, les Harmonisations juridiques, le Juste.   193

La Recherche de ce qui est le Juste. — Procédés et Opinions. — Écoles diverses.   195

a) — Le Juste « lato sensu » (Moral et Juridique).   195

b) — Le Juste « stricto sensu », les Lois équitables. Le Juste « juridique » proprement dit. . .   199

B. — Les Aberrations du Droit. L'Injuste, le **Tord** . .   206

1º Aberrations relatives à la Contrainte juridique.   207

Pages

2° Aberrations relatives au Rapport entre le Sujet
et l'Objet (du droit) 208

3° Aberrations relatives à l'Objet. 209

4° Aberrations relatives au Sujet. 209

5° Aberrations relatives au Fait Jurigène (au Negotium). 210

6° Aberrations relatives à la Preuve. 211

C. — Considérations complémentaires. 212

DIXIÈME PARTIE

Finalités (Téléologie) du Droit. — 2ᵉ Aspect : Effets
sociaux. 215

1. Effet Disciplinaire (Réglementaire) du Droit 216

2. Effet « Réformateur », Progressif. — Portée de ces mots
appliqués au Droit. 219

3. Effet Pacificateur 220

4. Effet Préventif, — Protecteur, — Réparateur. 220

5. Effets Économiques. 222

6. Effets Psychologiques, — Éducateurs. 222

7. Effet Esthétique. 223

ONZIÈME PARTIE

Méthodologie juridique. — L'Étude (Investigation scientifique) et l'Enseignement du Droit. 225

I. De la Méthode juridique en général. 226

II. L'Enseignement actuel du Droit. 229

III. Programme d'un Enseignement méthodique du Droit. 233

a) Partie théorique (Synthétique du Droit) ; Fondamentale juridique. 233

b) Partie historique (Évolutif du Droit). 233

c) Partie positive (Analytique du Droit). 234

DOUZIÈME PARTIE

Généralités terminales.   239

A. — Définition scientifique et totale du Droit.   239
B. — Qualification philosophique : l'Hominisme. . .   243
C. — Vision (perspective) générale du Droit.   244
D. — L'Avenir du Droit.   247
E. — L'Activité sociale de l'Homme de Droit.   250

PARTIE COMPLÉMENTAIRE

Histoire et Bibliographie de l'Encyclopédie du Droit. .   251

A. — Aperçu général   251

B. — Bibliographie.   254

1er groupe. — xviie siècle. — L'Encyclopédie se
dégage et cherche une Méthode.   255

2e groupe. — xviiie siècle. — A partir de Wolff.—
La Méthode encyclopédique s'intensifie.   255

3e groupe. — Prédominance de Kant. — École
Rationaliste.   256

4e groupe. — L'École Historique. Montesquieu,
Savigny.   257

5e groupe. — Les Contemporains. — L'Eclectisme.   257

A. — Pour la France   258
B. — Pour l'Allemagne   258
C. — Pour l'Angleterre   260
D. — Pour l'Italie.   261
E. — Pour l'Espagne   261
F. — Pour la Hollande   261
G. — Pour la Belgique   261
H. — Pour la Suisse.   262
I. — Pour la Russie.   262

Pages

ÉPILOGUE

Influence sociale de l'Encyclopédie Philosophique du Droit 265

PLANCHES

PLANCHE I.
De la Division des Droits d'après leur Objet. 69

PLANCHE II.
Analyse des Éléments Normatifs de tout droit isolé . . . 117
FIGURE.
Emblème d'un droit isolé 60

3778. — Paris. — Imp. Hemmerlé, Petit et Cⁱᵉ. (3-21).